新型电力系统发展
实践与探索

国网衡水供电公司　编著

中国水利水电出版社
www.waterpub.com.cn
·北京·

内 容 提 要

能源改变世界，创新驱动发展——本书基于能源电力系统转型发展、风电光伏等新能源大规模开发的时代背景，深入研究了"双碳"目标下，我国新型电力系统尤其是农村地区新型电力系统发展建设的目标思路、技术原则和实施方案，提出了"向阳而生，随风而行，多级协同，城乡一体，产业之基，服务为本"的新型电力系统建设实施路径，阐明了新型能源为主体、电网为核心、源网荷储及各层级电网协同规划运行、城乡电网一体化发展的新型电力系统绿色低碳智能协同发展路线，延伸到电力系统与新质生产力融合发展的未来场景，以及电网企业服务新能源及产业发展的根本宗旨。

本书适用于电力系统从业人员以及对电力科普知识有兴趣的读者作为学习参考的资料。

图书在版编目（CIP）数据

新型电力系统发展实践与探索 / 国网衡水供电公司编著. -- 北京 ： 中国水利水电出版社，2025. 5.
ISBN 978-7-5226-3383-1

Ⅰ. F426.61

中国国家版本馆CIP数据核字第20254Z2D36号

书　　名	**新型电力系统发展实践与探索** XINXING DIANLI XITONG FAZHAN SHIJIAN YU TANSUO
作　　者	国网衡水供电公司　编著
出版发行	中国水利水电出版社 （北京市海淀区玉渊潭南路 1 号 D 座　100038） 网址：www.waterpub.com.cn E-mail：sales@mwr.gov.cn 电话：(010) 68545888 （营销中心）
经　　售	北京科水图书销售有限公司 电话：(010) 68545874、63202643 全国各地新华书店和相关出版物销售网点
排　　版	中国水利水电出版社微机排版中心
印　　刷	清淞永业（天津）印刷有限公司
规　　格	184mm×260mm　16 开本　13 印张　316 千字
版　　次	2025 年 5 月第 1 版　2025 年 5 月第 1 次印刷
印　　数	0001—1500 册
定　　价	**98.00 元**

本书编委会

主　　编　陈香宇

副主编　　赵建勋　　杨海跃　　孙勇强　　杨俊广

参编名单　杜宗伟　　王泽宁　　王云嘉　　陈海天　　张　康

　　　　　　　高丽娟　　武志伟　　鹿国微　　崔泽坤　　赵洪琰

　　　　　　　吴永超　　粘文超　　董　宇　　高　冰　　韩建振

　　　　　　　方椿锋　　李亚朝　　周菲嫣　　张　雷　　郝　兵

　　　　　　　刘　平　　曹连国　　韩瑞华　　李铁良　　赵海洲

　　　　　　　尹美玲　　张京艳　　李练兵　　李丽华　　赵倩宇

　　　　　　　苏　娟　　梁海平　　李玲玲　　梁　栋　　苏海锋

　　　　　　　朱晓荣　　付　媛　　蒋　超

前　言

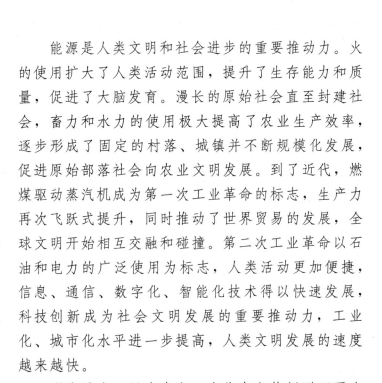

　　能源是人类文明和社会进步的重要推动力。火的使用扩大了人类活动范围，提升了生存能力和质量，促进了大脑发育。漫长的原始社会直至封建社会，畜力和水力的使用极大提高了农业生产效率，逐步形成了固定的村落、城镇并不断规模化发展，促进原始部落社会向农业文明发展。到了近代，燃煤驱动蒸汽机成为第一次工业革命的标志，生产力再次飞跃式提升，同时推动了世界贸易的发展，全球文明开始相互交融和碰撞。第二次工业革命以石油和电力的广泛使用为标志，人类活动更加便捷，信息、通信、数字化、智能化技术得以快速发展，科技创新成为社会文明发展的重要推动力，工业化、城市化水平进一步提高，人类文明发展的速度越来越快。

　　现代社会，风力发电、光伏发电等新型可再生能源大规模开发利用，进一步摆脱了能源资源的地域限制，解决了能源的稀缺性问题，为新型工业化、数字化、信息化和智能化提供了支撑。能源对人类生产力的促进作用不再局限于"力量"方面的助力，而是逐步向"智慧"方面发展，充足的能源资源为大数据技术、人工智能技术、5G甚至6G通信技术的发展奠定了基础，智慧农业、智慧工厂、智慧交通、智慧办公、智慧园区、智慧城市领域的发展日新月异，新能源作为新质生产力的重要组成部分，在新质生产力发展中的重要作用十分显著。

新型可再生能源的大规模开发利用解决了能源短缺和地域分布不均的问题，也解决了化石能源导致的环境污染问题，极大地提高了人类文明与自然界和谐发展，促进了人类社会的可持续发展。然而，风力发电、光伏发电等可再生能源受气候和光照影响，区域性供应不连续以及随机波动问题显著，现有能源传输和存储技术又难以支撑大范围及至全球范围的季节性、时段性资源互补配置，以新型可再生能源为主体的新型能源体系和新型电力系统建设面临着诸多技术问题；新型电力系统与现代信息通信及数字化、智能化技术相结合的未来产业发展呈现出多样化、个性化和智能化特征，实体产业与虚拟技术的融合成为主流，数字智慧与实体社会的共生共存给人类文明发展带来了巨大的冲击。

本书以新型电力系统的快速发展为背景，从能源变革促进人类社会进步的视角，描述了能源发展历史进程和现状情况，介绍了现代能源及新型电力系统的技术发展路径和新型商业模式，并畅想了新型电力系统未来发展前景和新型电力系统下的未来产业发展前景。提出了以新型可再生能源不限量供应的新型电力系统作为基础服务载体，支撑未来产业向高度电气化、数字化、智能化发展，从而推动人类社会向更高级文明进步的观点。

全书分为总论，新型电力系统转型发展的历史机遇、技术路径、商业模式，新型电力系统与产业融合发展的未来前景，衡水现代农村地区新型电力系统建设实践六个部分，逐层深入地阐述了对新型电力系统未来发展前景的认识和理解在专业认知的基础上，进行了极具创造力的畅想，希望能够帮助行业内外的读者提升对新型电力系统发展的认识，并启发读者对未来融合产业发展的研究方向。

"向阳而生，随风而行；交直互联，分层协同；虚实结合，城乡一体；产业之基，服务为本"，是国网衡水供电公司新型电力系统科技创新团队为农村地区新型电力系统建设制定的总路线。在这个充满变革与创新的时代，让我们共同展望新型电力系统的美好未来，为能源改变世界的伟大征程贡献智慧和力量。

编者

2025 年 4 月

目　录

第一章
总　论

第一节　能源发展与人类文明及社会进步
紧密关联的历史进程

一、能源发展促进社会进步的历史进程

能源是自然界中能为人类提供某种形式能量的物质资源。人类文明始终与能源的开发利用保持着紧密联系，文明的进步推动了新能源利用模式的发展，能源的变革也极大地解放了人类的体力和精力，释放了人类的潜能，为发展出更高级的文明提供了支撑。

人类能够制造和使用工具进行生产劳动，这种能力使得人类可以创造和改变自然环境，从而满足自身的需求。使用工具本质上也是对"能量"的利用，通过工具将自然界的动能、势能转化为人类提升定向能力的手段，例如杠杆可以大力助人类撬动重物，石锤可以大力助人类击打硬物，打猎用的弓箭利用了物体内在的势能……

火的使用是原始社会能源利用的里程碑，它是人类文明进步的重要标志。火的使用让人类有了抵御野兽的有效手段，提升了人类在自然界中的生存能力。而且，围着火堆的群居生活也促进了人类社会的交流。原始的社会组织开始形成，比如出现了简单的分工。

农业社会开始利用畜力和水力，农业生产力大幅提高，从而促使人口增长和定居点的扩大，粮食产量增加使人们有更多的时间和精力从事手工艺制作、文化艺术等其他活动。城市开始兴起，社会分工进一步细化，例如，出现了专门的铁匠、木匠等手工艺人。文字也在这个时期逐渐发展成熟，知识和文化能够更好地传承和传播，推动了人类文明从原始的部落社会向更复杂的农业文明转变。

燃煤驱动蒸汽机的出现带动煤炭大规模使用，成为第一次工业革命的标志。煤炭驱动蒸汽机广泛应用于纺织、采矿、交通运输等众多领域。例如，在纺织业中，蒸汽机驱动的纺织机使纺织效率大幅提高，能够大量生产纺织品。在交通运输方面，蒸汽机车的出现改变了人们的出行方式和货物运输方式。煤炭和蒸汽机的结合引发了生产力的巨大飞跃，工厂制度得以建立，大量人口从农村涌入城市，城市化进程加速。工业产品的大规模生产改变了人们的生活方式，商品经济蓬勃发展。同时，科学技术也在这一时期飞速进步，人们对自然规律的探索和利用达到了新的高度。工业革命还推动了世界贸易的发展，使不同国家和地区的联系更加紧密，全球文明开始相互交融和碰撞。

石油和电力的广泛使用推动了第二次工业革命。以石油为燃料的内燃机广泛应用于汽车、飞机等交通工具，改变了交通运输的格局。电力的发明和应用更是带来了一场能源革命，电灯的出现使人们摆脱了对自然光的依赖，各种电器设备如电动机、电报、电话等的发明极大地改变了人们的生产和生活方式。社会生产力进一步提高，人们的生活更加便捷、交通的便利使世界变得更小，信息传播速度加快。这一时期，科学技术的发展呈现出多元化的特点，化学、物理学等学科取得了众多突破；教育也得到了进一步的发展，为社会培养了更多的专业人才；城市化水平进一步提高，现代城市的基础设施（如供水、供电系统等）逐渐完善。

现代社会能源利用呈现多元化的特点，除了传统的煤炭、石油、天然气外，可再生能源如太阳能、风能、水能、生物能等也得到了快速发展，核能也在能源领域占有一席之地。这些能源在发电、供热、交通等多个领域广泛应用。例如，光伏发电为偏远地区提供电力，风力发电在一些沿海和风力资源丰富的地区逐渐成为重要的电力来源。能源的多元化利用使人类社会对能源供应的稳定性和可持续性有了更深入的思考，环境保护意识逐渐增强，因为传统能源的过度使用带来的环境问题日益突出。可再生能源的发展有助于减少对环境的破坏，推动人类社会向可持续发展方向前进。同时，能源技术的进步也促进了信息技术、材料科学等多个领域的交叉融合发展。例如，智能电网的发展需要信息技术和能源技术的紧密结合，这又进一步推动了科技的进步和人类文明的发展。

确切而简单地说，能源改变世界。能源作为现代社会的基石，其发展历程贯穿了人类社会的各个阶段，从原始社会的生物质能利用到如今的多元化新能源探索，都对社会发展产生了极为深远且全面的影响。

二、能源发展现状及对现代文明的影响

（一）能源发展现状

（1）传统能源依旧占据主导地位，化石能源的作用短时间内难以被取代。煤炭是全球最丰富的化石能源之一，目前，许多国家仍然高度依赖煤炭发电和生产生活供热，我国煤炭在能源结构中的占比依然较高。不过，随着环保要求的提高，煤炭行业也在不断进行清洁化改造，如采用高效的清洁燃烧技术和煤炭洗选技术，以减少污染物排放。石油是现代交通领域的主要能源，全球大部分汽车、飞机等交通工具都依赖石油产品。天然气作为一种相对清洁的化石能源，在发电和城市供暖等领域应用广泛。中东地区是全球石油和天然气的主要供应地，同时，随着技术的进步，如页岩气开采技术的发展，一些国家（如美国）的天然气产量大幅增加。

（2）风力发电、光伏发电等新型可再生能源发展迅猛，逐步占据主导地位。光伏发电成本在过去十年间大幅下降，在全球能源市场中的竞争力不断增强。中国、美国、印度等国家是光伏产业的主要发展力量。大型光伏电站不断涌现，同时，分布式光伏发电系统也越来越普及。风力发电技术日益成熟，海上风电成为新的增长点。欧洲在海上风电领域处于领先地位，中国等亚洲国家也在大力发展海上风电项目。风电场的规模不断扩大，风电机组的单机容量也在不断增加，风力发电的效率越来越高。在一些农业资源丰富的地区，利用农作物秸秆等生物质发电成为一种有效的能源利用方式。同时，生物乙醇和生物柴油作为交通领域的替代燃料，也在一定程度上减少了对石油的依赖。风、光及生物质资源分散式开发、分布式接入，为新型微电网、综合能源系统的发展奠定了基础。

（3）水电、核电依然是清洁能源的主力，是未来新型能源体系不可或缺的部分。水电开发趋于饱和，但依然保持增长态势。全球已建成众多大型水电站，这些水电站在发电的同时，还兼具防洪、航运等综合效益。小水电在一些山区和农村地区也发挥着重要作用，为当地提供电力，促进其经济发展。抽水蓄能电站作为电力系统技术最成熟的储能设施，在电网调峰中发挥着重要作用，在新型电力系统中的发展潜力得以进一步挖掘。核能在一些国家的能源结构中占有重要地位，如法国，其核电占比达到很高的水平。目前，第三代和第四代核电站技术正在研发和应用过程中，这些技术更加安全、高效。不过，核能发展也面临诸多挑战，如核废料处理问题、核电站的安全性等，这使得核能的发展比较谨慎。

（二）能源对现代文明的影响

（1）能源推动经济增长，促进经济结构转型。能源是现代经济的基础，能源产业本身就是经济的重要组成部分。同时，稳定的能源供应能够保障工业生产的正常进行，降低企业的生产成本，从而促进经济的持续增长。能源价格的波动会对经济结构产生影响，如高耗能高污染企业从发达国家向发展中国家转移，生产技术及设备更新换代，在提升生产效率的同时促进了节能环保产业的发展，经济越发达，工业在国民生产总值中的占比越低，单位生产总值的能耗也越低。同时，可再生能源的快速发展促使了新的经济增长点出现，逐步形成了完整的光伏发电、风力发电、储能及综合能源系统产业链。

（2）现代能源发展推动环境改善。传统化石能源的大量使用导致了严重的环境污染，造成了大气污染、温室气体排放和水污染等环境问题，对生态系统和人类健康造成严重危害。现代可再生能源和清洁能源的发展为环境改善提供了机遇。太阳能和风能的大规模利用可以减少对化石燃料的依赖，从而降低温室气体排放。同时，随着能源效率的提高，单位能耗的污染物排放也会减少，有助于缓解环境压力，实现可持续发展。

（3）现代能源发展促进科技创新和跨学科融合。能源领域是技术创新的重要领域，为了提高能源的利用效率、降低能源成本和减少环境污染，各国都在加大对能源技术的研发投入。例如，电池技术的创新推动了电动汽车的发展，智能电网技术的发展促进了电力系统的智能化和高效化。能源技术的发展促进了多学科跨专业融合，不仅推动了能源领域的进步，也促进了其他相关学科的发展。例如，在新能源材料的研发过程中，材料科学家与能源工程师紧密合作，开发出具有更高性能的太阳能电池材料和电池电极材料。

（4）现代能源发展影响着社会生活的各方面。能源的广泛应用使人们的生活更加舒适和便捷。例如，电力使得各种家用电器能够得到普及，丰富了人们的生活。交通能源的发展缩短了人们的出行时间，扩大了人们的活动范围。能源供应的稳定性是社会稳定的重要因素。能源短缺或价格大幅波动可能会引发社会问题。同时，能源的公平分配也是一个重要问题，在一些地区，尤其是发展中国家的偏远地区，可能存在能源供应不足的情况，影响当地居民的生活质量和社会发展。

三、新能源革命的历史机遇及总体路径

（一）新能源革命的历史机遇

（1）新能源革命是应对气候变化的迫切需求。随着全球气候变化问题日益严峻，温室气体排放导致的全球变暖已经引起了国际社会的高度关注。传统化石能源燃烧是二氧化碳

等温室气体的主要排放源。风、光、水及生物质等新能源具有低碳甚至零碳排放的特点，是应对气候变化的关键解决方案。大规模发展新能源可以有效减少对传统高碳能源的依赖，降低温室气体排放，抑制气候变化。

（2）新能源革命是落实能源安全新战略的根本要求。传统能源供应往往受到地缘政治因素的影响。许多国家尤其是我国对石油和天然气等能源资源的进口依赖度较高，这使得能源供应存在安全风险。新能源的分布相对广泛，不受特定地区资源垄断的限制。通过开发本地的可再生能源可提高自身的能源自给率，减少对进口能源的依赖，从而增强能源安全，进而维护国家主权不受侵犯。

（3）技术进步和成本下降极大地推动了新能源革命的进程。近年来，新能源技术取得了长足的进步。光伏电池的转换效率不断提高，风电机组的单机功率和运行效率快速增长，新型储能方式的能量密度和充放电次数快速提高，能量损耗和衰减速度显著降低。同时，新能源的成本大幅下降，风力发电、光伏发电与传统能源在成本上具有明显优势，甚至在很多地区，以风光储联合的纯绿电供应模式在成本上已经能够与传统能源竞争。这种技术进步和成本下降的趋势为新能源革命提供了经济可行性基础。

（4）市场需求和政策支持为新能源革命创造了光明的前景。消费者对绿色、可持续能源的需求不断增长。越来越多的企业和个人在选择能源时，倾向于支持低碳、环保的新能源产品。同时，各国政府纷纷出台支持新能源发展的政策。例如，许多国家制定了可再生能源补贴政策，包括对太阳能和风能发电项目的补贴，以鼓励投资和建设。政府还通过制定可再生能源配额制度，要求电力供应商必须采购一定比例的可再生能源电力，这为新能源的发展创造了稳定的市场环境。

（二）新能源革命的总体路径

新能源革命离不开技术创新引领、产业升级推动、基础设施支撑、市场机制引导和政策制度保障。新能源基础技术创新不断提高多种形式能量的转换效率，降低转换和供应成本，提升能源生产的稳定性和持续性；集成技术创新通过智能控制系统实现多种能源的协同互补，解决新能源间歇性和波动性的问题，提高能源供应的稳定性和可靠性。新能源产业链逐步完善，产业集群规模化集约化发展，进一步提升了协同效应、生产效率和技术交流，促进新理论、新技术、新装备的快速更新换代。智能电网、多形态微网、新型储能设施以及多种形式的源网荷储多元要素一体化设施快速发展，为新能源发展奠定了基础，解决了新能源出力间歇性和随机波动性问题。市场交易机制的不断完善为多种类型新能源以多种形式参与市场交易提供了支撑，进一步提高了各主体参与新能源建设的积极性和主动性，政策的持续支持引导加强了新能源革命的发展预期，坚定了各方主体的信心，为新能源产业的长期发展提供了良好的政策环境。

新能源革命以新型电力系统建设为核心，涵盖电力生产的清洁化、终端用能的电气化与电力产供储销的多样化、个性化、数字化、智能化发展领域，并以新型电力技术在交通运输、信息通信、数字智能、商业服务领域的深度融合发展为特征，能源对人类文明的影响从力量支撑为主向智慧融合转变，人工智能技术、智能驾驶技术、人脑芯片等新技术将从智慧思维层面逐步取代人工，实现人脑的进一步解放，人类依赖外物的形式从体力替代向脑力替代转变，从而为人类学习、掌握更多的知识提供助力，这个过程将大大提高对能源的需求，成为未来能源利用最集中最庞大的领域。电力是目前已知的支撑人工智能的最主要能源方式，因此，能源体系无论如何多元化发展，新型电力系统建设都是其中最重要的部分，电力在能源消费终端的占比将越来越高，未来智能化社会的电力需求将可能是如今的几何倍数。

从电力系统的全环节来看，电源侧风电、光伏、生物质等新型可再生能源将成为主体，多种能源互补互济是未来发展的必然趋势；负荷侧快速无线通信、纯电交通运输、数字智能设施等将成为消费主体，并实现需求侧可调可控；储能将是新型电力系统的重要组成部分，同时具备电源和负荷的特征，本质上属于电网调节资源，并与电网深度融合；电网侧以电力传输为主向资源优化配置转变，多种形态电网将源荷储分层级、分区域整合在一起，并逐级聚合形成全国、国际、洲际甚至全球化的电网，从而解决风光等新能源的间歇性波动性问题，在全球范围内实现能源电力的不限量供应，从而支撑人类文明向更高级阶段发展。

从电力系统的空间分布来看，以农村地区、偏远地区为绿色清洁电能供应主体，整村、乡镇、县域、市域、省域直至全球化由下而上逐级聚合，为村落、城镇及大城市负荷中心供电的全绿电协同运行模式将逐步形成，能源的充裕性和廉价化将极大地促进人类对全球的开发探索，以能源转化利用和跨区域传输为支撑，进一步将沙漠、荒原、高山、滩涂甚至远海建设成为人类宜居家园成为可能。电力系统将呈现出分层分区、就地平衡与跨区域功率传输共存的特征，以大电网和微电网结合的方式为人类活动提供最大的便利性和充足性能源供应，满足多样化个性化需求。

基于此，本书提出以大电网为保障，以农村地区为建设重点，从农村向城市过渡，由下而上分层建设的衡水地区新型电力系统发展路径。

（1）充分认识大电网在新型电力系统中的核心地位，以坚强的大电网作为新型电力系统建设的基本保障。要实现新能源为主体的既定目标，系统总装机容量将达到最大负荷的 2～3 倍，配电网各层级平衡措施只能延缓或缓解系统源荷不平衡、不同步问题，难以解决电量供应不平衡的根本矛盾，只有坚强可靠且运行灵活的大电网才能满足新能源为主体的发展要求。充分发挥电网大范围资源配置能力，促进新能源时空互补和源荷时空互济，提升新能源出力保障水平和灵活调节能力，降低电源装机冗余量和储能配置容量。由 2022 年统计数据可知，我国各省、各区域（华北、华中、华南、东北、西北、西南）、国网经营区的新能源 1 天最小日平均出力水平分别为 3.6%、8.0% 和 10.7%；3 天最小日平均出力水平分别为 5.9%、9.1%、11.6%。国网经营区范围内新能源日平均最小出力是各省范围内的 2～3 倍，大电网对新能源出力间歇性、波动性的抑制作用十分明显。

（2）新能源跨区消纳、时空互补是未来新型电力系统的必然形式。以特高压交直流电网作为区域间资源优化配置的枢纽，500/330kV 超高压电网作为省间电网互济的补充，220kV 电网作为跨地区输送的重要通道，共同促进新能源跨区消纳。明确依托大电网发展的思路，通过测算远景年电源装机容量和本市电力需求，以地市为单位，根据新能源可开发潜力及用电负荷发展潜力，将各地区划分为电源外送、就地平衡、整体受入三种类型电网，估算区域、省间及地区间电力传输规模，积极谋划清洁电源传输通道，加快推进市域 220kV 及以上电网建设。对于电源外送类型的地区，应从满足电力外送的角度出发，及时推进变电站布点，适应新能源开发的节奏。

（3）区域配电网是大电网安全可靠及灵活运行的保障。大规模新能源接入和大量电力电子元件的使用给大电网的安全可靠运行带来了极大的挑战，分区优化是提升电网安全可靠和灵活运行的有力措施。通过电网分区优化，可降低每个区域控制系统面对的对象，从而极大地简化控制策略，降低运算量和通信要求，保障调度指令可靠执行。应用网格化思维，在精细化的规划范围内，采用更灵活的负荷预测方法，结合源网荷储协同优化的预设目标，实现精准预测，指导区域电网内部电力设施优化配置，提升投资效益。采用分层分区理念，将区域电网视作一个整体进行规划，按照系统对外特性可调可控的目标，实现区域网与大电网的灵活互动，降低电网调度管控点数量且各点可调节范围更大，响应更快，从而提高系统安全水平。

（4）对110kV及以下各层级电网采用差异化建设原则。对于大部分区域来说，分布式新能源大规模接入并实现分层分区平衡，将有效抑制电网尖峰负荷增长，降低110kV变电容量需求；负荷集中的市区电网未来可以通过适量配置储能，提升110kV电网的利用效率，降低容量配置需求。因此，110kV电网总体采用限制容量、扩充间隔、优化结构的原则进行建设，充分挖掘存量电网资源潜力，加强电源并网协同规划，提高供电可靠性。35kV电网主要位于农村地区，设备运行年限长、供电能力不足、利用效率低、短时重过载问题较多且各年度重过载设备具有随机性。主变容量小，负荷波动对设备负载率影响大，对保供电和保消纳的作用不足，因此应合理限制发展，有序退运35kV主变，并利用原站址建设新型储能、充电设施，提升综合利用水平。10kV电网存在供电范围大、建设标准低、分支线路多、主干不清晰等问题；同时，线路联络率低，存在负荷转供能力差、供电可靠性偏低的问题。随着分布式新能源大规模接入，10kV线路逐步成为多端电源、储能及用户交互的主要载体，在源网荷储协同控制运行中发挥着重要作用。按照分层分区平衡的配电网规划理念，10kV线路是分布式电源汇集、用户负荷分配的核心单元。10kV线路的承载能力和智能化、数字化水平直接影响配电网运行可靠性、灵活性及经济性。针对10kV线路存在的网架结构薄弱、改造提升效果不明显、投资回报率低等问题，坚持"优化结构、清晰主干、整合分支、修改结合"的建设改造原则，突出资源转移配置作用，进一步提升建设水平。低压电网则坚持"低压互联，台区互济，交直混联，容量共享"的建设改造原则，以提升新能源就地消纳、配变供电能力和供电可靠性为目标，建设多台区低压柔性互联的区域电网，实现多台区互联互济，促进配变容量共享，提升区域电网内部平衡能力，降低配电网改造投资。建设交直流混联电网，分布式光伏、储能及直流用电设备直接接入低压直流电网，减少交直流变换过程中的电能损耗，提高分布式光伏发电利用效率。提升配微电网协同运行水平，促进微电网内部功率互济和对上级电网的主动支撑，提升电网运行的稳定性和经济性。

第二节　新型电力系统转型发展的技术路径及商业模式

一、技术路径

在全球能源格局深刻变革的当下，能源转型正以前所未有的速度推进。新型电力系统的构建与完善成为能源领域的关键任务，其中主配微电网协同运作的重要性愈发凸显，已然成为新型电力系统高效、稳定运行的核心要素之一。

主网作为新型电力系统的核心能量供应端，犹如一座巍峨耸立的能源巨塔，凭借其强大的发电能力以及广泛且高效的输电网络，持续不断地为配电网输送着充足且稳定的电能支持。配电网则恰似一座承上启下的关键桥梁，在整个电力传输体系里扮演着重要角色，精准无误地将电能送至用户，确保电能能够在不同层级的电力网络之间实现顺畅无阻的传输与调配，从而有力保障了电力供应的连贯性与可靠性。微电网在规模上相对主网和配电网较小，但其凭借独特的分布式能源优势以及灵活多变的运行模式，为新型电力系统提供着不可或缺的局部支撑，在满足特定区域用电需求、提升能源利用效率等方面发挥着至关重要的作用。这三者紧密协同、相互配合，共同勾勒出新型电力系统区别于传统电力系统的鲜明特征，为新型电力系统的可持续发展奠定了坚实基础。

为了全方位推动新型电力系统实现转型发展，本节从"源网荷储数"这五个关键维度深入探索与之适配的技术路径，进而全方位提升新型电力系统的综合性能与运行效能。

（1）在电源侧，鉴于可再生能源所具有的间歇性和波动性这两大特点，给电力供应的稳定性带来了诸多挑战。为了有效应对这些问题，可采取多种能源协同互补的策略，其中涵盖了光伏、风能、生物质能等多种可再生能源形式。通过将这些不同类型的能源进行有机整合，充分发挥它们各自的优势，使其在发电过程中能够相互配合、取长补短，从而实现对可再生能源间歇性和波动性的有效缓解，确保电力输出能够保持相对的平稳状态，为整个电力系统的稳定运行奠定坚实的基础。例如，在阳光充足但风力较弱的时段，光伏发电能够发挥主要电源作用；当夜晚来临或光照不足但风力较强时，风力发电则可成为主要的电力来源；而生物质能发电则可在特定条件下作为补充能源，进一步保障能源供应的持续性。

（2）在电网侧，主配微协同调控成为了实现电网高效运行的核心举措。①主网方面，为了优化其网架结构，提升输电效率和灵活性，采用了一系列先进的技术手段。其中包括分层分区网架结构优化技术，通过对主网进行合理的分层分区规划，使得电能在不同区域间的传输更加有序、高效；灵活交流输电技术的应用，能够有效提高主网对不同工况下电能传输的适应性，增强电网的稳定性；特高压直流输电技术则凭借其高电压、大容量、远距离的输电优势，实现了大规模电能的高效远距离传输，大大降低了输电过程中的能量损耗，为跨区域的电力调配提供了强有力的支持；②配电网通过分层分区及柔性互联增强自身的灵活性，分层分区使得配电网能够更好地根据不同区域的用电需求进行针对性的电能调配，柔性互联则让配电网在面对不同类型的电能接入和传输需求时能够更加从容地进行调整，确保电能在配电网中的顺畅传输；③微电网借助群调群控及交直流互联实现协调控制，群调群控技术能够对微电网内众多的分布式能源单元和用电设备进行集中统一的管理和调控，确保微电网内部电能的供需平衡以及与主配电网之间的良好互动；交直流互联则进一步拓宽了微电网与外界电能交换的途径，提高了微电网的适应性和灵活性，使得微电网在整个电力系统中的作用得以更加充分地发挥。

（3）在负荷侧，为了提高能源利用效率，采取了多种行之有效的管理方式。其中，需求管理通过对用户的用电习惯、用电负荷分布等情况进行深入细致的分析和预测，制定出针对性的用电计划和策略，引导用户在不同时段合理安排用电行为，避免在用电高峰时段出现过度用电的情况，同时也减少在用电低谷时段的能源浪费。主配微电网负荷管理则是从整个电力系统的层面出发，对主网、配电网和微电网的负荷情况进行统筹协调管理，根据不同网络的承载能力和用电需求，合理分配电能，确保各网络的负荷处于合理区间，保障电力系统的稳定运行。城乡地区负荷管理则是针对城乡不同的用电特点和需求，制定出符合当地实际情况的负荷管理方案，比如在城市地区，重点关注商业用电、居民用电等不同类型用电的高峰时段和低谷时段，进行精细化管理；在农村地区，则更多地考虑农业生产用电、农村居民生活用电等特点，通过合理安排灌溉、加工等用电设备的使用时间，提高农村地区能源利用效率。

（4）在储能侧，为了更好地应对电能的存储和调配问题，采用了多样化的储能形式以及推进分布式储能和集散式储能电站建设等重要技术。多样化的储能形式包括但不限于锂离子电池储能、铅酸电池储能、液流电池储能、压缩空气储能、飞轮储能等，不同的储能形式具有各自不同的优缺点，根据实际需求选择合适的储能形式，可以实现对电能的高效存储和灵活调配。分布式储能主要是在用户侧、台区等局部区域设置储能设备，能够在电能供应过剩时及时进行存储，在电能供应不足时快速释放电能，可有效缓解局部区域的电能供需矛盾，提高局部区域的供电稳定性。集散式储能电站建设则是在电网的关键节点或重要区域建设规模较大的储能电站，其能够对电网的整体电能进行大规模的存储和调控，在应对电网突发故障、负荷突变等情况时发挥关键的缓冲和调节作用，保障电网的安全稳定运行。

（5）在数字化层面，随着信息技术的飞速发展，数字化手段在新型电力系统中的应用也日益广泛且深入。采用了电网感知与监测技术，通过在电网的各个环节设置大量的传感器等监测设备，能够实时感知电网的运行状态，包括电能的生产、传输、分配以及用户的用电情况等，及时发现潜在的故障隐患和异常情况，为电网的安全运行提供了重要保障。数据管理与分析技术则是对电网运行过程中产生的大量数据进行收集、整理、存储和分析，通过挖掘数据中的价值信息，为电网的优化运行、故障诊断、负荷预测等提供有力的依据。电网运行控制与优化智能化技术能够根据电网的实时运行状态和数据分析结果，自动调整电网的运行参数和控制策略，实现电网的智能化运行，提高电网的运行效率。电网安全防护数字化升级技术通过采用先进的加密、认证、访问控制等数字技术手段，对电网的信息安全进行全方位的保护，防止电网信息受到网络攻击、恶意篡改等威胁，保障电网的信息安全。能源互联网与分布式能源接入数字化支持技术可为能源互联网的构建以及分布式能源的接入提供数字化的支持，使得能源互联网能够更加顺畅地实现能源的共享与交换，分布式能源能够更加便捷地接入电网，进一步推动新型电力系统向数字化、智能化方向发展。

二、商业模式

新型电力系统转型发展的背景下，广大用户成为源荷双向参与主体，多方、多单元之间的多产品、双向交易复杂程度高，市场化转型难度大，从精准计量到合理定价都面临着重大挑战，虚实互济的实时交易模式、资源聚合模式等有待创新，能源系统的基础服务根本属性如何承载现代化市场交易机制成为核心问题。创新的商业模式至关重要，它能够有效整合各类资源，协调各方利益，促进新型电力系统的构建与稳定运行，必将引起全社会广泛变革，在人类发展史上留下浓墨重彩的篇章。

（1）分布式能源资源聚合商模式。分布式能源资源聚合商（distributed energy resources aggregator，DERA）主要是将分布式能源资源（太阳能光伏发电、小型风力发电、储能系统、电动汽车等）进行整合管理的商业模式。这些分布式能源资源通常分布在用户侧，如居民住宅、商业建筑和工业厂房等。DERA 通过先进的信息技术和控制手段，将众多分散的小容量能源资源汇聚起来，使其能够像一个大型的能源供应单元一样参与电力市场交易。DERA 首先要对分布式能源资源进行接入和整合，利用智能控制系统对整合后的能源资源进行优化调度，以聚合后的能源资源参与电力市场交易，从而获取经济效益。

（2）综合能源服务提供商模式。综合能源服务提供商是一种涵盖多种能源形式（电力、燃气、热力等）的综合服务商业模式。它以满足用户多样化的能源需求为目标，提供从能源供应、能源设备维护到能源效率提升等一系列服务，通过整合多种能源供应渠道，为用户提供一体化的能源解决方案，提高能源利用效率；为用户提供能源设备（如发电设备、供热设备、制冷设备等）的维护和保养服务，确保能源设备的稳定运行，延长设备使用寿命；帮助用户进行能源管理，通过安装能源管理系统，监测和分析用户的能源使用情况，提供节能建议和方案，降低用户的能源消耗和成本。

（3）虚拟电厂模式。虚拟电厂（virtual power plant，VPP）是一种通过先进的信息通信技术和软件系统，将分布式能源资源、可控负荷和储能系统等聚合起来，形成一个虚拟的发电厂。它能够像传统发电厂一样参与电网的调度和电力市场交易，但其组成部分在物理上是分散的。通过智能通信网络将分布式能源资源（如分布式发电、储能）和可控负荷（如可调节的工业用电设备、智能家居设备）连接起来，对这些资源进行数据采集和建模，以便准确掌握 VPP 的整体性能。根据电网的调度指令和电力市场价格信号，对 VPP 内的资源进行灵活调度和控制，合理安排分布式发电设备的运行状态。以 VPP 的名义参与电力市场交易，包括电能交易、辅助服务交易，同时，VPP 内部可以通过合理的经济激励机制，对参与的用户和资源所有者进行收益分配。

（4）新型电力系统共建共享共用模式。政府、电网企业、发电企业、能源服务企业以及用户等多方共同参与新型电力系统基础设施建设，或开展新型电力系统创新技术产学研用联合攻关，推动新型电力系统的发展；促进各方数据和资源共享，提高资源利用效率，并为新型电力系统安全稳定经济运行提供信息支撑，实现综合运行效益最大化；多种能源协同利用、基础设施多方共用，实现能源电力生产、输送、储存、消费等各个环节的协同优化，促进能源利用效率提高，全社会用能成本降低，为产业及经济社会发展提供经济可靠的能源保障；通过共建共享共用，能源资源可以得到更合理的配置，促进了多种能源形式的互补利用，使得分布式能源资源能够更好地协同运行，保障电力系统在突发情况下的应急供电，实现新能源发展红利共享，促进社会公平和可持续发展。

第三节 新型电力系统与产业融合的未来发展前景

新型电力系统作为未来新型能源体系的核心，对能源及上下游产业的带动作用十分显著。如今，光伏发电、风力发电、储能、充电桩等源网荷储设备设施的生产、销售、运维、养护市场规模宏大，已经成为主流行业；上游光伏板、风电机组、储能电池等的生产材料，下游电动汽车、高铁、船舶的更新换代，以及低压直流供用电产品的生产行业也正处于蓬勃发展的时期；光储充一体化、风光储一体化、风光储充换一体化、风光发电制氢、冷热电联供、综合能源供应等模式逐步兴起，也在新一轮设备改造升级的浪潮中展露了风姿，成为社会发展变革的重要推动力量。

新型电力系统发展不仅对能源电力系统本身及相关行业带来影响，还将促进新兴行业发展，带来新的产业发展机遇。

在汽车出行领域，电动汽车自动充换电与无人驾驶技术相结合，在汽车电动化的同时，还将彻底改变人们的出行方式，当私密性、便利性、安全性问题得到彻底解决，无人驾驶出租车的多样性选择、定制化服务、低配套需求必将成为大多数人的首选，并彻底改变城市整体规划布局。

在交通运输领域，高速闲散地带风电光伏大规模开发、风光储充换一体化运营将极大促进路衍经济的发展，以能源自供应为基础的半/全封闭全天候无间歇通行的"智慧高速"将彻底解决人们在异常天气无法上高速的问题，船舶电动化、电铁牵引站储能化改造也将重塑行业格局。

在农业生产领域，以能源自供应为基础的封闭式农业经济将克服农作物生产的地域性、气候性、季节性问题，实现全天候不限环境的全品类生产，垂直农场的技术将使农业生产摆脱对土地的依赖，农产品的品质和产量将大大提高，干旱的沙漠戈壁、寒冷的西伯利亚、荒凉的海中岛礁、城市的居民屋顶、边防巡逻哨所、科研探险营地等条件极艰苦的地方，一个能源自供应的封闭舱就可以实现新鲜蔬菜的种植，还可以种植、养殖循环生产，实现肉类的当地生产，风光制氢制氧再生成淡水的循环，可以为营地提供氧气、淡水，氢气可以取暖……以封闭舱为单元的循环利用方式将解决边远地区的人类生存生活问题，成为名副其实的"生命舱"，还可以做成移动式整体装置，为抢险救灾提供支援。

在电商旅游领域，依托电力系统数字化平台，为客户提供融入式电商、体验式旅游服务是数据信息价值挖掘的重要渠道，依托实时生产信息和可视化、可追溯的在线产品服务，可以为用户提供定制农业产品、远程租种农田、时令性种植养殖劳动体验、季节性景观信息服务等，带动农村电商、旅游进入一种全新的融入式发展模式。

第四节 衡水现代农村地区新型电力系统建设的实践经验

近年来，国网衡水供电公司聚焦农村地区新型电力系统建设，联合河北省内知名高校、企业，深入研究现状问题，逐步形成了农村地区新型电力系统转型发展的总体思路，创新突破了新型电力系统规划、调度及控制相关核心技术，并在实践中得到验证，为农村地区新型电力系统建设积累了宝贵的经验。

电力系统转型，新旧动能转换，当前面临的各种问题具有内在的联系。分布式资源大规模随机接入、间歇性无序运行、发用电时间差异是导致各层级电网阶段性供需失衡、双向波动的主要原因。单纯增容电网提升电力空间转移能力，将导致低电压、区域性问题逐级向高电压、大电网传导，最终无处纾解。打通源网荷储协同互济的底层渠道，解决发用电时间不同步问题，促进电力电量就地就近平衡，才能实现标本兼治。

充分利用分布式光伏、新型储能、电动汽车充电桩以及变频空调等直流设备功率响应速度快、可控性强的特点，以及直流线路远距离传输损耗小、压降小的优势，提出"分布式源荷储资源低压直流聚合、多配变台区柔直互联组网、配微电网分层级能量适度平衡管理"的总体技术路线，在低压侧源网荷储互动互济就近平衡，减少功率跨电压层级传输，在全系统依托现状电网上传下送逐层适度平衡，在解决发用电时间不同步问题的同时，降低底层微网建设运营成本。

依托饶阳同岳供电所低压交直流混联微电网示范工程，开展配微电网分层级能量适度平衡的资源优化配置及协同运行调控技术研究，揭示了直流电压暂态恢复所遵循的等电量原则，明确了直流微网功率大幅度调节的边界范围，攻克了低压直流微网快速功率调节时的电压稳定控制技术难题，实现了低压直流微网功率实时平滑调节；提出了配网日前高可靠度调度、日内灵活性提升调度与微网集群自治能量平衡控制相结合的调控一体化技术方案，实现了配微电网分层级能量适度平衡管理；构建了基于"单台区直流聚合-多台区柔性互联"电网架构的县域配网灵活性量化评价指标体系，多维度关联互补的源网荷储优化配置方法，提升了分布式资源灵活可控性能。

自主开发了新型电力系统规划、调控相关技术支持系统和硬件设备，掌握了低压直流微网成套技术，在示范工程中率先验证了配变台区低压柔性互联组网、源网荷储共直流母线聚合接入、微网功率实时平滑调节的模式，核心区域认定为河北省首个清洁能源自供应的近零碳供电所。

2023年年底，联合国开发计划署和中国农业农村部共同实施全球环境基金七期 中国零碳村镇促进项目，在全国选取10个示范村开展零碳乡村试点建设，衡水安平县杨屯村和小辛庄村双双入选，为国网衡水供电公司新型电力系统创新研究提供了更广阔的应用前景。如今，已经初步完成了示范村建设整体实施方案，在已有成果的基础上，进一步提出了以新型电力系统作为农村重要产业支柱，服务乡村未来产业发展，服务国家乡村振兴战略的总体要求，谋划了"电碳数产"四个层面同步推进的建设路径。

"向阳而生，随风而行，交直互联，分层协同，虚实互济，城乡一体，产业之基，服务为本"，是国网衡水供电公司新型电力系统科技创新团队为农村地区新型电力系统建设制定的总路线。蓝图已经绘就，下一步，国网衡水供电公司必将在安平零碳村的土地上，尽情挥毫，谱写出中国式现代化零碳农村新型电力系统建设的新篇章。

第二章
新型电力系统转型发展的历史机遇

第一节　能源发展的历史进程及对社会发展的影响

一、能源发展的历史

能源作为人类社会生产与生活中不可缺少的动力，其开发利用亦不是亘古至今、一成不变的，随着社会生产力的不断发展，人类对能源的利用深度和广度在不断发展和扩大。

在人类发展史上，从原始时代到当今瞬息万变的科技飞速发展时代，人类已经历了四个利用能源的阶段：柴草时期、煤炭时期、石油时期和多元化新能源时期。

（一）柴草时期

人类发展史上，狩猎时代是漫长的，大约距今二三十万年。这一时期人类一采集大自然野生植物、猎取野兽、捕捉水族为食，居住在天然洞穴，用骨针缝制兽皮御寒。人类已经掌握了人工取火的技术，火资源的使用增加了人的食物来源，扩大了人类活动的范围，促进了不同部落的交流，人类社会的发展。特别是在增强原始人类体质、使食物变得跟容易消化，大大减少了肠道疾病的发生。同时火的出现在制造铁器、陶器等生产和生活用品方面起了重大作用。

在从原始社会直到 18 世纪的漫长的历史年代，草木作为取火燃料一直是最主要的能源。虽然当时已有畜力、风力、水力等的发现和利用，但还是小规模的。这个漫长的能源发展的历史阶段称为柴草时期或木柴时期。这个阶段人类可利用的能源种类贫乏，所用能源的方法也是原始落后的，生产力发展水平亦很低。

随着生产的发展、人口的增长，人们需要的木材越来越多，木材资源日益紧张，特别是许多缺乏森林资源的地区，为此，人们开始努力去发现和寻找新的能源。经过漫长的找寻，终于人们发现了一种能燃烧的矿石——煤，并开始把它用做能源。

（二）煤炭时期

第一次工业革命始于英国的机械创新，而蒸汽机的改良和广泛使用，则将工业革命推向了一个高峰，也带动了煤炭开采和利用的爆发式增长。

16 世纪末到 17 世纪后期，英国的采矿业，特别是煤矿，已发展到相当规模，单靠人力、畜力难以满足排除矿井地下水的要求，现实的需要促使许多人，如英国的萨弗里、纽科门等，致力于"以火力提水"的探索和试验。萨弗里制成世界上第一台实用的蒸汽提水机，在 1698 年取得名为"矿工之友"。萨弗里的提水机靠真空的吸力汲水，汲水深度不能超过 6m。为了从几十米深的矿井汲水，须将提水机装在矿井深处，用较高的蒸汽压力才能将水压到地面,这无疑是困难而又危险的。纽科门及其助手卡利在 1705 年发明了大气式蒸汽机,用以驱动独立的提水泵,被称为纽科门大气式蒸汽机。这种蒸汽机先在英国,后来在欧洲大陆得到迅速推广,它的改型产品直到 19 世纪初还在制造。纽科门大气式蒸汽机的热效率很低,这主要是由于蒸汽进入汽缸时,在刚被水冷却过的汽缸壁上冷凝而损失掉大量热量,只在煤价低廉的产煤区才得到推广。

新大陆的发现和地理大扩张,让英国拥有了巨大的商品市场。毛纺织业贡献了当时英国对外贸易的主要产品,当传统的手工操作无法满足巨大的市场需求时,英国人发明了飞梭,继而又发明了水力纺纱机、水力织布机,这些机械的应用大大提高了纺织业的效率。利用水力作为能源有很大局限性,它必须建在河流附近,且河流水量不固定,这显然不适合机械大生产的需要。于是,以煤为燃料的蒸汽机改良运动应运而生。1765 年,瓦特发明了带冷凝器的单向式蒸汽机,1782 年又发明双向式蒸汽机。1785 年,蒸汽机开始用于毛纺业,1789 年应用于毛织业。得益于蒸汽机的使用,从 1766 年到 1789 年,英国的纺织品产量在 20 多年内增长了 5 倍。

1807 年美国人富尔敦建造了世界上第一艘蒸汽动力的轮船。不久,英国人史蒂文森发明了蒸汽火车机车,1825 年,英国建成世界上第一辆蒸汽机车和铁路。到 18 世纪末,蒸汽机普遍代替其他动力,成为英国许多工业部门的主要动力来源。

蒸汽机应用到纺织业,提高了纺织业的效率和产量;蒸汽机应用到运输业,载重上千吨的火车开始在大陆上穿越,载重上万吨的轮船开始在大洋中横渡;蒸汽机应用到矿山开采业,降低了人类的劳动强度,并且可以昼夜不停、连续开采;蒸汽机应用到金属冶炼上,大型鼓风机开始使用,煤炭成为冶炼的主要燃料;蒸汽机应用到机械制造上,可以制造出更复杂、更精密的工具。伴随着蒸汽机在工业生产领域的广泛使用,近代的能源工业、煤炭工业开始在世界范围内广泛建立起来。1861 年,英国的煤炭年产量已经超过 5000 万吨。煤炭的广泛利用,被人们誉为黑色的金子、工业的食粮,成为 18 世纪以来人类使用的主要能源之一。

1861 年,煤炭在世界一次能源消费结构中只占 24%,1920 年则上升为 62%,此后,世界能源进入了"煤炭时代"。20 世纪 30 年代以后,随着发电机、汽轮机制造技术的完善,输变电技术的改进,特别是电力系统的出现以及社会电气化对电能的需求,火力发电进入大发展的时期。煤炭在世界能源中的主导地位一直保持到 20 世纪 60 年代。

(三) 石油时期

随着科技、经济的发展,石油在一次能源结构中的比例开始不断增加,并于 20 世纪 60 年代超过煤炭,成为世界经济和各国工业发展需求最大的能源。如果说钢铁是近代工业经济的筋骨的话,那么石油就是近代工业经济的血液。

人类正式进入石油时代是在 1967 年。这一年,石油在一次能源消费结构中的比例达到 40.4%,而煤炭所占比例下降到 38.8%。石油需求的增长和石油贸易的扩大,起因于石油在工业生产中的大规模使用。一战以前,石油主要被用于照明,主要产油国美国和俄罗斯同时也是主要的消费国。在一战中,石油的战略价值已初步显现出来:由于石油燃烧效能高、轻便,对于军队战斗力的提高具有重大战略意义。20 世纪 20 年代,由于石油成为内燃机的动力,石油需求和贸易迅速扩大。但是由于化石能源带来的环境问题越来越严重，人们不得不去寻找更清洁新能源。

（四）多元化新能源时期

随着社会突飞猛进的发展，能源需求量亦成倍增加。世界上的常规能源——煤、油、天然气将逐渐枯竭和告急。能源造成的污染日趋严重，能源问题成为世界性的危机和挑战。人类开始并被迫深入地研究能源问题和能源开发，以实现第三次能源变革，即以石油为主要能源逐步向多元化能源结构过渡，开始了对核能、风能、太阳能、海洋能、生物质能等的开发研究与利用，并从社会、经济、环境等多角度全方位研究开发，增强能源的可持续性，这一变革在相当多的国家和地区已取得了相当的进展和成功。新能源开发的这一时期还刚刚起步，今后将持续较长的时期，亦将有更多的新能源被人类所认识、开发和利用。

在世界能源系统的转换过程中，煤炭将成为承上启下的可靠的过渡能源。这首先是因为相对于石油和天然气资源而言，煤炭资源相对比较丰富。现在世界能源结构中所利用的化石能源主要仍然是煤炭，其次才是石油和天然气，其比例分别约为 68%、17%、15%。根据国际上通行的能源预测，石油将在 40 年时间内枯竭，天然气将在 60 年内用光，但煤炭可以使用 220 年。其次，随着洁净煤技术的不断成熟，煤炭利用过程中所产生的环境问题将在一定程度上得到缓解。一些学者预测，在 21 世纪中叶，由于石油和天然气的短缺，煤炭液化生成的合成液体燃料的比例将增加。在替代传统的化石能源的可供选择的能源中，除可再生能源外，核能是人类最具希望的未来能源之一。根据国际原子能机构的统计，截至 2024 年 1 月 31 日，全球运行中的核电反应堆为 436 座，核能发电占总发电量的比重约为 10%，占全球清洁能源发电量的 1/3 左右。近几年，由于核电站运行的安全性、核废料的处理和核不扩散等因素的影响，核能的发展在欧洲、北美洲和独联体国家出现了下降趋势，但核能的发展在亚洲仍然拥有强劲的势头。为了促进核能的发展，许多国家在研究新一代快中子反应堆的同时，又加强了受控核聚变的研究，目前受控核聚变已在实验室取得阶段性成果。世界能源理事会认为，如果核技术在 21 世纪有重大突破，那么到 2100 年核能将占世界一次能源构成的 30%。氢能是替代传统化石能源的理想的清洁高效的二次能源。随着制氢、氢能储运及燃料电池技术的发展，氢能将成为其他新能源和可再生能源的最佳载体以替代化石能源。氢能系统由氢的生产、储运和利用三部分组成。用太阳能或其他可再生能源制氢，用储氢材料储氢，用氢燃料电池发电，将构成近"零排放"可持续利用的氢能系统，可广泛作为分布式电源。综上所述，未来的世纪，核能、氢能、可再生能源将逐步发展并最终成为主要能源，电力将成为主要的终端能源。在 21 世纪，世界以化石燃料为主体的能源系统将逐步转变成以再生能源为主体的能源系统。能源多元化将是 21 世纪世界能源发展趋势，能源的出现与使用促进了科技的发展，加快了世界工业革命的发展，改变了世界格局。

二、我国资源禀赋

随着经济的发展和人口的增加，我国对能源的需求也越来越大，能源作为现代社会进行的核心支柱，是维系人类生存与推动社会持续发展不可或缺的物质根基。我国使用的能源包括常规能源和新能源，常规能源是指技术上比较成熟且已被大规模利用的能源，如煤炭、石油、天然气、水能等。新能源则是在新技术基础上可系统地开发利用的可再生能源和清洁能源，包括太阳能、风能、生物质能、地热能、海洋能、核能、氢能等。

（一）常规能源

1. 煤炭

煤炭是我国的主要能源，是国民经济和社会发展不可缺少的物质基础。自然资源部于2024年10月发布的《中国矿产资源报告（2024）》显示，截至2023年年底，全国煤炭资源储量为2185.70亿t，较2022年年底增长5.6%。煤炭消费方面，据中国煤炭工业协会公布数据显示，2024年我国煤炭总消费量为48.9亿t，同比增长5.16%。尽管我国是煤炭生产大国，但由于资源分布不均和消费区域差异明显，我国仍大量进口煤炭以平衡供需。海关总署公布的数据显示，2024年1—12月，我国煤炭进口量累计达54269.7万t，较2023年同期的47432.7万t增加6837万t，同比增长14.4%，创历史新高。国家积极推动能源结构的优化和转型升级，煤炭消费比重逐年下降。同时，安全生产标准和要求也在不断提高。

从地区分布看，我国煤炭资源在地理分布上的总格局是西多东少、北富南贫。主要集中分布在的山西、内蒙古、陕西、新疆、贵州、宁夏等六省（自治区），其煤炭资源总量为4.19万亿t，占全国煤炭资源总量的82.8%，而且煤类齐全，煤质普遍较好，它们的煤炭资源总量占全国煤炭资源总量的八成以上。北京、天津、河北、辽宁、山东、江苏、上海、浙江、福建、台湾、广东、海南、广西等东南沿海省（直辖市、自治区）经济发展势头强劲，工业产值位居全国前列，对外贸易往来频繁，能源需求极为旺盛，煤炭消耗规模庞大。但与之形成鲜明对比的是，这些地区煤炭资源储备严重不足。我国煤炭资源赋存丰度与地区经济发达程度呈逆向分布的特点，使煤炭基地远离了煤炭消费市场，煤炭资源中心远离了煤炭消费中心，形成了"西煤东运""北煤南运"的运输格局，从而加剧了远距离输送煤炭的压力，带来了一系列问题和困难。从目前我国的主要煤炭生产基地——山西大同，到东部和南部的用煤中心沈阳、上海、广州、北京和天津等地的距离，分别为1270km、1890km、2740km和430km。随着今后经济高速发展，用煤量日益增大，加之煤炭生产重心西移，运距还要加长，压力还会增大。因此，运输已成为而且还将进一步成为制约煤炭工业发展、影响国民经济快速增长的重要因素。

2. 石油

石油主要由古代动植物遗体经过非常复杂的变化而形成，主要是由各种烷烃、环烷烃和芳香烃所组成的混合物，包括原油、天然气、天然气液及天然焦油等形式，石油的颜色由白到黑变化大，具有不良导电性、可燃性、旋光性，且不易溶于水，但易溶于有机溶剂。我国属于石油资源贫乏的国家，石油资源主要分布在东北、华北和西北地区，其中大庆油田、胜利油田和塔里木油田是主要的产油区。根据2023年中国自然资源公报及全国油气储量统计快报数据，我国石油剩余技术可采储量为38.5亿t，同比增长1.0%，占全球储量的1.58%，排世界第13位。

尽管如此，我国仍然是世界第六大石油生产国，但相对于巨大的消费量，产量仍显不足，每天消费原油达到1479万桶，位居世界第二，这种产量与消费量之间的巨大差距，使得我国对外部石油资源的依赖度较高。2023年，我国进口原油量为5.64亿t，进口率高达 73.12%，主要来自中东、非洲和拉丁美洲等地。我国的油气资源后备可采储量少，特别是优质石油可采储量不足，缺乏战略接替区，西部和海相碳酸盐岩等区域的勘查一直未能取得战略性突破，后备可采储量不足已成为制约进一步增加油气产量、满足能源需求增长的主要矛盾。

3. 天然气

我国天然气资源相对丰富，但勘探程度较低，资源分布不均。根据《2023 年中国自然资源公报》及 2023 年全国油气储量统计快报数据，截至 2023 年年底，我国天然气剩余技术可采储量 66834.7 亿 m³，同比增长 1.7%。我国天然气资源主要分布在塔里木盆地、鄂尔多斯盆地、四川盆地、柴达木盆地、准噶尔盆地等，以及东部的松辽盆地、渤海湾等地。这些区域的远景资源量占全国资源总量的 82%，已探明的地质储量占全国已探明天然气地质储量的 93%。然而，我国天然气的探明率仅为 24.6%，勘探潜力巨大。

国家统计局数据显示，2023 年，我国天然气产量达到 2324.3 亿 m³，同比增长 5.6%，这是我国天然气产量连续 7 年增产超过 100 亿 m³。四川、鄂尔多斯、塔里木三大盆地是增产主阵地，2018 年以来增产量占全国天然气总增产量的 70%。非常规天然气产量突破 960 亿 m³，占天然气总产量的 43%，成为天然气增储上产的重要增长极。2023 年，油气行业增储上产"七年行动计划"持续推进，全年天然气新增探明地质储量近万亿立方米。尽管我国天然气资源丰富，但储采比远低于世界平均水平，储量的增长速度也跟不上需求的增长速度。这表明我国天然气资源的开发利用仍有很大的发展空间和挑战。

4. 水能

我国水能总量相对丰富，江河水能理论蕴藏量为 6.94 亿 kW，年理论发电量 6.08 万亿 kW·h，水能理论蕴藏量居世界第一位。技术可开发量为 5.42 亿 kW，年发电量 2.47 万亿 kW·h，经济可开发量为 4.02 亿 kW，年发电量 1.75 万亿 kW·h，均名列世界第一。集中在经济相对滞后的西部，尤其是西南地区。西南的云南、四川、西藏三省（自治区）水能资源量占全国总资源量的 60%。而经济发达的东部十三个省及直辖市（辽宁、吉林、黑龙江、北京、天津、河北、山东、江苏、浙江、安徽、上海、广东、广西）仅占 7% 左右。水能资源分布与经济发展区域不匹配，西部水能资源丰富但经济相对落后，电力需求较小，东部经济发达但水能资源匮乏，需要长距离输电，也对水能资源配置提出了严峻挑战。

（二）新能源

1. 太阳能

太阳能一般指太阳光的辐射能量。太阳能的主要利用形式有太阳能的光热转换、光电转换以及光化学转换三种。利用太阳能的方法主要有：太阳能电池，通过光电转换把太阳光中包含的能量转化为电能；太阳能热水器，通过集热器吸收太阳辐射能，将水加热；光合作用模拟，研究自然界中植物的光合作用原理，尝试人工模拟这一过程，将二氧化碳（CO_2）和水在太阳能的作用下转化为有机化合物和氧气，同时储存太阳能。太阳能清洁环保，无任何污染，利用价值高，太阳能更没有能源短缺这一说法，在能源更替中具有不可取代的地位。

我国太阳能资源分布的主要特点有：太阳能的高值中心和低值中心都处在北纬 22°~

35°这一带，青藏高原是高值中心，四川盆地是低值中心；太阳年辐射总量，西部地区高于东部地区，而且除西藏和新疆两个自治区外，基本上是南部低于北部；由于南方多数地区云雾雨多，在北纬30°~40°地区，太阳能的分布情况与一般的太阳能随纬度而变化的规律相反，太阳能不是随着纬度的增加而减少，而是随着纬度的增加而增长。

按接收太阳能辐射量的大小，全国大致上可分为以下5类地区：

（1）一类地区。全年日照时数为3200~3300h，辐射量在670×10^4~837×10^4kJ/（cm²·a），相当于225~285kg标准煤燃烧所发出的热量。主要包括青藏高原、甘肃北部、宁夏北部和新疆南部等地。这是我国太阳能资源最丰富的地区，与印度和巴基斯坦北部的太阳能资源相当。特别是西藏，地势高，太阳光的透过率也高，太阳辐射总量最高值达921kJ/（cm²·a），仅次于撒哈拉大沙漠，居世界第二位，其中拉萨是世界著名的阳光城。

（2）二类地区。全年日照时数为3000~3200h，辐射量在586×10^4~670×10^4kJ/（cm²·a），相当于200~225kg标准煤燃烧所发出的热量。主要包括河北西北部、山西北部、内蒙古南部、宁夏南部、甘肃中部、青海东部、西藏东南部和新疆南部等地。此区为我国太阳能资源较丰富区。

（3）三类地区。全年日照时数为2200~3000h，辐射量在502×10^4~586×10^4kJ/（cm²·a），相当于170~200kg标准煤燃烧所发出的热量。主要包括山东、河南、河北东南部、山西南部、新疆北部、吉林、辽宁、云南、陕西北部、甘肃东南部、广东南部、福建南部、江苏北部和安徽北部等地。

（4）四类地区。全年日照时数为1400~2200h，辐射量在419×10^4~502×10^4kJ/（cm²·a），相当于140~170kg标准煤燃烧所发出的热量。主要包括长江中下游、福建、浙江和广东的一部分地区，春夏多阴雨，秋冬季太阳能资源较丰富。

（5）五类地区。全年日照时数约1000~1400h，辐射量在335×10^4~419×10^4kJ/（cm²·a），相当于115~140kg标准煤燃烧所发出的热量。主要包括四川、贵州两省。此类地区是我国太阳能资源最少的地区。

以上一类、二类、三类地区，年日照时数大于2000h，辐射总量高于586kJ/（cm²·a），是我国太阳能资源丰富或较丰富的地区，面积较大，约占全国总面积的2/3以上，具有利用太阳能的良好条件；四类、五类地区虽然太阳能资源条件较差，但仍有一定的利用价值。

2. 风能

风能是太阳辐射下空气流动所形成的，风能与其他能源相比，具有明显的优势，它蕴藏量大，是水能的10倍，分布广泛，永不枯竭，对交通不便、远离主干电网的岛屿及边远地区尤为重要。目前风能最常见的利用形式为风力发电。风力发电目前有水平轴风电机组和垂直轴风电机组两种思路，水平轴风电机组目前应用广泛，为风力发电的主流机型。

我国幅员辽阔，海岸线长，陆疆总长达2万多千米，边缘还拥有海中岛屿5000多个，拥有丰富的风能资源，具有巨大的风能发展潜力。根据国家气象局的资料，我国离地10m高的风能资源总储量约达32.26亿kW。其中，陆地上可开发和利用的风能储量有2.53亿kW，而近海的可开发和利用风能储量则有7.5亿kW。我国风能资源的分布与天气气候背景密切相关，风能丰富和较丰富的地区主要分布在两个大带：①三北（东北、华北、西北）地区丰富带，这一地区的风能功率密度在 $200\sim300\text{W/m}^2$ 以上，有的甚至可达 500W/m^2，其中阿拉山口、达坂城、辉腾锡勒、锡林浩特的灰腾梁等，可利用的小时数在 5000h 以上，有的甚至可达 7000h 以上。这一带的形成主要与三北地区处于中高纬度的地理位置有关，冬季时，整个亚洲大陆完全受蒙古高压控制，冷空气不断南下，进入我国，同时还有移动性的高压（反气旋）不时南下，这些高压从四条路径侵入我国，使得这一地区的风能资源丰富；②沿海及其岛屿地丰富带，年有效风能功率密度在 200W/m^2 以上，沿海岛屿风能功率密度在 500W/m^2 以上。这一地区的风能丰富主要是因为海洋与大陆的辐射与热力学过程存在明显差异。海洋温度变化慢，具有明显的热容性，而大陆温度变化快，具有明显的热敏感性。冬季海洋较大陆温暖，夏季较大陆凉爽，这种海陆温差的影响，使得冷空气在冬季到达海上时风速增大，再加上海洋表面平滑，摩擦力小，一般风速比大陆增大 $2\sim4\text{m/s}$。此外，沿海地区还受台湾海峡的狭管效应影响，使得风速进一步增大。总的来说，我国的风能资源分布广泛，具有很大的开发潜力。

我国风能资源区划分为 4 类区域，各区域的指标如下：

（1）一类风能资源区。年平均有效风能密度大于 200W/m^2，$3\sim20\text{m/s}$ 风速的年累积小时数大于 5000h，该区域风能资源丰富，包括内蒙古除赤峰、通辽、兴安盟、呼伦贝尔以外其他地区；新疆乌鲁木齐、伊犁、昌吉、克拉玛依、石河子等地区。

（2）二类风能资源区。年平均有效风能密度 $150\sim200\text{W/m}^2$，$3\sim20\text{m/s}$ 风速的年累积小时数在 $3000\sim5000h$，该区域风能资源较丰富，包括河北张家口、承德；内蒙古赤峰、通辽、兴安盟、呼伦贝尔；甘肃张掖、嘉峪关、酒泉等。

（3）三类风能资源区。年平均有效风能密度 $50\sim150\text{W/m}^2$，$3\sim20\text{m/s}$ 风速的年累积小时数在 $2000\sim3000h$，该区域风能资源可利用，包括吉林白城、松原；黑龙江鸡西、双鸭山、七台河、绥化、伊春、大兴安岭地区；甘肃除张掖、嘉峪关、酒泉以外的其他地区；新疆除乌鲁木齐、伊犁、昌吉、克拉玛依、石河子以外的其他地区，宁夏等。

（4）四类风能资源区：年平均有效风能密度 50W/m^2 以下，$3\sim20\text{m/s}$ 风速的年累积小时数在 2000h 以下，该区域风能资源贫乏，包括除前三类资源区以外的其他地区。

3. 生物质

生物质能是太阳能以化学能形式储存在生物质中的能量形式，在整个能源系统中占有重要的地位。我国作为人口和农业大国，农林废弃物、城乡垃圾等生物质资源丰富，是全球生物资源最丰富的国家之一，具备加快发展生物质能源的有利条件。根据中国产业发展促进会生物质能产业分会发布的数据显示，我国主要生物质资源年产生量约为 34.94 亿 t，生物质资源作为能源利用的开发潜力为 4.6 亿 t 标准煤，开发利用潜力巨大。生物质尽管总量丰富，但存在资源分散、分布不均匀等特点，开发过程中涉及收、储、运多个环节，存在利用消纳结构不合理、能源效率低、经济价值低等多种问题。在"双碳"目标以及全面推进乡村振兴战略等大背景下，推进生物质能源化和资源循环利用已经成为我国低碳经济和可持续发展的必然选择。

4. 核能

核能资源指用于裂变反应的铀、钍和聚变反应的氘、氚及锂等核燃料资源。其中铀是最重要的天然核燃料，铀矿石大都呈氧化物状态赋存于陆地，一般品位为 $0.1\%\sim0.5\%$。海水中虽含有大量铀，但浓度极低，目前尚难利用。铀的储量虽然很大，但分布却十分分散，要找到比较集中的矿点比较困难。钍的来源比铀广泛，价格较便宜，但是，地下能源储量总是有限的，最终会枯竭。而作为核聚变能原料的氢及其同位素氘和氚，它们在地球上储量十分丰富，海洋中还有氘约 23.4 万亿 t，足够人类使用几十亿年。对于人类来说，核聚变能将是一种取之不尽、用之不竭的"长寿能源"。

5. 氢能

氢和氧进行化学反应释放出的化学能，是一种二次清洁能源，被誉为"21 世纪终极能源"，也是在"双碳"目标的大背景下加速开发利用的一种清洁能源。氢在地球上主要以化合态的形式出现，是宇宙中分布最广泛的物质，它构成了宇宙质量的 75%，是二次能源。氢能在 21 世纪有可能在世界能源舞台上成为一种举足轻重的能源，氢的制取、储存、运输、应用技术也将成为 21 世纪备受关注的焦点。氢具有燃烧热值高的特点，是汽油的 3 倍，酒精的 3.9 倍，焦炭的 4.5 倍。氢燃烧的产物是水，是世界上最清洁的能源。

三、能源发展对社会发展的影响

能源是人类社会存在和发展的物质基础，它的开发与利用方式直接决定了社会的生产方式、生活模式以及文明的演进方向。从远古时期人类学会钻木取火，利用生物质能取暖和烹饪，到工业革命时期煤炭的大规模开采推动机器大生产，再到现代社会对太阳能、风能等清洁能源的探索与应用，能源发展的每一步都深刻地烙印在社会发展的轨迹上。随着全球人口的增长、经济的扩张以及环境问题的日益凸显，能源发展与社会发展之间的相互关系愈发成为学术界、产业界和政策制定者关注的焦点。理解能源发展如何影响社会发展的各个层面，对于制定科学合理的能源政策、实现可持续发展目标具有不可估量的意义。

1. 传统能源与工业革命

(1) 煤炭与蒸汽时代。18 世纪中叶开始的工业革命，煤炭作为主要能源登上历史舞台。在英国，丰富的煤炭资源为蒸汽机的广泛应用提供了动力源泉。蒸汽机在纺织、采矿、交通运输等行业的应用极大地提高了生产效率，催生了大规模的工厂化生产模式。例如，在纺织业中，蒸汽机驱动的纺织机使得纺织品的产量呈指数级增长，从而推动了英国经济的快速崛起，使其成为当时世界的经济霸主。

煤炭的开采、运输和加工产业链也带动了相关产业的发展，如煤矿机械制造、铁路运输等。大量的劳动力被吸纳到这些产业中，进一步促进了城市化进程，形成了以工业城市为核心的经济格局。

(2) 石油与电气时代。19 世纪末 20 世纪初，石油的发现和利用引发了第二次工业革命。石油作为一种更为高效、便捷的能源，在交通运输（汽车、飞机等）、化工等领域得到广泛应用。美国凭借其丰富的石油资源，迅速发展起强大的石油工业和汽车工业。福特汽车公司采用流水线生产方式，大规模生产汽车，使得汽车价格大幅下降，汽车逐渐走入普通家庭，改变了人们的出行方式和生活半径。

石油化工产业的兴起，生产出了塑料、合成纤维、化肥等众多产品，这些产品不仅满足了人们日益增长的物质需求，还成为许多新兴产业的基础，极大地拓展了经济的产业门类和规模。例如，塑料的广泛应用改变了包装、建筑、电子等众多行业的生产方式和产品特性。

2. 新能源与现代经济转型

(1) 核能的经济影响。20 世纪中叶，核能的开发为能源领域带来了新的变革。核电站的建设和运营在一些国家的经济结构中占据了重要地位。例如，法国大力发展核能，其核电发电量占全国总发电量的比例长期保持在较高水平。核能发电的稳定性和大规模供电能力，为法国的工业生产和居民生活提供了可靠的电力保障，降低了对进口化石能源的依赖，在一定程度上稳定了国内能源价格，有利于法国工业的国际竞争力提升。

同时，核能技术的研发和应用也带动了相关高科技产业的发展，如核材料研发、核设备制造、核废料处理等领域，形成了一个庞大而复杂的产业链，创造了大量的高技能就业岗位，对国家的科技水平和经济实力提升起到了积极的推动作用。

(2) 可再生能源与可持续经济发展。近年来，太阳能、风能、水能等可再生能源的发展对经济增长模式产生了深远影响。在全球范围内，可再生能源产业成为新的经济增长点。以德国为例，其在太阳能和风能领域的技术研发和产业应用处于世界领先地位。大量的太阳能光伏电站和陆上风电场的建设，不仅为德国提供了清洁电力，还促进了相关设备制造产业的发展，如太阳能电池板、风力发电机制造等。这些产业在国际市场上具有很强的竞争力，为德国创造了可观的出口收入。

可再生能源产业的发展还吸引了大量的投资，包括风险投资、政府投资和企业投资等。这些投资推动了技术创新和产业升级，带动了就业增长，尤其是在研发、工程建设、设备维护等领域。此外，可再生能源的分布式应用，如分布式光伏发电系统在家庭和小型商业建筑中的应用，改变了传统的能源消费和供应模式，促进了能源服务市场的兴起，为经济发展注入了新的活力。

3. 能源发展对环境的影响

(1) 化石能源与环境污染。煤炭、石油等化石能源的燃烧是大气污染的主要来源之一。在工业生产和交通运输中，大量化石燃料的燃烧会释放出二氧化硫（SO_2）、氮氧化物（NO_x）、颗粒物（PM）等污染物。例如，火力发电厂燃烧煤炭时，会产生大量的 SO_2 和 PM，这些污染物排放到大气中，会导致酸雨、雾霾等环境问题。酸雨会对土壤、水体、建筑物等造成严重损害，影响农业生产、生态平衡和人类健康。雾霾天气则会降低空气质量，引发呼吸道疾病、心血管疾病等健康问题，同时也会对交通运输、旅游业等产生负面影响。

汽车尾气中的 NO_x、一氧化碳（CO）、碳氢化合物（HC）和 PM 等污染物，在城市环境中尤为突出。随着汽车保有量的不断增加，城市空气污染日益严重，许多大城市面临着雾霾频发的困境，如北京、洛杉矶等城市在其发展过程中都曾深受汽车尾气污染导致的雾霾困扰。

化石能源燃烧产生的 CO_2 等温室气体是导致全球气候变化的主要原因。自工业革命以来，大气中 CO_2 浓度不断上升，引发了全球气温升高、冰川融化、海平面上升、极端气候事件增多等一系列气候变化问题。例如，极地冰川的融化导致海平面上升，威胁到沿海地区的生态系统和人类居住环境，一些低海拔岛屿国家和沿海城市面临着被淹没的风险。

全球气候变化还对农业、水资源、生物多样性等产生了深远影响。气温升高和降水模式的改变，影响了农作物的生长周期和产量，导致粮食安全问题日益严峻。许多物种的栖息地受到破坏，生物多样性面临严重威胁，一些物种甚至面临灭绝的危险。

（2）可再生能源与环境改善。可再生能源的具有环境优势，太阳能、风能、水能等可再生能源在利用过程中几乎不产生或极少产生温室气体排放和大气污染物。光伏发电是将太阳能直接转化为电能，没有燃烧过程，不会产生 CO_2、SO_2 等污染物。风力发电利用风能驱动风电机组发电，同样是一种清洁能源。水能发电虽然在建设水电站过程中可能会对局部生态环境产生一定影响，但在运行过程中相对清洁，与化石能源发电相比，其温室气体排放和大气污染物排放可忽略不计。

可再生能源的广泛应用有助于减少对化石能源的依赖，从而降低因化石能源开采、运输和利用所带来的环境风险。例如，随着太阳能和风能在电力供应中的比例不断增加，火力发电的份额相应减少，这将直接减少 SO_2、NO_x 和 CO_2 等污染物的排放，有助于缓解气候变化压力，改善空气质量，保护生态环境。

一些可再生能源技术还可以应用于环境修复领域。例如，利用微生物燃料电池技术，可以将有机废弃物中的化学能转化为电能，同时实现有机废弃物的降解和处理，达到能源回收和环境修复的双重目的。此外，太阳能光催化技术可以利用太阳能分解水产生氢气（H_2）等清洁能源，同时还可以用于降解空气中的有害污染物和水体中的有机污染物，在环境净化方面具有广阔的应用前景。

4. 能源发展对科技进步的影响

（1）能源需求推动科技研发。

1）传统能源技术创新。为了提高化石能源的开采效率、降低生产成本和减少环境污染，人们在传统能源领域不断进行技术创新。

在煤炭开采方面，研发了先进的采煤技术，如大型露天采煤机、井下综采设备等，提高了煤炭的开采效率和安全性。在石油勘探和开采领域，地震勘探技术、深海钻井技术等的不断发展，使得石油资源的勘探和开采范围不断扩大，能够开采更深层、更复杂地质条件下的石油资源。

同时，为了提高化石能源的利用效率，在发电技术方面也进行了大量创新。例如，超超临界燃煤发电技术，通过提高蒸汽的温度和压力，提高了煤炭发电的效率，减少了煤炭消耗和污染物排放。在石油化工领域，催化裂化、加氢裂化等技术的发展，提高了石油产品的质量和产量，拓展了石油化工产品的种类和应用范围。

2）新能源科技探索与突破。新能源的发展对科技研发提出了更高的要求，也促进了众多科技领域的突破。

在太阳能领域，为了提高太阳能电池的转换效率，人们不断探索新型材料和电池结构。从传统的硅基太阳能电池到钙钛矿太阳能电池等新型电池的研发，涉及材料科学、物理学、化学等多个学科的交叉研究。目前，钙钛矿太阳能电池的转换效率已经取得了显著突破，有望在未来实现大规模商业化应用。

在风能领域，大型风力发电机的设计和制造技术不断发展，涉及空气动力学、材料力学、机械工程等多学科知识。例如，通过优化叶片的形状和材料，提高了风能捕捉效率和可靠性。在储能技术方面，锂离子电池技术的发展是新能源科技突破的典型代表。随着对电池能量密度、功率密度、寿命等性能要求的不断提高，人们在电极材料、电解液、电池管理系统等方面进行了大量研究，推动了锂离子电池技术的不断进步，使其在电动汽车、储能电站等领域得到广泛应用。

（2）能源科技与其他领域的交叉融合。

1）能源与信息技术的融合。现代能源系统的发展离不开信息技术的支持，能源与信息技术的融合形成了智能能源系统。

在电网领域，智能电网技术通过应用大数据、云计算、物联网、人工智能等信息技术，实现了对电网运行状态的实时监测、分析和控制。例如，通过安装在电网中的智能电表、传感器等设备，采集大量的电力数据，利用大数据分析技术可以预测用电负荷变化，优化发电计划和电网调度，提高电网的运行效率和可靠性。

在能源生产和消费领域，能源互联网的概念应运而生。能源互联网通过信息技术将分布式能源资源（太阳能、风能、储能等）、能源用户和电网连接在一起，实现了能源的双向流动和智能化管理。用户可以根据实时电价和自身需求，灵活调整能源消费行为，同时还可以将自家的分布式能源发电余量卖回电网，形成了一种全新的能源生产和消费模式。

2）能源与材料科学的协同发展。能源技术的进步对材料科学提出了新的需求，同时材料科学的发展也为能源技术创新提供了支撑。

在新能源领域，许多新型材料被研发和应用。例如，在太阳能电池中，除了传统的硅材料外，新型的有机太阳能电池材料、量子点太阳能电池材料等不断涌现。这些材料具有独特的光电性能，有望提高太阳能电池的转换效率和降低成本。

在储能领域，新型电极材料对于提高电池性能至关重要。如锂金属负极、固态电解质等材料的研究，旨在提高锂离子电池的能量密度和安全性。

在核能领域，核燃料材料、核反应堆材料等的研发和改进，关系到核能的高效利用和安全运行。

此外，在能源传输和转换领域，超导材料的研究有望实现电能的无损耗传输，虽然目前超导材料的应用还面临一些技术和成本挑战，但一旦取得突破，将对能源领域产生革命性的影响。

5. 能源发展对政治与国际关系的影响

（1）能源地缘政治与资源争夺。

1）化石能源与地缘政治格局。石油和天然气等化石能源资源在全球分布不均衡，这导致了能源地缘政治的形成。中东地区拥有丰富的石油资源，长期以来成为世界各大国关注和争夺的焦点。石油资源的争夺不仅引发了地区冲突和战争，还影响了国际关系的走向。

2）新能源地缘政治的兴起。随着新能源的发展，新能源地缘政治逐渐兴起。一些拥有丰富可再生能源资源的国家开始在国际舞台上发挥新的影响力。例如，北欧国家在风能、水能和地热能等方面具有优势，它们通过发展可再生能源产业，不仅实现了国内能源的自给自足，还在国际能源合作和技术输出方面占据了一席之地。

中国在太阳能、风能等可再生能源领域的快速发展，使其在全球可再生能源产业链中扮演着重要角色。中国的太阳能光伏产业在全球市场份额中占据主导地位，其可再生能源技术和设备出口对许多发展中国家的能源转型起到了重要的推动作用，也在一定程度上提升了中国在国际能源领域的影响力和话语权。

（2）能源合作与国际组织的作用。

1）国际能源组织的协调与合作。IEA 等国际组织在能源领域的国际合作中发挥着重要作用。IEA 的主要任务包括协调成员国的能源政策、应对能源危机、促进能源技术研发和推广等。在石油供应危机时期，IEA 可以组织成员国采取联合行动，如释放战略石油储备，以稳定国际石油市场价格。

此外，国际可再生能源机构（IRENA）致力于推动全球可再生能源的发展和应用。IRENA 通过组织国际会议、发布研究报告、提供技术咨询等方式，促进成员国之间在可再生能源技术、政策、投资等方面的交流与合作，加速全球可再生能源的转型进程。

2）双边与多边能源合作协议。各国之间通过签订双边或多边能源合作协议，加强能源领域的合作与交流。例如，中国与俄罗斯之间签订了多项天然气供应协议，这些协议不仅保障了中国的天然气进口需求，也促进了俄罗斯的能源出口和经济发展。在新能源领域，中国与欧洲国家之间开展了广泛的技术合作和投资合作，共同推动太阳能、风能等新能源技术的研发和应用，以及新能源产业的国际化发展。

综上所述，能源发展与社会发展之间存在着千丝万缕的联系，它在经济、环境、科技、政治与国际关系等多个方面对社会产生了深刻而广泛的影响。从工业革命时期化石能源推动经济腾飞和社会变革，到现代社会新能源的兴起引领可持续发展和科技进步，能源始终是社会发展的核心驱动力之一。然而，化石能源的过度使用也带来了严重的环境问题和地缘政治冲突，促使全球社会积极探索新能源转型之路。在未来，随着能源科技的不断进步和国际能源合作的深入发展，能源发展有望在实现全球可持续发展目标、构建和谐稳定的国际关系等方面发挥更为积极的作用。但同时，能源转型过程中也面临着诸多挑战，如新能源技术的成本和效率问题、能源存储和运输难题、国际能源市场的不确定性等，需要全球社会共同努力，通过政策引导、技术创新、国际合作等多种方式加以应对，以实现能源与社会的协调发展，创造一个更加美好的未来。

第二节 能源结构现状及供需关系变化趋势分析

中国作为全球最大的能源消费国，能源结构的优化与调整对国内外能源市场及环境具有深远影响。随着全球气候变化问题日益严峻，中国积极应对挑战，推动能源结构向清洁、低碳、高效转型。百年未有之大变局加速演变，全球能源格局进一步深刻变化。2014年习近平总书记提出"四个革命、一个合作"能源安全新战略，我国能源事业发展取得了一系列突破性进展和标志性成果，能源安全保障能力持续提升、电源结构调整取得显著成效、能源科技创新驱动作用持续发挥、电力体制机制改革持续深化。

一、我国能源结构现状

我国一次能源需求增速回升，经济和能源实现双增长。新能源已成为能源系统增量主体，助力我国加快建设新型能源体系。

（一）能源供应能力显著增强

如图 2-1 所示，2023 年我国一次能源生产总量达到 48.3 亿 t 标准煤，同比增长 4.2%。非化石能源发电实现新突破，2023 年非化石能源发电装机容量达到 15.7 亿 kW，占比达到 53.9%。其中，风力发电、光伏发电装机容量突破 10 亿 kW。2023 年，全国新增发电设备容量 3.6 亿 kW，其中风光约为 2.9 亿 kW，同比增长 138%，再创历史新高，超越煤电装机容量达到全国发电总装机容量比重的一半以上，实现我国能源电力发展历史上的又一个大发展、大跨越；新能源发电接近 1.5 万亿 kW·h，占比达到 15.8%，在我国电力需求结构中的占比正在以不低于每年 1 个百分点的速度快速增长。能源储运基础设施进一步完善，电力输送通道不断完善，油气储运设施持续加强，新型储能、抽水蓄能规模再创新高。

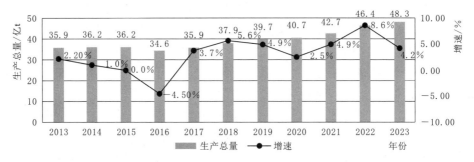

图 2-1 我国 2013—2023 年一次能源生产总量及增速

（二）能源消费呈现刚性增长态势

作为全球最大的能源消费国，我国经济持续回升向好，能源消费需求保持刚性增长，依然是全球经济和能源消费增长的主要引擎，2023 年我国能源消费总量达 57.2 亿 t 标准煤，同比增长 5.7%，GDP 同比增长 5.2%，能源消费弹性系数达到 1.1，能源消费增速自“十一五”来首次高于 GDP 增速，经济增长对能源消耗的依赖程度有所升高。我国能源低碳转型稳步推进，非化石能源消费比重提高至 17.9%，石油消费比重增加至 18.30%，天然气消费比重增加至 8.50%，煤炭消费比重下降至 55.30%，如图 2-2 所示。中国式转型与发展特色方案更加完善，在全球能源发展中的地位更加举足轻重，新能源发展“领头羊”地位更加牢固，我国太阳能和风能新增装机容量占全球的 46.2%，太阳能和风能累计装机容量占全球的 38.8%。重点领域节能降碳工作持续推进，扣除原料用能和非化石能源消费量后，2023 年单位 GDP 能耗强度下降 0.5%，工业、建筑、交通等领域节能降碳加快推进。

（三）能源政策体系不断完善

我国先后印发了《关于推动能耗双控逐步转向碳排放双控的意见》、《关于加快建立产品碳足迹管理体系的意见》（发改环资〔2023〕1529 号）等文件，“双碳政策”体系逐步完善。在电力体制改革方面，出台了《电力现货市场基本规则（试行）》、《关于建立煤电容量电价机制的通知》（发改价格〔2023〕1501 号）、《关于建立煤电容量电价机制的通知》（发改价格〔2021〕633 号）等文件，印发了煤电容量电价、抽水蓄能容量电价等价

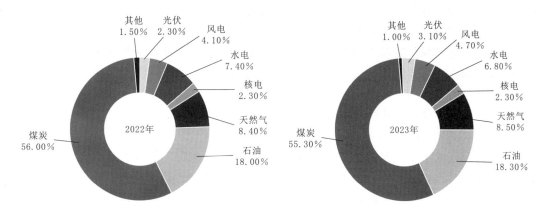

图 2-2　我国 2022 年、2023 年能源消费结构对比

格机制政策,发布《关于第三监管周期省级电网输配电价及有关事项的通知》(发改价格〔2023〕526 号),开展了第三监管周期输配电价核定等工作,我国电力体制改革持续推进。油气方面,印发了《关于进一步深化石油天然气市场体系改革提升国家油气安全保障能力的实施意见》、《关于促进炼油行业绿色创新高质量发展的指导意见》(发改能源〔2023〕1364 号)等,有力促进了油气行业可持续发展。此外,市场建设加速推进,2023年电力市场交易电量达 5.7 万亿 kW·h,占全社会用电量比重达 61.4%。碳市场升级扩容,2023 年全年总成交额达 144.44 亿元,同比增长 410%,交易规模明显扩大。我国积极参与全球能源治理,绿色能源合作成果丰硕。

(四) 能源结构特点

我国能源结构的基本特点可以概括为"富煤、贫油、少气",这一特点在很大程度上决定了我国能源生产和消费的主要格局。

1. 以煤炭为主体的能源结构

我国煤炭资源总量丰富,据数据显示,我国煤炭资源总量为 5.9 万亿 t,其中探明煤炭资源储量 2.02 亿 t,预测资源储量 3.88 万亿 t,占世界总储量的 13.3%。长期以来,煤炭在我国能源生产和消费中占据主导地位。中华人民共和国成立以来,煤炭在全国一次能源生产和消费中的比例长期占 70% 以上。即使在近年来,随着能源结构的调整和优化,煤炭的消费比例有所下降,但仍是我国能源消费的主体。

2. 石油和天然气资源相对匮乏

与煤炭资源相比,我国的石油和天然气资源相对匮乏。石油和天然气在一次能源生产和消费中的比例远低于煤炭。尽管我国也在积极扩大石油和天然气的勘探和开发,但受限于资源禀赋,石油和天然气的自给率仍然较低,尤其是石油,大部分依赖进口。这种局面不仅增加了能源供应的风险,也加大了能源安全供应的隐患。

3. 新能源的快速发展

面对传统化石能源的有限性和环境污染问题,我国也在积极发展新能源。近年来,我国在水能、风能、太阳能利用等可再生能源领域取得了显著进展。根据国家能源局的数据,2023 年我国水能、风能、太阳能发电量分别为 12858.5 亿 kW·h、8858.7 亿 kW·h

和 5844.5 亿 kW·h，占全国发电量的比重分别为 14%、9% 和 6%。

4. 能源结构正在逐步优化

虽然煤炭仍是我国能源消费的主体，但随着我国经济的快速发展和环境保护意识的提高，能源结构正在逐步优化。一方面，通过技术进步和政策引导，煤炭的清洁高效利用水平不断提高；另一方面，石油、天然气能源的消费比例也在逐步提升。同时，可再生能源和新能源的快速发展也为我国能源结构的优化提供了有力支撑。

5. 能源利用效率有待提高

尽管我国在能源生产和消费方面取得了巨大成就，但能源利用效率仍然有待提高。我国单位 GDP 能耗远高于世界平均水平，能源转化效率不足。这既增加了能源消费成本，也加剧了环境污染问题。因此，提高能源利用效率、推动能源消费结构转型是我国能源发展的重要方向。

综上所述，我国能源结构的基本特点是以煤炭为主体，石油和天然气资源相对匮乏，可再生能源和新能源快速发展，能源结构正在逐步优化，但能源利用效率仍有待提高。

二、我国能源结构存在的问题及对策建议

我国正处于工业和城镇化快速发展时期，能源消费仍处于增长阶段。对煤炭能源的依赖带来的一系列问题主要集中在能源资源、能源利用、能源缺口和能源体制四个方面。

（一）能源资源方面的问题

（1）能源分布不均衡、煤炭运输紧张。我国能源资源分布广泛但不均衡，对我国生产力布局、交通运输均产生重大影响：煤炭资源主要集中在华北、西北地区，水能资源主要分布在西南地区，石油、天然气资源主要集中在东、中、西部地区和海域；我国主要的能源消费地区集中在东南沿海经济发达地区，资源赋存与能源消费地域存在明显差别。大规模、长距离的北煤南运、北油南运、西气东输、西电东送等都是为解决资源分布不均而采取的措施。

（2）人均能源拥有量少、人均消费水平低。虽然我国能源资源总量比较丰富，但我国人口众多，人均能源资源拥有量在世界上处于较低水平：煤炭和水能资源人均拥有量相当于世界平均水平的 50%，石油、天然气人均资源量仅为世界平均水平的 7.7% 和 7.1% 左右，耕地资源不足世界人均水平的 30%，制约了生物质能源的开发。我国目前能源消费总量仅低于美国，居世界第二位，但人均消费水平很低。2022 年我国人均消费能源约合 1.61t 标准油，虽然增加很快，但仅为美国的 1/5，差距很大。

（3）能源资源开发难度较大。与世界相比，我国煤炭资源地质开采条件较差，大部分储量需要井工开采，极少量可供露天开采。石油、天然气资源地质条件复杂、埋藏深、勘探开发技术要求较高。未开发的水能资源多集中在西南部的高山深谷，远离负荷中心，开发难度和成本较大。非常规能源资源勘探程度低，经济性较差，缺乏竞争力。

（二）能源利用方面的问题

（1）能源技术落后、能源效率低、能源消耗高。我国能源技术虽然已经取得很大进步，但和国际先进水平相比还有很大差距。从我国的能源加工转换效率来看，自 20 世纪 80 年代以来，变化不是很大。近年来许多热电厂把发电过程中的余热用于冬季居民取暖，

但能耗依然高，热能利用率只有 71.25%。我国的能耗强度（即单位初级能源消耗所创造的 GDP）是世界上最低的国家之一。经计算，如果不考虑汇率、能源结构、气候条件等不可比因素，我国能耗强度为 0.36 美元/kg 标准煤，而日本高达 5.28 美元/kg 标准煤，印度也达 0.72 美元/kg 标准煤。我国工业锅炉的能源效率仅为西方发达国家的 80%，钢铁、冶金行业的能耗为发达国家的 2 倍，鼓风机和水泵的效率仅为国际水平的 85%，国产电动机在产生相同动力的情况下，其电力消耗量比国际水平高 5%～10%。煤是不可再生性自然资源，如果按现在的能源利用技术与效率，我国煤炭探明储量仅供开采 100 年。

（2）可再生能源研发利用不充分。我国可再生能源产业在技术、规模、水平和发展速度上与发达国家相比仍有很大差距。大部分技术处于研发或示范阶段，核心技术落后，形成可再生能源成本高、市场小的恶性循环，国家也缺乏有效的激励机制和政策。2022 年，我国可再生能源利用量约为 2.5 亿 t 标准煤，仅占一次能源消费总量的 9% 左右，远远落后于印度、巴西等发展中国家。

（3）能源消耗产业结构不合理。我国能源消费产业结构的特点是工业部门所占比重偏高。根据《中国统计年鉴 2022》，2022 年，我国工业部门消耗的能源占全国能源消耗总量的 71.6%，商业和民用消费能源的比重为 12.3%，交通运输和农业生产消费的能源比重较小，分别为 7.7% 和 3.1%。我国的这种能耗比例关系反映了我国工业生产中的工艺设备落后、能耗高、能源管理水平低，同时也反映了我国的经济增长很大程度上依赖高能耗的工业部门。

（4）结构性污染导致环境、生态压力加大。煤炭是我国的主要能源，以煤为主的能源结构在未来相当长时期内难以改变。相对落后的煤炭生产方式和消费方式，加大了环境、生态保护的压力。煤炭消费是造成煤烟型大气污染的主要原因，也是温室气体排放的主要来源。我国 SO_2 排放量的 90%、烟尘排放量的 70%、CO_2 排放量的 70% 都来自燃煤。目前，我国 SO_2 和 CO_2 的排放量都已超过美国，居世界首位。随着我国机动车保有量的迅速增加，部分城市大气污染已经变成煤烟与机动车尾气混合型。长期采煤将引发煤矿坍塌、植被损坏，甚至产生地质变迁。这种状况持续下去，将给生态环境带来更大的威胁，难以实现自主减排承诺。

（三）能源缺口方面的问题

（1）能源供需缺口继续加大。改革开放至 20 世纪 90 年代初，我国的能源供需数量基本平衡，能源生产量能够满足国民经济发展对于能源的需求，二者并未出现大的矛盾。但自 1992 年开始，随着国民经济的快速发展，能源供应不能满足需求的矛盾凸显，能源生产总量与国民经济发展的需要之间出现缺口，并逐渐加大。随着国民经济平稳较快发展、城乡一体化的推进、城乡居民消费结构升级，能源消费将继续保持增长趋势，能源缺口会更加突出。

（2）石油对外依赖程度日渐加深。我国石油蕴藏量相对有限，目前探明的储量仅够用32 年。自 2022 年以来，我国石油生产量略有上升，石油消费逐年递增的同时，我国对进口石油的依赖呈现加速度增长。但我国作为世界上第二大石油消费国，对国际油价的影响力却较小。面对国际市场油价波动频繁的状况，我国可能因此受制于人。无论哪一条进口渠道出问题，都将严重影响我国的经济与社会发展。

（四）能源体制方面的问题

（1）市场体系不完善，应急能力有特加。我国能源市场体系有待完善，能源价格机制未能完全反映资源稀缺程度、供求关系和环境成本，能源资源勘探开发秩序有待进一步规范，能源监管体制尚待健全，煤矿生产安全欠账比较多，电网结构不够合理，石油储备能力不足，有效应对能源供应中断和重大突发事件的预警应急体系有待进一步完善和加强。

（2）能源管理体制尚待理顺。我国涉及能源管理的部门报多，有国家发展改革委、国土资源部、中共中央组织部、国务院国有资产监督管理委员会、商务部、财政部、科学技术部、生态环境部、应急管理部和矿山安全监察局、电力监管委员会等，即便是在一个政府部门内部，能源管理职能也被拆解，比如在国家发展改革委，国家能源局发展规划司负责研究提出能源发展战略建议，组织拟订能源发展规划、年度计划和产业政策。市场监管司负责研究提出调整电价建议，监督检查有关电价和各项辅助服务收费标准。煤炭司负责拟订煤炭开发、煤层气、煤炭加工转化为清洁能源产品的发展规划、计划和政策并组织实施，协调有关方面开展煤层气开发等工作；石油天然气司拟订油气开发、炼油发展规划、计划和政策并组织实施；能源的运行调节和应急保障由多个部门协同完成，综合司承担能源行业统计、预测预警等工作，参与能源运行调节和应急保障，电力司等相关业务司局负责各自领域的运行协调等工作。

（五）能源变化趋势分析

我国的能源变化趋势是从传统能源向清洁能源转型，从煤炭向天然气转变，提高能源利用效率，发展新能源和可再生能源。这些变化趋势是推动我国能源结构优化和可持续发展的重要方向。

首先，能源供应能力稳步提高。近年来，我国一次能源生产总量持续增长，2023 年达到 483000 万 t 标准煤，同比增长 4.14％。能源生产结构也在不断优化，煤炭占比逐年下滑，从 2013 年的 75.40％降至 2023 年的 66.60％，而天然气和一次电力及其他能源占比逐年上升。

其次，能源消费结构持续优化。电力消费增长较快，尤其是第三产业用电量增速保持高位。2023 年 1—11 月，全社会用电量同比增长 6.3％，其中第三产业用电量同比增长 11.3％。煤炭消费继续增长，电力行业用煤增长较快。成品油消费恢复性增长，煤、油消费实现强势反弹。天然气消费明显回暖，发电用气保持快速增长。

此外，能源结构不断优化。我国正在加快推进能源绿色低碳转型，传统煤电行业加快低碳化改造，污染物排放下降明显。我国电能占终端能源的消费比重已超过美国和西欧，未来将继续推动工业、建筑、交通、农业等领域的电能替代，增强电动汽车充电服务保障能力。

展望未来，我国将继续推进大型能源基地建设，增强能源科技装备自主创新能力。同时，加快可再生能源发展，到 2025 年可再生能源消费总量达到 10 亿 t 标准煤左右，在一次能源消费增量中占比超过 50％。

三、国外能源结构现状分析及政策举措

（一）美国

根据美国能源信息署《短期能源展望》，2023 年煤炭在发电中的份额预计降至 17％，

天然气发电份额预计保持 2022 年的 39% 不变，太阳能的份额增长到 5%，风电份额增加到 12%。2023 年上半年，美国本土 48 个州的人口加权供暖天数累计比 10 年平均值低 10.2%，制冷天数累计比 10 年平均值低 23.1%，总发电量下降，天然气发电量增加，同期太阳能发电量增长了 8.3%。

美国提出"美国优先能源计划"，重点发展石油、天然气、煤炭等传统化石能源，放松化石能源开采限制，取消对煤炭开采的禁令以及对北极部分地区油气钻探的禁令等。

（二）欧盟

欧洲的能源结构受季节和气候影响较大，冬季时，太阳能、风能发电量下降，需更多依赖天然气、煤炭来满足供暖和用电需求，如 2024 年冬季，欧洲因太阳能和风能的局限性，增加了天然气和煤炭的使用。

长期来看，欧盟致力于提升风能和太阳能在总发电量中的份额，减少对俄罗斯天然气的依赖，但基础设施限制等因素使能源转型面临挑战，如部分国家计划在 2027 年之前停止所有俄罗斯天然气供应，但这可能导致能源供应不稳定和成本上升。

根据欧洲电力工业联合会《2024 电力晴雨表》，2023 年欧盟在至少一个交易区域出现负电价的时长占比为 9%，已大幅高于 2021 年的 4% 和 2022 年的 3%，全年出现负电价的小时数为 821h。2023 年欧盟光伏发电总量达到 263GW，比 2022 年的 207GW 增长 27%。

可再生能源部署方面，出台《欧洲廉价、安全、可持续能源联合行动方案》，制定《欧盟太阳能战略》实施"屋顶太阳能计划"，分阶段在新建公共和商业建筑、住宅安装太阳能电池板，并出台《欧洲风电行动计划》，促进风电发展。

电网建设方面：2023 年 11 月提出电网建设行动计划，加快建设和更新输电及配电网络，确保电力网络高效运行。

绿氢产业链发展方面：2022 年提出到 2030 年在欧盟生产 1000 万 t 可再生氢，并进口 1000 万 t 可再生氢，还创建了"欧洲氢能银行"，2024 年 2 月批准新计划支持氢能基础设施建设。

（三）俄罗斯

俄罗斯能源产业以石油、天然气等传统能源为主，其天然气储量丰富，是全球重要的天然气出口国，石油产业也在经济中占据重要地位。

2023 年俄罗斯发电结构中化石燃料发电量占该国电力结构的 63%，其中：天然气发电量占化石燃料发电量的 46%，即 5.284TW·h；燃煤发电量占 17%，即 1.913TW·h。清洁电力在电力结构中的占比为 37%，其中：19.45% 来自核能，17.05% 来自水力发电，风力和太阳能发电量仅占 0.5%，即 5.4TW·h。

能源合作地域拓展方面：出口转向亚太等新市场，增加液化天然气出口，扩大国际运输走廊能源运输量，如开发东部铁路线，提升贝阿铁路干线和西伯利亚大铁路运输量。

金融基础设施开发方面：转向本币交易，推动在金砖国家合作框架内打造结算通道。

国内能源战略调整方面：保障国内市场供应，提供稳定的廉价能源，推进天然气在能源结构中占比提升；增加境内能源加工量，启动炼油厂现代化国家计划；提高能源领域技术主权，启动"新核能与能源技术"国家项目。

（四）日本

日本的能源严重依赖进口，其火力发电占比较高，所需的天然气和煤炭等燃料几乎完全依赖进口，2024年还出现了用电紧张、天然气断供风险等问题。为降低对海外能源的依赖度，日本加快重启核电，并大力发展光伏发电等新能源，计划到2030年使太阳能发电在电力结构中的占比大幅提高。

2023年日本用于发电的煤炭和天然气几乎全部来源于进口，其化石能源占总发电量的约65%，核电占总发电量的8.5%，可再生能源占比9%。

节能与可再生能源发展方面：增加对中小企业提高能效和节能的支持，加强对节能住房的支持，推进主要行业的非化石能源转换，加快发展电网，扩大海上风电引入，部署新一代太阳能电池等。

核能利用方面：在确保安全前提下，在决定退役的核电站原址上重建下一代创新反应堆，设定核电站运行周期限制，促进核燃料循环等。

其他方面：构建氢、氨生产和供应网，稳定运行容量市场，引入储备电力系统和长期非碳化电力供应拍卖等。

（五）印度

印度的能源结构长期以煤电为主，但近年来可再生能源发展迅速，印度中央电力管理局规划草案预测，到2027年，可再生能源、核电、大水电等非化石燃料将占印度发电装机容量的一半以上，煤电占比将从60%降至约47%左右。印度下调煤电发展预期，加快可再生能源发展，既符合其《巴黎协定》承诺，也因可再生能源发电成本降低，使其更具经济竞争力。

2023年印度全年发电量大约是1.844万亿kW·h，总装机容量为4.952亿kW，其中化石燃料占总装机容量的56.9%（煤炭占49.30%，褐煤占1.60%，天然气占6.00%），非化石燃料占43%（水力发电占11.30%，风能占10.20%，太阳能占16.10%）。

生产激励措施方面：增加对电动汽车制造的财政支持，包括对生产企业的税收减免、补贴政策以及研发支持，如对承诺投资5亿美元并在3年内开始生产电动汽车的外企，提供15%的税收减免。

基础设施建设方面：积极推动充电站的建设，加大对智能电网和可再生能源的投资，以配合电动汽车的普及。

购买义务规定方面：规定可再生能源购买义务，明确了太阳能和非太阳能能源的长期增长轨迹，要求相关主体按规定比例购买可再生能源电力。

吸引外资方面：允许100%的外国直接投资通过自动途径进入可再生能源领域，吸引欧美等国企业在印度建厂，如美国可再生能源公司在印度泰米尔纳德邦投资建设备制造工厂。支持可再生能源各方面的研发工作，鼓励企业参与，以提升新能源技术水平。

（六）巴西

巴西是全球第五大、南美第一大光储市场，其93.1%的电力来自可再生能源，主要是水电，近年来，太阳能、风能等新能源装机容量持续增长。巴西光照资源丰富，政府大力支持新能源产业发展，且中国等国家的企业也积极参与巴西的新能源项目投资和建设，推动其能源转型和市场发展。

2023 年，巴西 93.1% 的能源来自可再生能源，其中水力发电厂发电量占一半以上，达到 5 万 MW，比 2022 年增长 1.2%，风能和太阳能发电厂总计 1.3 万 MW，比 2022 年增长 23.8%。

2023 年 9 月巴西总统向国会递交《未来燃料法案》，鼓励使用绿色柴油和可持续航空燃料，将汽油中乙醇混合物的限制从 27.5% 提高到 30%，设立国家可持续航空燃料方案和国家绿色柴油方案，为 CO_2 的捕获和地质封存建立法律框架。

第三节　新型能源体系建设的要求及发展潜力分析

二十大报告中提出"加快规划建设新型能源体系"，这是我国能源事业的新提法和新论断。新型能源体系是以清洁能源为主，以清洁高效利用传统化石能源为辅，以促进能源发展方式和用能方式的绿色低碳转型为核心要义，依托正在建设的新型电力系统，充分发挥电力在能源体系中的平台枢纽作用，有效保障我国能源安全、助力气候变化全球治理、有效兼顾各方利益的新一代能源体系。

一、新型能源体系概述

（一）新型能源体系建设的背景

1. 全球能源需求增长和传统能源的局限性

随着全球经济的快速发展和人口的增长，能源需求持续增加。然而，传统能源如石油、煤炭等资源有限，且使用过程中会产生严重的环境污染和温室气体排放问题。新型能源体系的建设旨在解决这些问题，提供可持续的能源解决方案。

2. 环境问题

传统能源的使用导致了严重的环境污染和气候变化问题，全球变暖、极端气候事件频发，使得各国政府和国际组织越来越重视气候变化问题，推动能源结构的绿色转型。新型能源体系的建设成为应对环境问题的有效途径。

3. 国际政治经济形势

近年来，国际政治经济形势复杂多变，全球能源供应紧张。例如，2022 年以来，国际政治经济形势的变化导致全球能源供应紧张，加快规划建设新型能源体系能够实现新能源的跃升式发展。

4. 中国能源转型的需求

中国作为全球第二大经济体，面临着巨大的能源消耗和碳排放压力。为实现"双碳"目标，中国必须进行能源转型，推动可再生能源的发展，减少对传统化石能源的依赖。

（二）新型能源体系的特征

新型能源体系是指以新型能源资源为基础，通过一系列相互关联的技术、设施、政策和市场机制等要素所构成的一个有机整体，旨在实现能源的生产、传输、分配、存储和消费等环节的高效、清洁、安全与可持续运行，以满足社会经济发展对能源的多样化需求，同时最大限度地减少对环境的负面影响，并增强能源供应的稳定性和可靠性。新型能源体系的特征包含以下几方面：

（1）新的能源结构，非化石能源逐步替代化石能源成为主体能源。

（2）新的系统形态，新型电力系统、氢能"制—储—输—用"体系、化石能源低碳零碳化利用等加快涌现。

（3）新的产业体系，以高水平科技自立自强加快形成能源领域新质生产力。

（4）弹性韧性的供应链，有力保障极端天气等各类条件下的用能安全。

（5）新的治理体系，各种要素资源实现灵活高效配置。

（三）新型能源体系建设的现状与潜力

1. 太阳能

（1）现状。近年来，全球光伏发电市场呈现出爆发式增长。在技术方面，太阳能电池的转换效率不断提高，多晶硅、单晶硅电池技术占据主导地位，同时新型薄膜太阳能电池技术也在不断发展。在应用领域，大规模光伏电站在沙漠、戈壁等地区广泛建设，分布式光伏系统在城市建筑屋顶、工业园区等场所得到越来越多的应用。例如，我国已成为全球最大的光伏发电市场，装机容量持续攀升。

（2）潜力。从资源潜力来看，地球上的太阳能资源极为丰富。随着技术的不断进步，太阳能电池成本有望进一步降低，发电效率将继续提高，其在能源结构中的比重将不断增加。未来，光伏发电不仅将在电力供应方面发挥更大作用，还可能在交通、建筑一体化等领域实现更广泛的应用，如太阳能电动汽车、太阳能建筑等。

2. 风能

（1）现状。全球风能发电产业发展迅速，风力发电机组的单机容量不断增大，技术可靠性不断提升。海上风电逐渐成为风电发展的新热点，欧洲一些国家在海上风电建设方面处于领先地位，我国的海上风电也在快速发展。在风电并网技术方面，各国都在积极探索有效的解决方案，以提高风电接入电网的稳定性和可靠性。

（2）潜力。据估算，全球可利用的风能资源远远超过当前的开发水平。随着风电技术的持续创新，包括更高效的风力发电机设计、智能风电场管理系统以及先进的储能技术与风电的结合，风能将在全球能源供应体系中占据更为重要的地位。特别是在一些风能资源丰富但远离传统能源供应网络的地区，如偏远岛屿、边疆地区等，风能开发将具有巨大的潜力。

3. 水能

（1）现状。水电在全球电力供应中一直占据着重要地位。许多国家已经建成了大量的水电站，其中一些大型水电站（如我国的三峡水电站、巴西的伊泰普水电站等）在电力生产和防洪、航运等综合利用方面发挥着极为重要的作用。在水电技术方面，水轮机技术不断改进，水电的智能化运营管理水平也在逐步提高。

（2）潜力。尽管全球水能资源的开发已经取得了很大成就，但仍有部分具有开发潜力的水电资源尚未得到充分利用，特别是在一些发展中国家的河流流域。未来，随着对水电开发环境影响的重视和相关技术的进步，如生态友好型水电技术的研发与应用，水能在新型能源体系中的地位将继续巩固和提升，同时在水资源综合利用方面将发挥更大的效益。

4.生物质能

（1）现状。生物质能的开发利用在全球范围内呈现出多样化的发展态势。在生物质发电方面，一些国家建立了生物质直燃发电、生物质气化发电等多种形式的电站；在生物质供热领域，生物质锅炉、生物质成型燃料等得到了一定程度的应用；在生物质液体燃料方面，生物柴油和乙醇的生产规模在不断扩大。然而，生物质能产业也面临着原料收集困难、成本较高、技术稳定性有待提高等问题。

（2）潜力。生物质资源来源广泛且可再生，随着农业和林业废弃物处理技术、生物质转化技术的不断创新，以及相关政策对生物质能产业的扶持，生物质能有望在能源供应、农村能源建设以及减少废弃物排放等方面发挥更大的作用。例如，通过发展先进的生物质发酵技术，可以提高生物乙醇的生产效率和降低成本，使其在交通运输燃料领域具有更强的竞争力。

5.核能

（1）现状。全球核能发电在电力供应中占有一定比例。一些发达国家（如美国、法国等）拥有较为成熟的核电技术和运营管理经验，并且在不断推进新一代核电技术的研发，如三代压水堆核电站技术。我国的核电事业也在稳步发展，多个核电站已经建成并投入运营，同时积极参与国际核电技术合作与研发。

（2）潜力。从能源供应的稳定性和低碳性角度来看，核能具有巨大的潜力。随着第四代核电技术的研发进展，如快中子反应堆、高温气冷堆等，核能的安全性、核废料处理等问题有望得到更好的解决，其在未来新型能源体系中的地位可能会进一步提升。但同时，核能发展必须始终将核安全放在首位，加强国际合作与监管，确保其安全、可持续发展。

二、新型能源体系建设的要求及任务

（一）新型能源体系建设的要求

（1）能源需求压力巨大，必须坚持稳中求进、以进促稳，以更高的标准端牢能源的饭碗。目前我国能源生产总量约占世界的1/5，消费总量约占世界的1/4，而人均能源消费仅为经济合作与发展组织（OECD）国家平均水平的2/3左右，14亿多人口整体迈进现代化社会，规模超过现有发达国家的总和，能源消费需求仍将刚性增长。近年来，虽然世界经济增长乏力，但我国经济仍然保持着中高速增长态势，我国能源发展面临着需求压力巨大的挑战。除了总量保障问题，还有峰谷调节问题，突出体现在迎峰度夏、迎峰度冬上。经济恢复发展时期也是能源需求旺盛时期，随着我国经济持续回升向好，能源需求仍将持续增长。扛牢安全保障重大责任，必须以更高的标准端牢能源的饭碗，为高质量发展提供更为安全可靠的能源保障。

（2）绿色低碳转型任务艰巨，必须坚持先立后破、通盘谋划，以更加坚定的步伐大力发展清洁能源。积极发展清洁能源，推动经济社会绿色低碳转型，已经成为国际社会应对气候变化的普遍共识。我国产业结构偏重、能源结构偏煤，推动绿色低碳发展，保障安全稳定供应，必须大力发展清洁能源，加快破解发展环境、要素保障等方面的难题。作为世界上最大的发展中国家，既要坚定不移推动减碳、降污、扩绿、增长，推动建设美丽中国，构建人与自然和谐共生的命运共同体；也要坚持公平、共同但有区别的责任和各自能力原则，统筹好新能源发展和国家能源安全，切实推动新能源高质量发展，努力为中国式现代化提供安全可靠的能源保障，为共建清洁美丽世界作出更大贡献。

（3）国际能源市场跌宕加剧，必须坚持胸怀天下、合作开放，以更强的风险意识加强国际合作。推动能源高质量发展，离不开高水平对外开放。当今世界并不太平，能源商品价格走势存在较大变数。越是面对动荡变革的世界，越要有居安思危、未雨绸缪的风险意识，越要加强国际合作。中国能源行业对外开放的大门不会关闭，只会越开越大，愿同世界同行一道进一步加强公平合作，努力寻求促进互利共赢的最大公约数，共同分享中国式现代化和世界发展进步给能源行业带来的新机遇、新红利。

（4）能源工作民生属性凸显，必须坚持人民至上、民生优先，以更好的服务满足人民对美好生活的向往。民生用能水平既衡量着一个国家的现代化程度，也反映着人民群众的幸福生活水平。目前，我国人均年能源消费量与发达国家相比还有一定的差距，还有很多民生工作需要去做。特别是我国城乡之间发展不均衡，用能方式、品质和服务差异较大，有的城市低压配网"最后一公里"还不够畅通，有的地方农村电网基础还较薄弱。

（5）科技创新驱动作用加重，必须坚持创新驱动、自立自强，以更大的力度培育和发展新质生产力。当前，全球能源科技创新进入空前密集活跃期，新一轮科技革命和产业变革加速重构全球能源版图，能源新技术、新业态不断涌现。在新一轮创新大潮面前，能否抓住机遇、加快科技创新步伐，通过能源革命推动产业革命，是我国推进新型工业化、实现弯道超车的关键。目前，我国能源科技实力在世界创新舞台上已占有举足轻重的地位，话语权和影响力已今非昔比，但也存在一些短板弱项需要进一步补齐。必须坚持创新在高质量发展中的核心地位，瞄准世界能源科技前沿，聚焦能源关键领域和重大需求，发挥新型举国体制优势，加强关键核心技术联合攻关，切实把能源技术及其关联产业培育成带动我国产业升级的新增长点，努力为创新大潮奔流涌动延续源头活水，为事业发展长治久安再造大国重器。

（二）围绕深入推进能源革命、加快建设新型能源体系的重点任务

（1）推动能源生产消费方式加快转型。供给侧，大力发展非化石能源，推动化石能源清洁高效利用。2025年我国预计新增风电光伏装机容量2亿kW左右，核电新投产4台、装机容量约500万kW。需求侧，推进终端用能清洁化低碳化。例如，加快建设充电基础设施体系，稳妥有序推进北方地区新增清洁取暖项目等。

（2）提升能源供应链弹性韧性和安全水平。夯实煤炭煤电兜底保障作用，科学合理优化煤电布局。加大油气增储上产，推动原油产量稳定在2亿t，天然气产量进一步提高。推动能源基础设施网络建设，持续优化完善电网主网架，推动跨省份输电通道核准建设，加快推进油气管网设施重点工程建设。强化迎峰度夏、度冬能源电力供需预测预警，做好供能保障。

（3）推进能源产业体系现代化。完善能源科技创新体系，加强关键核心技术和战略性、前瞻性重大科技攻关。推进新型储能试点示范，研究制定推动氢能产业发展的相关政策。拓展能源产业数字化智能化应用场景。

（4）增强能源高质量发展动能和活力。深化电力体制改革，加强全国统一电力市场体系建设，持续提升电力市场化交易规模和比例。推动绿证绿电、碳市场、自愿减排市场等有效衔接。推动微网、综合能源站等能源新模式新业态发展。积极加强能源国际合作，深入参与全球能源治理体系变革。

三、新型能源体系建设的具体方案

（一）能源生产方面

（1）多元能源开发。加强顶层设计，促进多种能源产业耦合发展。一方面发力传统能源产业升级，如推进煤炭安全高效生产和煤电清洁高效利用等；另一方面加快可再生能源及清洁能源开发，如加快太阳能、风能等可再生能源规模质量开发，积极发展氢能、核能等。

（2）外送通道建设。实施大规模高比例新能源外送攻坚行动，提高在运输电通道新能源电量占比，开展新增输电通道先进技术应用。同时，优化电源配置，加强支撑能力建设，提升常规直流技术性能，保障在运通道保供能力。

（二）能源消费方面

（1）引导消费转型。以"双碳"目标为指引，完善能耗"双控"制度，引导能源消费向低碳化、低能耗方向转变，如深化工业、农业、交通等领域的绿色低碳改造，提升终端用能电氢化水平。

（2）推进电能替代。加快推进工业生产、交通运输、建筑及服务业等重点用能领域清洁替代，推进交通基础设施网与能源网融合发展，推动道路和工程车辆电氢化替代。

（三）技术创新方面

（1）储能技术发展。推进新型储能试点示范，加快实现新型储能规模化应用，同步完善调用和市场化运行机制，研究长时大容量储能技术等。

（2）数字化智能化应用。拓展能源产业数字化、智能化应用场景，以数字化、智能化赋能传统能源行业的转型升级，如加强智慧化调度体系总体设计，创新新型有源配网调度模式。

（四）基础设施建设方面

（1）电网升级改造。持续优化完善电网主网架，推动跨省份输电通道核准建设，组织编制配网建设改造实施方案，健全配网全过程管理，提升配网对分布式新能源的接纳配置和调控能力。

（2）充电设施建设。完善充电基础设施网络布局，加强电动汽车与电网融合互动，建立健全充电基础设施标准体系，如推动一批供电薄弱区域配网升级改造项目，满足电动汽车充电基础设施的用电需求。

（五）政策支持与市场机制方面

（1）政策引导扶持。研究制定推动氢能产业发展的相关政策，鼓励地方政府加大力度支持农民利用自有建筑屋顶建设户用光伏，积极推进乡村分散式风电开发，培育农村能源合作社等新型市场主体。

（2）市场机制完善。深化能源供需双侧协同发展，构建全国统一的能源市场体系，健全资源环境要素市场化配置体系，协调推进碳排放权、用能权、用水权交易市场建设发展。

第四节　"双碳"目标下的新型电力系统建设的发展之路

随着能源转型加速，传统电网面临高比例新能源接入、电力供需平衡挑战加剧等问题。为实现"双碳"目标，电网需向新型电力系统转变，以适应集中式与分布式能源协同发展，提升能源资源配置效率与灵活性，保障电力安全可靠供应并推动能源绿色变革。

一、我国电网的发展历史

（一）起步阶段（19世纪末—1949年）

19世纪末，随着工业革命的影响，电力技术传入我国。20世纪初，交流电技术的研发推动了电网的进一步发展，其传输距离远、制造成本低等优点，使得大规模的电力供应成为可能。1912年，我国第一座水电站——云南昆明石龙坝水电站投产，1921年，石龙坝水电站建成了长32km、电压等级23kV的送出线路，这是中国第一条万伏级输电线路，为我国水力发电事业和电网发展奠定了基础。但在新中国成立前，我国的电网发展较为缓慢，电力工业基础薄弱，且主要集中在沿海城市和一些工业发达地区，广大农村和偏远地区基本无电可用。

（二）初步发展阶段（1949—1978年）

新中国成立后，政府高度重视电力工业的发展，将其作为国民经济的先行产业进行重点建设。在此期间，我国初步建成了较为完整的电力工业体系，全国大多数人口都用上了电，但缺电现象普遍。1953—1957年实施的第一个五年计划，明确了电力发展目标，推动了电力工业的规模发展。到1978年改革开放前，我国电网的最高电压等级是1972年建成投产的西北电网龙羊峡—天水—关中的330kV交流输电线路，其余多为220kV及以下的电网。

（三）市场化转型阶段（1978—1997年）

改革开放后，我国电力市场开始向市场经济转型，国家引入外国的电力企业，鼓励私营企业进入电力市场，城市中兴建了一些小型电站和电网，主要为工业和商业服务。1981年，我国建成了第一条500kV交流输电线路，从河南平顶山到湖北武昌，以解决武汉钢铁厂的电力稳定问题。1984年，建成了第一条自行设计、建造的元锦辽海500kV交流输电线路。1989年，我国第一条±500kV直流输电线路——葛洲坝至上海的葛沪直流建成投入使用，推动了我国电网电压等级的提升和输电技术的进步。

（四）体制改革阶段（1997—2002年）

1997年，我国进行电力体制改革，政企分离，成立了国家电力公司，标志着中国电力市场化改革的正式开启。2002年，国务院发布了《电力体制改革方案》（国发〔2002〕5号），提出了厂网分开、竞价上网、打破垄断、引入竞争的改革目标，国家电网有限公司（以下简称"国家电网"）和中国南方电网有限责任公司（以下简称"南方电网"）成立，标志着中国电力市场的竞争格局开始形成。

(五) 快速发展阶段 (2002 年至 2009 年)

随着电力体制改革的不断深化,我国电网进入了快速发展时期。国家电网和南方电网大力推进电网建设,提高电网的供电能力和可靠性,加强跨区域输电通道建设,实现了全国范围内的资源优化配置。2009 年,我国建成了世界上首个特高压交流试验示范工程——晋东南—南阳—荆门 1000kV 特高压交流输电工程;2010 年,向家坝—上海±800kV 特高压直流输电工程投入运行,标志着我国在特高压输电技术领域取得了重大突破,进入了世界领先行列。

(六) 智能化发展阶段 (2009 年至今)

2009 年以来,随着智能电网概念的提出和相关技术的发展,我国电网开始向智能化方向转型。智能电网是将现代信息技术、通信技术、计算机技术和控制技术与传统电网高度融合的新型电网,具有自动化、信息化、互动化等特征。近年来,全国多地智能电网建设成效显著,如国网四川省电力公司超高压公司的新一代变电站集中监控系统、国网河南省电力公司的分布式光伏承载力与可开放容量发布平台、国网河南省电力公司焦作供电公司的 10kV 配电线路智能化改造等,提高了电网的运行效率、供电质量和新能源消纳能力。

二、我国电网的现状

我国电网发展起点极低,面临诸多严峻挑战。通过持续的政策支持、大规模的资金投入、不断的技术研发与创新,以及无数电力工作者的努力拼搏,逐步攻克了一个又一个难关。从引进吸收先进技术到自主创新突破,从局部电网建设到全国联网工程推进,从传统电网到智能电网、特高压电网的转型升级,一步步构建起如今规模宏大、覆盖广泛、技术先进的现代化电网体系,成为世界电网领域的佼佼者,有力地支撑了我国经济的高速发展与社会的全面进步。

(一) 输电网现状

截至 2023 年年底,全国 220kV 及以上输电线路长度达 92 万 km,其中交流线路 86.6 万 km,直流线路 5.4 万 km;330kV 及以上跨区、跨省交流输电线路约 194 条,长度约 34843km;直流输电线路 (含背靠背) 约 43 条,长度约 55900km,直流背靠背工程 3 项。

从区域电网来看,全国已形成六大区域电网为主体的全国大电网格局。

(1) 东北电网。北部与俄罗斯直流背靠背联网,南部和西部分别与华北电网联网,自北向南交直流环网运行,500kV 主网架覆盖东北绝大部分电源基地和负荷中心。

(2) 华北电网。建成"两横三纵一环网"交流特高压主网架,以内蒙古西部电网、山西电网为送端,以北京、天津、河北、山东区域为受端负荷中心,形成西电东送、北电南送的送电格局。

(3) 西北电网。形成了以甘肃电网为中心的坚强 750kV 主网架,新疆、陕西、宁夏、青海电网分别通过 750kV 线路与甘肃电网相连。

(4) 华东电网。围绕长三角形成 1000kV 特高压环网,并向南延伸至福建,省间联络通道电压等级为 1000kV,上海、江苏、浙江、安徽、福建均已形成较强的 500kV 主网架。

（5）华中电网。东四省电网建成以三峡外送通道为中心，覆盖河南、湖北、湖南、江西四省的 500kV 骨干网架；川渝藏电网建成以川渝电网为中心，涵盖四川、重庆、西藏三省（直辖市、自治区）的 500kV 主干网架，华中东四省与川渝藏电网实现异步互联，川渝电网实现了与藏中的 500kV 联网。

（6）南方电网。以云南、贵州为主要送端，广东、广西为主要受端，形成了"八交十一直"的西电东送主网架。

特高压输电技术处于世界领先地位，已建成多条特高压直流和交流输电线路，实现了远距离、大容量的电能输送，降低了输电损耗，提升了电网的输电能力和稳定性。如晋东南—南阳—荆门 1000kV 特高压交流试验示范工程、向家坝—上海±800kV 特高压直流工程等。跨区输电能力强：西电东送规模约 3 亿 kW，迎峰度夏期间，跨省跨区直流通道最大输电能力可达 1.8 亿 kW。已形成北中南三路送电格局，有效缓解了东部地区电力紧张的局面，促进了东西部经济的协调发展。国家电网建成中俄、中蒙等 10 条跨国输电线路，南方电网也建成 10 多条跨境输电通道，与越南、老挝、缅甸电网紧密互联，促进了能源资源的大范围优化配置。

（二）配电系统现状

2023 年我国电网总投资额为 5275 亿元，其中配网投资额为 2901 亿元，投资分配逐渐向配网倾斜，以满足新能源新业态发展及用户用电需求增长带来的挑战。2023 年国内配网线路总长度达到 242.5 万 km，占比约 83%，预计后续配网线路长度及占比将进一步提升。2023 年电网综合线损率为 4.54%，较上一年下降 0.28 个百分点。

截至 2023 年年底，分布式光伏总装机容量达 2.54 亿 kW，约占光伏发电总装机容量的 42%，配网需承载越来越多分布式电源的接入，对其灵活性和承载力提出更高要求。

增量配电方面，国家电网和南方电网是配网建设的主要承担者，资源集中度高，自 2016 年开始增量配电业务改革试点，截至 2024 年 9 月，共开展 5 批增量配网试点，257 个业主获得资格，增量配网建设进入规模化发展阶段。

新能源的大规模发展对配网安全稳定带来新挑战，如台区变压器短时反向功率过大，配网反向重满载、电压越限、电网调峰等问题突出。同时，新业态发展也对配网承载能力及灵活性带来了新挑战，如充电桩的大量接入使得部分地区配变容量不足、入户线容量不够等。

（三）电网智能化现状

电网智能化发展迅速，电网调度自动化系统广泛应用，实现了对电网运行状态的实时监测和控制，能够自动进行故障诊断、隔离和恢复，提高了电网运行的可靠性和效率。如云南电网有限责任公司大理供电局的"源网荷储充"智能调控平台，将人工智能技术融入调度运行和控制管理，可实时处理潮流断面的动态控制、风险自动识别等异常情况，快速精准完成潮流计算等智能决策，实现电力系统的自主控制和自动化运行。以 VPP 为典型代表的需求侧新业态不断涌现，在提升电力系统灵活性、优化系统运行等方面发挥愈发显著的作用，但目前其常态化运行仍受市场身份、功能定位等多因素制约。

采用无人机、机器人等智能巡检设备，对输电线路和变电站进行定期巡检，及时发现设备隐患和故障，降低了人工巡检的劳动强度和风险，提高了巡检的准确性和效率。多地供电局采用无人机巡检,如贵州电网有限责任公司贵安供电局使用配网无人机移动机巢集群作业,可按前期航线规划对线路进行自动飞行、回传和分析,实现自主巡检全覆盖,相比人力巡检更高效、安全、准确。智能巡检机器人应用到工作中,变电站智能巡检机器人能 24 小时不间断监测和诊断设备,精准识别异常状态,生成巡检报告。国内知名公司杭州旗晟智能科技有限公司推出的一站式智能巡检机器人数字化变电站智能巡视系统解决方案,具备全面感知、自主巡检等优势。

通过智能电表等设备,实现了对用户用电信息的实时采集和分析,为用户提供个性化的用电建议,引导用户合理用电,提高了电网的负荷率和运行效率。如国网陕西省电力有限公司榆林供电公司的智能化供电服务指挥系统,实现了配网调度指令的网络化下达,调度员通过系统拟定指令票,指令可精准送达现场人员手机 App,系统自动识别语音转换文字回复,避免语意误解风险,提高停送电操作效率。

(四)微电网现状

2023 年我国分布式光伏新增装机容量 9629 万 kW,同比增长 88%,占当年光伏新增装机容量比例从 2015 年的 9.19% 上升至 2023 年的 44.6%,为微电网的建设提供了丰富的电源基础,推动了微网装机容量的增长。

工商业用户微网装机容量潜力巨大,据国家电网统计,10kV 及以上供电电压等级的工商业用户有 200 万户以上,常见工商业铺设分布式电源装机容量 1~2MW,假设 1MW/个,仅考虑工商业分布式光伏的情况下,若这些用户全部铺设,潜在市场总空间可达 20 万亿元。新型储能项目的快速发展为微网提供了支持,截至 2023 年年底,全国已建成投运新型储能项目累计装机容量达 3139 万 kW,平均储能时长 2.1h,其中 2023 年新增装机容量约 2260 万 kW,比 2022 年年底增长超过 260%。储能是微网的重要组成部分,其快速发展为微网的稳定运行和装机容量的扩大提供了有力支持。

微网应用场景丰富,主要应用于工业园区、商业区、偏远地区以及军事基地等,可实现能源的自给自足和高效利用,提高供电可靠性和电能质量。微网的控制技术、储能技术、分布式电源接入技术等不断发展,使得微网能够更加稳定、灵活地运行。例如,通过储能系统的配置,可以有效解决分布式电源的间歇性和波动性问题,提高微网的供电稳定性。国家出台了一系列政策支持微网的发展,鼓励企业开展微网示范项目建设,推动微网技术的研发和应用。未来,微网将朝着智能化、分布式、多功能的方向发展,与大电网实现有机融合,形成"源网荷储"一体化的能源系统,为用户提供更加可靠、高效、清洁的能源服务。

三、"双碳"目标下新型电力系统建设的背景和意义

能源是经济社会发展的重要基础,然而传统电力系统以化石能源为主导,在发电过程中产生大量 CO_2 排放,是导致全球气候变暖的主要因素之一。我国作为世界上最大的发展中国家,能源消费总量巨大,电力行业 CO_2 排放量占比较高。为应对气候变化挑战,履行大国责任,我国提出了"双碳"目标,这要求电力系统进行深刻变革,构建新型电力系统成为必然选择。新型电力系统将以新能源为主体,具备清洁低碳、安全可靠、灵活高效、智能友好等特征,实现电力的可持续供应与能源的绿色转型。

（一）背景

1. 全球气候变化危机

随着工业化进程的加速，全球温室气体排放不断增加，导致气候变暖等一系列环境问题。过去一个多世纪以来，全球平均气温显著上升，冰川融化、海平面上升、极端气候事件频发，对生态系统、人类社会和经济发展造成了严重威胁。国际社会对气候变化问题高度关注，《巴黎协定》的签订促使各国制定碳减排目标，积极应对气候变化成为全球共识。中国作为世界上最大的发展中国家，主动承担大国责任，提出"双碳"目标，推动经济社会的绿色低碳转型。

2. 能源转型的迫切需求

传统能源结构以化石能源（煤炭、石油、天然气）为主，其开采和使用过程中会产生大量 CO_2 等温室气体。同时，化石能源属于不可再生资源，面临资源枯竭的风险。为了保障能源安全和可持续供应，全球能源转型加速，可再生能源（太阳能、风能、水能、生物能等）和核能等低碳能源逐渐成为重点发展方向。电力系统作为能源转换和分配的核心环节，需要适应能源转型的趋势，构建以新能源为主体的新型电力系统。

3. 电力行业自身发展需求

（1）技术进步推动。近年来，风力发电、光伏发电等新能源发电技术不断进步，成本持续下降，使其在能源市场中的竞争力逐渐增强。例如，光伏发电成本在过去十年间大幅降低，为大规模开发利用提供了经济可行性。同时，储能技术、智能电网技术、电力电子技术等也取得了长足的发展，为新型电力系统的建设提供了技术支撑。

信息技术的飞速发展也为电力系统的智能化改造提供了条件。大数据、云计算、物联网、人工智能等技术可以应用于电力系统的监测、控制、调度和管理，提高电力系统的运行效率和可靠性。

（2）电力系统面临新挑战。新能源的大规模接入给电力系统带来了间歇性、波动性和不确定性等问题。与传统的化石能源发电不同，风力发电和光伏发电依赖于自然条件，其输出功率具有明显的波动性，这对电力系统的平衡和稳定运行提出了更高的要求。

传统电力系统的调度和控制方式难以适应新能源的快速发展。需要建立更加灵活、智能的调度和控制体系，以协调新能源发电、传统发电和用户负荷之间的关系。

（二）意义

1. 应对气候变化的关键举措

（1）大幅减少碳排放。电力行业是碳排放的大户，在我国碳排放总量中占比较高。构建新型电力系统，提高新能源在电力供应中的比例，可以从源头上减少电力生产过程中的碳排放。例如，随着风力发电、光伏发电等清洁能源装机容量的不断扩大，其替代传统煤电所减少的 CO_2 排放量将十分可观。按照规划，到 2030 年，非化石能源占一次能源消费比重将达到 25% 左右，这将有力推动我国碳减排进程。

新型电力系统建设还可以通过促进终端用能电气化，间接减少碳排放。在工业、建筑、交通等领域推广电能替代，如工业电加热、电动汽车、电采暖等，可以减少对化石燃料的直接使用，从而降低碳排放。

（2）助力全球气候治理。我国实现"双碳"目标对全球气候治理具有重要的引领和示范作用。作为全球最大的能源生产和消费国,我国新型电力系统的成功建设将为其他国家提供宝贵的经验和借鉴,推动全球能源转型和气候变化应对的进程。这有助于提升我国在全球气候治理中的话语权和影响力,展现大国担当。

2. 保障能源安全和可持续供应

(1) 能源供应多样化。新型电力系统以新能源为主体,结合储能等技术,可以实现能源供应的多样化。太阳能、风能等可再生能源资源分布广泛,不受资源储量限制,通过合理开发利用,可以减少对进口化石能源的依赖。例如,我国西部、北部地区的风能、太阳能资源丰富,大力开发这些地区的新能源,可以优化我国能源供应布局,提高能源自给率。

(2) 增强能源供应稳定性。虽然新能源具有间歇性和波动性,但通过构建多能互补的电力系统,包括发展储能、抽水蓄能电站,以及与传统能源的协同运行,可以有效平抑新能源发电的波动,增强能源供应的稳定性。储能系统可以在新能源发电过剩时储存电能,在发电不足时释放电能,保障电力供应的连续性。

新型电力系统还可以提高能源系统的抗灾能力。分布式能源系统和微网的发展可以使局部地区在遭受自然灾害或外部电网故障时,仍能保持一定的电力供应,提高能源供应的韧性。

3. 推动经济高质量发展

(1) 促进产业升级和转型。新型电力系统建设将带动新能源、储能、智能电网等相关产业的发展,形成新的经济增长点。这些产业的发展涉及高端装备制造、新材料、电子信息等多个领域,能够促进产业升级和技术创新。例如,新能源汽车产业的蓬勃发展,不仅推动了电动汽车的生产和销售,还带动了电池、电机、电控等关键零部件产业的进步。

对传统高耗能产业来说,新型电力系统建设将促使其进行节能改造和能源结构调整。企业需要提高能源利用效率,减少对高碳能源的依赖,这将推动产业向绿色低碳方向转型,提高产业的竞争力。

(2) 创造就业机会。新型电力系统建设涉及从基础建设到技术研发、运营管理等多个环节,将创造大量的就业机会。包括新能源电站建设、储能设备制造、智能电网安装维护、能源服务等领域,都需要大量的劳动力。据估算,随着新型电力系统建设的推进,将在全国范围内新增数百万个就业岗位,涵盖不同技能水平和教育程度的人群,对稳定就业形势具有积极作用。

4. 提升社会福祉和生态环境质量

(1) 改善空气质量和公众健康。减少传统化石能源发电可以降低 SO_2、NO_x、PM 等污染物的排放,有效改善空气质量。特别是在城市和工业密集地区,电力行业的低碳转型将对缓解雾霾天气、减少呼吸道疾病等健康问题发挥重要作用。

(2) 保护生态环境。新型电力系统建设有利于减少能源开发过程中的生态破坏。例如,与煤炭开采相比,太阳能和风能的开发利用对土地和生态系统的影响相对较小。此外,通过推动能源的清洁化和高效利用,还可以缓解水资源紧张等生态问题,促进生态系统的平衡和可持续发展。

(3) 提高电力服务质量。新型电力系统的智能化建设可以提高电力系统的可靠性和供电质量。通过智能电网技术，可以实现对电力故障的快速检测和恢复，减少停电时间和停电范围。同时，用户可以根据实时电价等信息，合理调整用电行为，降低用电成本，提高电力消费的满意度。

四、新型电力系统的内涵与特征

能源是驱动经济社会运转的核心基石，传统电力体系长期依赖化石能源发电，在能源转换与利用过程中释放巨量 CO_2，已然成为加剧全球气候变暖的关键诱因。作为全球最大的发展中国家，我国正处于工业化、城镇化快速发展阶段，能源消耗总量庞大，电力行业更是碳排放的"重点领域"，CO_2 排放量占比居高不下。为应对气候变化挑战，履行大国责任，我国提出了"双碳"目标，这要求电力系统进行深刻变革，构建新型电力系统成为必然选择。新型电力系统将以新能源为主体，具备清洁低碳、安全可靠、灵活高效、智能友好等特征，实现电力的可持续供应与能源的绿色转型。

（一）内涵

新型电力系统是适应能源转型要求，以确保能源电力安全为基本前提，以满足经济社会发展电力需求为首要目标，以高比例新能源接入为核心特征，通过多种能源互补互济、源网荷储协同互动，实现电力系统清洁低碳转型和安全稳定运行的新一代电力系统。它涵盖了发电、输电、变电、配电、用电等各个环节的系统性变革，涉及能源生产、输送、存储、消费等全链条的创新与重构。

（二）特征

（1）清洁低碳。大幅提高新能源在电力供应中的比例，减少对化石能源的依赖，降低 CO_2 及其他污染物排放，实现电力生产的绿色化。

（2）安全可靠。具备强大的抵御自然灾害、设备故障等风险的能力，保障电力的持续稳定供应，防止大面积停电事故发生，维护社会经济秩序稳定。

（3）灵活高效。能够灵活适应新能源的间歇性和波动性，通过先进的储能、调峰等技术手段，优化电力资源配置，提高电力系统的运行效率和经济性。

（4）智能友好。借助大数据、云计算、人工智能等现代信息技术，实现电力系统的智能化运行管理，提升对用户需求的响应速度和服务质量，促进源网荷储互动，构建友好的电力消费环境。

五、"双碳"目标下新型电力系统建设的政策与市场机制

（一）政策机制

（1）碳定价政策。建立健全碳定价机制，如碳税或碳排放交易制度，通过经济手段引导电力企业减少 CO_2 排放。对碳排放超标的电力企业征收碳税，增加其生产成本，促使其加大节能减排力度；通过碳排放交易市场，允许电力企业进行碳排放配额的买卖，激励企业采用低碳技术降低碳排放。

（2）新能源补贴与扶持政策。在新能源发展初期，继续实施合理的补贴政策，支持新能源发电项目的建设和运营。同时，加大对新能源技术研发、产业培育的扶持力度，如设立专项科研基金、提供税收优惠等，促进新能源产业的快速发展。随着新能源成本的下

降，逐步调整补贴政策，推动新能源产业走向市场化竞争。

（3）储能产业政策。制定储能产业发展规划，明确储能产业的发展目标、重点任务和技术路线。出台储能产业扶持政策，如给予储能项目补贴、优惠电价等，鼓励社会资本投资储能项目。建立储能技术标准和规范，加强对储能产品质量和安全的监管，促进储能产业健康有序发展。

（二）市场机制

（1）电力现货市场。建立电力现货市场，实现电力的实时交易和价格发现。在电力现货市场中，发电企业和电力用户可以根据实时的电力供需情况进行交易，反映电力的真实价值。通过电力现货市场的价格信号，引导发电企业合理安排发电计划，提高电力系统的运行效率。

（2）辅助服务市场。完善电力辅助服务市场，明确调频、调压、备用等辅助服务的交易规则和价格机制。鼓励储能、灵活性资源参与电力辅助服务市场，通过提供辅助服务获取经济收益。例如，储能系统可以在电力系统频率波动时提供调频服务，在用电高峰时提供备用容量，从而在辅助服务市场中获得相应报酬，提高储能系统的经济性和市场竞争力。

（3）容量市场。构建容量市场，保障电力系统长期容量的充裕性。在容量市场中，发电企业和储能企业可以通过出售容量资源获得容量补偿，激励其投资建设发电和储能设施。容量市场与电力现货市场、辅助服务市场相互配合，共同促进电力系统的稳定运行和可持续发展。

六、"双碳"目标下新型电力系统面临的挑战

（一）新能源大规模接入挑战

（1）间歇性与波动性。风能、太阳能等新能源发电受自然条件影响，其出力具有显著的间歇性和波动性，给电力系统的功率平衡、频率稳定和电压稳定带来严峻挑战。例如，风电在风速变化时，其输出功率可在短时间内大幅波动，这要求电力系统具备快速灵活的调节能力来维持稳定运行。

（2）预测精度问题。新能源发电的预测难度较大，目前的预测技术难以准确预估其发电量，导致电力系统在发电计划安排和运行调度方面面临不确定性，增加了电力系统的运行风险。

（二）电力供需平衡挑战

（1）负荷与电源时空分布不均。我国能源资源与用电负荷中心呈逆向分布，新能源资源集中在西部、北部地区，而用电负荷主要集中在东部、中部地区，这使得大规模新能源电力需要远距离输送。同时，不同地区的用电负荷特性差异较大，如工业用电负荷较为稳定，而居民用电负荷具有明显的峰谷特性，进一步加剧了电力供需平衡的复杂性。

（2）调峰能力不足。随着新能源比例的增加，传统火电调峰能力难以满足系统调峰需求。新能源发电在高峰时段可能无法提供足够电力，而在低谷时段又可能出现电力过剩，缺乏足够的灵活性资源来平衡电力供需的峰谷差。

（三）电网基础设施挑战

（1）输电网络升级压力。为实现新能源的远距离大容量输送，需要建设更高电压等级、更大输电容量的输电网络，如特高压输电线路的进一步拓展和优化。同时，要解决输电线路的走廊规划、电磁环境等问题，提高输电线路的建设效率和运行可靠性。

（2）配网智能化改造需求。分布式新能源在配网侧的大量接入，要求配网从传统的单向供电网络向双向互动、智能灵活的网络转变。需要加强配网的自动化、信息化建设，提高配网对分布式电源的接纳能力和控制能力，实现配网的自愈、优化运行和需求侧响应。

（四）储能技术发展挑战

（1）储能容量与性能不足。目前储能技术的总体规模和性能还难以满足新型电力系统对储能的大规模、长时间、高功率的需求。例如，电化学储能成本较高、能量密度有限、寿命较短；抽水蓄能受地理条件限制，建设周期长；其他新型储能技术如飞轮储能、压缩空气储能等还处于发展初期，技术成熟度有待提高。

（2）储能系统集成与管理难题。多种储能技术并存，如何将它们有效地集成到电力系统中，实现协同运行和优化管理是一个复杂的问题。需要建立完善的储能系统集成技术标准和管理规范，开发先进的储能控制系统，提高储能系统的整体效能。

（五）电力市场与政策机制挑战

（1）市场机制不完善。传统电力市场机制难以适应新型电力系统的发展要求，需要建立适应新能源大规模接入的电力市场交易规则和价格形成机制。例如，如何合理确定新能源发电的上网电价，如何激励储能和灵活性资源参与市场交易，如何促进跨区域电力市场的协调发展等。

（2）政策支持体系待健全。新型电力系统建设需要政府在政策、法规、资金等方面给予大力支持。目前，在新能源补贴政策调整、储能产业扶持政策、碳定价政策等方面还需要进一步完善，以引导社会资本投入新型电力系统建设，推动技术创新和产业发展。

第三章
新型电力系统转型发展的技术路径

第一节　电源侧技术路径

一、多元电源接入与协调规划

(一) 统筹各类电源接入

大型集中式电源的接入对于主网而言是一个关键环节。在规划其接入时,需要进行详尽的电力系统分析。首先,要准确评估主网当前的输电容量,考虑到大型火电厂、风电场、光伏电站等的发电规模巨大,其输出的电能必须能够在主网现有的输电线路中顺畅传输,避免出现线路过载的情况。例如,对于一个规划接入的大型风电场,要根据其预计的满发容量,结合主网中与之相连的输电线路的热稳定极限,判断是否需要对输电线路进行升级改造,如增加导线截面积、提高线路电压等级等。

同时,电压等级的匹配也至关重要。不同电压等级的主网区域有着不同的电能传输能力和适用范围。大型电源接入点的电压等级选择要依据其发电功率以及与周边负荷中心和其他电源的连接关系来确定。比如,一个大型火电厂可能会接入较高电压等级的主网,以便能够将电能远距离输送到其他负荷较重的地区,实现资源的优化配置。

此外,主网的稳定性要求在电源接入规划中必须得到充分考虑。大型电源的接入可能会对主网的潮流分布、电压稳定性等产生影响。通过电力系统潮流计算等专业手段,预测电源接入后电网的运行状态,提前采取措施,如配置合适的无功补偿设备、安装电力系统稳定器等,确保主网在接入新电源后依然能够保持稳定运行。

分布式电源在配网中的接入规划需要更加精细地结合配网自身特点。配网的供电范围相对较小且直接面向用户,其负荷特性多样,包括居民、商业、工业等不同类型的负荷。在确定分布式电源的接入位置时,要充分考虑到不同区域的负荷密度。例如,在居民小区中,分布式光伏发电系统可以考虑安装在楼顶等阳光充足且靠近用户侧的位置,这样不仅可以充分利用太阳能资源,还能在一定程度上实现就地消纳,减少电能在配网中的传输损耗。

对于分布式电源的接入容量,要根据配网的现有网架结构进行合理评估。配网的线路容量、变压器容量等都有限制,如果接入过多的分布式电源且其出力较大时,可能会导致配网出现电压越界、潮流反向等问题。因此,需要通过详细的配网潮流分析和容量计算,确定每个区域适合接入的分布式电源容量上限,确保配网在接纳分布式电源后能够正常运行。

微网作为一个相对独立又能与外部电网交互的小型电力系统,在电源接入规划上有其独特性。首先要根据微网内的负荷需求特点进行全面分析。微网内的负荷可能包括家庭用电、小型商业用电、部分工业用电等，其负荷需求在时间和强度上有不同的规律。比如，家庭用电在夜间可能会出现高峰，而小型商业用电在白天营业时间段需求较大。然后，结合微网内可用的能源资源，如太阳能、风能、生物质能等，综合配置各类微源。如果微网所在地区太阳能资源丰富，那么可以适当增加微型光伏的安装规模；如果风能条件较好，则可考虑配置小型风电设备。同时，还要考虑与外部电网连接的可能性。如果微网经常需要与配网或主网进行电能交互，那么在配置微源时要预留一定的接口和容量，以便能够更好地实现双向电能流动。

（二）协调电源布局与负荷分布

从宏观角度协调电源布局与负荷分布关系对于主网的高效运行至关重要。主网覆盖的区域广泛，不同地区的能源资源禀赋差异很大。例如，在一些风能资源丰富的沿海地区或高原地区，可以布局大型风电场；在太阳能资源充足的西北地区，可以规划大规模的光伏电站。而对于负荷中心，通常是经济发达、人口密集的地区，如大城市及其周边。为了减少电能在传输过程中的损耗，主网要尽可能使电源靠近负荷中心，或者通过高效的输电线路将电源与负荷中心紧密相连。对于距离负荷中心较远的电源，如在偏远山区的水电站，要通过建设高压输电线路，提高输电电压等级，以降低电能传输中的电阻损耗。同时，还要考虑不同电源之间的协同效应。比如，在一个地区既有火电又有风电，要根据不同季节、不同时段的用电需求和电源特性，合理安排火电和风电的发电计划，使两者能够相互补充，提高电力系统的整体效率。

配网在其供电区域内进一步优化电源布局与负荷分布的匹配度有着重要意义。在商业区，由于商业活动的特点，其负荷需求在白天特别是工作日的上班时间较为集中，而且对电能质量要求较高。因此，可以在商业区适当增加分布式电源的接入比例，比如在大型商场楼顶安装分布式光伏发电系统，这样不仅可以在白天利用太阳能发电满足部分商业用电需求，还能减轻配网在白天高峰时段的传输负担，提高供电可靠性。在居民区，居民的用电习惯也有一定规律，晚上是用电高峰时段。可以考虑在居民区推广分布式光伏发电系统，并结合储能设备，使得在白天阳光充足时储存电能，晚上用电高峰时释放电能，实现就地消纳，同时也能缓解配网在晚上高峰时段的传输负担。

微网内同样要注重电源布局与负荷分布的协调。以一个小型社区微网为例，在社区内不同区域的负荷需求强度和时间特性不同。比如，社区内的活动中心在周末或节假日的白天使用频繁，用电需求较大；而居民楼在晚上是用电高峰。因此，要根据这些特点合理安排各类微源的安装位置。对于太阳能光伏板，可以将其安装在阳光充足且靠近活动中心和居民楼的公共区域，以便能够在白天充分利用太阳能为活动中心和附近居民楼供电。对于小型风电设备，如果社区所在地区有一定的风能条件，可以安装在社区周边较为空旷且通风良好的地方，使其能够及时、高效地满足相应区域的负荷需求。

二、电能传输与交互协同

（一）主网与配网的电能传输协同

主网作为整个电力系统的核心骨干网络，承担着为配网提供稳定且可靠电能来源的重要职责。主网调度中心通过实时监测配网的负荷需求信息，结合自身的发电情况，动态调整输电功率。这一过程需要借助先进的监测设备和智能调度系统。监测设备能够实时获取配网各个节点的负荷数据，如通过安装在配网变电站的智能电表以及线路上的传感器等，将数据实时传输至调度中心。调度中心的智能调度系统则根据这些数据以及主网的发电情况，运用复杂的算法进行分析和决策。例如，当监测到某商业区配网在工作日白天的负荷即将超过其承载能力时，调度中心会根据主网当前的发电余量以及其他区域的负荷情况，合理增加向该配网的输电功率，如通过调整主网与该配网相连的输电线路上的开关状态、调节发电设备的出力等方式，确保配网不会出现过载情况。反之，当监测到某居民区配网在深夜负荷较低时，调度中心会适当降低向该配网的输电功率，避免配网出现欠载现象，从而保障配网的稳定运行。

（二）配网对主网电能的接收与反馈

配网作为连接主网和用户终端的中间环节，其在电能传输过程中的作用不仅仅是被动地接收主网输送来的电能，还需要积极主动地做好电能的接收、分配和传输工作，并及时将用户侧的负荷需求信息反馈给主网调度中心，以便主网能够更好地调整输电策略。

配网要具备良好的电压调节能力，这是确保电能能够以合适的电压等级分配给用户的关键。在主网将电能输送到配网后，由于输电线路的电阻、电感等因素的影响，电能的电压可能会发生变化，出现电压降等情况。为了保证用户能够接收到符合标准的电能，配网需要通过无功补偿等手段来调节电压。

配网在接收主网输送来的电能后，要将电能以合适的电压等级分配给用户。不同类型的用户对电压等级有不同的要求，例如居民用户一般要求接收到的电压在 220V 左右，工业用户根据其生产设备的不同可能需要不同的电压等级，如 380V、6kV、10kV 等。配网通过其变电站、配电室等设施，利用变压器等设备将主网输送来的电能进行降压或升压处理，以满足不同用户的需求。

同时，配网要及时将用户侧的负荷需求信息反馈给主网调度中心。这一反馈过程对于主网调整输电策略至关重要。配网通过安装在用户端的智能电表以及分布在配网线路上的各种传感器等设备，收集用户侧的负荷需求信息，如用户的实时用电功率、用电时长、用电习惯等。这些信息被汇总后，通过通信网络实时传输给主网调度中心。例如，当某居民区在夏季夜晚出现用电高峰，大量居民同时开启空调等大功率电器，导致配网负荷迅速增加时，配网中的智能电表和传感器会及时捕捉到这一信息，并将其传输给主网调度中心。调度中心根据这些信息，结合主网的发电情况，就可以及时调整输电策略，如增加向该配网的输电功率，以满足用户的用电需求，同时避免配网出现过载情况。

（三）配网与微网的电能交互协同

配网与微网之间的电能交互协同是新型电力系统中一个重要的环节。配网要支持微网的接入和电能交互，为微网提供接入接口，规范微网接入的技术要求和通信协议，确保微网能够顺利接入配网并实现电能的双向交互。

在正常情况下，配网可以向微网输送电能，满足微网内部分负荷需求。配网通过其与微网相连的输电线路以及相应的接口设备，将电能传输到微网。例如，在白天阳光不足或微网内的可再生能源发电不足时，配网可以根据微网的负荷需求情况，适时地将电能输送到微网,以维持微网内的正常用电秩序。

对于微网接入配网的技术要求,包括对微网的电能质量、功率因数等方面的要求。微网接入配网时,其输出的电能质量要符合配网的相关标准,如电压偏差、频率偏差等要在规定范围内。同时,微网的功率因数也需要满足配网的要求,这对于配网的无功平衡和整体运行效率至关重要。通过规范这些技术要求,确保微网接入配网后不会对配网的正常运行造成不良影响。

通信协议方面,配网与微网之间需要建立统一的通信协议,以便实现信息的快速、准确传递。常见的通信协议有 Modbus、IEC 61850 等。通过这些通信协议,配网和微网可以相互传输电能信息、运行状态信息等,实现有效的电能交互协同。

当微网内电能过剩时,配网要能够接收微网输出的电能并进行合理分配。微网可能由于其内部可再生能源发电的临时性爆发,如在阳光明媚且风力较大的时段,微网内的光伏和风电同时发力,导致电能过剩。此时,配网要通过其相应的接收设备和线路,将微网输出的电能接收过来,并根据配网内其他区域的负荷需求情况,将电能合理分配到其他用户端,实现电能的有效利用。

此外,微网要具备与配网良好的电能交互能力,通过安装双向电表、电力电子接口等设备,实现与配网的电能双向流动。双向电表可以准确计量微网与配网之间的电能交互情况,包括电能的流入和流出量,为电能计费和管理提供依据。

电力电子接口则在微网与配网的电能双向流动中起到关键作用。它可以根据微网和配网的运行状态,调整微网与配网之间的电能传输方向和功率大小。例如,当配网供电不足时,微网可以利用自身储存的电能向配网输出部分电能,协助配网缓解供电压力。

微网要根据自身的电能储备情况和负荷需求,合理确定与配网的电能交互策略。在微网内电能储备充足且配网供电正常时,微网可以适当从配网获取电能,以补充自身可能存在的能源不足情况。而当配网出现供电不足的情况时,如在用电高峰时段或配网发生故障时,微网要根据自身的电能储备情况,判断是否能够向配网输出电能以及输出多少电能,以协助配网维持供电秩序。例如,在某地区夏季用电高峰时段,配网负荷压力巨大,部分区域出现供电不足的情况。此时,某社区微网如果其内部电能储备充足,通过其电力电子接口和双向电表等设备,就可以将部分电能输送到配网,帮助配网缓解供电压力,同时也保障了自身社区内重要负荷的供电。

(四) 主网、配网与微网的电能动态平衡协同

在整个电力系统运行过程中,要实现主网、配网与微网之间电能的动态平衡,主网调度中心要发挥统筹全局的作用。其需要根据各网的负荷需求、电源出力情况以及储能状态等因素,制定统一的调度策略,确保电能在各网之间能够合理流动,满足整个电力系统的供电需求。

主网调度中心首先要收集、整合来自各网的相关信息。对于主网,要了解各个发电站的发电出力情况,包括火电、水电、风电、光伏等不同类型发电站的实时出力情况。通过安装在发电站的监测设备以及与发电站的通信连接,实时获取发电数据。对于配网,要掌握各配网区域的负荷需求情况,如通过安装在配网变电站、配电室以及用户端的智能电表和传感器等设备,收集配网的负荷数据。对于微网,同样要获取微网内的负荷需求情况以及电源出力情况，通过微网内的监测设备和通信连接实现信息的获取。

然后，主网调度中心根据这些收集到的信息，运用复杂的算法和模型进行分析。例如，根据不同时段、不同地区的实际情况，结合电力系统的负荷预测模型、电源出力预测模型等，预测未来一段时间内各网的负荷需求和电源出力变化情况。基于这些预测结果以及当前的实际情况，制定统一的调度策略。

在制定调度策略时，要考虑电能在各网之间的传输损耗以及电能质量问题。对于传输损耗，要尽量减少电能在传输过程中出现的损耗，提高电能利用效率。这可能涉及调整各网之间的输电线路连接方式、优化输电功率分配等措施。例如，当发现某条主网与配网之间的输电线路损耗较大时，调度中心可能会考虑通过调整输电线路的电压等级、更换导线等方式来降低损耗。

对于电能质量问题，要确保符合相关标准，如保持电压、频率等电能质量指标在正常范围内。当发现某配网区域出现电压偏差较大的情况时，调度中心可能会通过调整主网向该配网的输电功率、要求配网采取无功补偿措施等方式来解决电压问题。

配网和微网要积极配合主网的调度策略。配网要及时调整自身的供电方式和传输功率，微网要根据主网的调度指令和自身实际情况，灵活调整微源的出力和储能的充放电策略，共同维持电力系统的电能动态平衡。

配网在接到主网调度中心的指令后，要迅速行动。例如，当主网调度中心要求配网增加输电功率时，配网要通过调整其变电站的变压器分接头位置、增加无功补偿设备的投入等方式，提高输电功率。当要求配网降低输电功率时，配网要相应地采取措施，如减少无功补偿设备的投入、调整变压器分接头位置等，以适应主网的调度要求。

微网在接到主网调度指令后，要根据自身实际情况进行灵活调整。如果主网调度指令要求微网增加电源出力，微网要分析自身内部的电源情况，如微网内的光伏、风电、储能等情况。如果光伏有剩余出力能力，就可以适当增加光伏的出力；如果储能有足够的电量可以放电，就可以通过控制储能的放电来增加微网的电源出力。反之，如果主网调度指令要求微网降低电源出力，微网要根据自身情况合理调整电源出力，如减少光伏的出力、停止部分储能的放电等。

同时，微网在自身运行过程中，也要根据自身的电能储备情况和负荷需求，不断优化自身的储能充放电策略。例如，当微网内电能储备充足且负荷需求较低时，微网可以适当减少储能的放电，让储能设备储存更多的电能，以备后续可能出现的用电高峰或主网、配网故障等情况。当微网内电能储备不足且负荷需求较高时，微网可以加快储能的放电速度，以满足当前的负荷需求。

第二节　电网侧技术路径

一、大区域主网建设

（一）坚强网架构建

1. 分层分区网架结构优化

新型电力系统主网建设中的分层分区规划是基于多方面因素进行的精细化布局。首先，不同地区的负荷特性存在显著差异，例如，城市中心区域往往是商业和居民用电集中区，负荷密度高，用电峰谷差相对较小；而工业聚集区则在工作日的特定时段呈现出极高的负荷需求，峰谷差较大。同时，电源分布也不均衡，像我国西部、北部地区拥有丰富的水能、风能、太阳能等可再生能源资源，是重要的电源基地，而东部沿海地区则是经济发达、电力负荷巨大的区域。

在这种情况下，对主网进行分层分区规划具有重要意义。分层方面，一般可分为特高压输电层、超高压输电层以及高压配电层等。特高压输电层主要承担大规模、远距离的电力传输任务，将西部、北部等能源富集地区的电力高效输送到东部负荷中心。例如，我国已建成的多条±800kV特高压直流输电线路，实现了将西部地区的水电、风电资源远距离传输到东部沿海地区，极大地优化了全国电力资源的配置。超高压输电层则在区域内起到进一步的电力汇集和分配作用，将特高压输电层输送来的电力合理分配到各个子区域。高压配电层则负责将电力最终分配到具体的用户端。

分区规划旨在根据不同区域的负荷和电源特点，将主网划分成若干相对独立又相互联系的区域。这样做的好处在于，当某个区域出现故障时，如局部线路短路或变电站故障，能够有效隔离故障影响范围，避免故障在整个主网中蔓延，从而显著提高系统的可靠性。例如，在某个工业聚集区的电网分区内发生故障时，通过分区的隔离措施，可确保其他商业和居民用电区域的正常供电不受影响。

2. 加强枢纽变电站建设

枢纽变电站在新型电力系统主网中扮演着举足轻重的角色，犹如电力传输的"交通枢纽"，连接着不同区域的电网，承担着汇集和分配电力的关键任务。

随着电力系统规模的不断扩大以及对电力传输能力要求的日益提高，加大对枢纽变电站的建设投入势在必行。一方面，要提升其变电容量，以适应大规模、远距离输电带来的大量电力汇集和分配需求。例如，在一些能源外送通道的关键节点，建设变电容量达到数百万千伏安甚至更高的枢纽变电站，确保能够容纳来自多个电源点的电力，并将其准确无误地分配到各个目的地。另一方面，提高枢纽变电站的电压等级也是重要举措。更高的电压等级意味着在输电过程中能够降低线路损耗，提高输电效率。例如，从超高压提升到特高压等级，能够使输电线路在传输相同功率的情况下，电流减小，根据焦耳定律，线路电阻损耗会大幅降低。同时，优化枢纽变电站的布局同样关键，要充分考虑地理因素、负荷分布以及电源位置等，使其在地理分布上更加合理。比如，在靠近大型电源基地且便于向主要负荷中心输电的位置建设枢纽变电站，能够减少输电线路的长度，进一步降低输电损耗，提高整个电力系统的运行效率。

3. 增加输电线路互联

在新型电力系统主网建设中，增加输电线路互联是强化电网结构、提升供电可靠性和促进清洁能源优化配置的重要手段。

从供电可靠性角度来看，不同区域的电网由于受到当地电源、负荷以及自然条件等因素的影响，可能会出现不同步的电力供需情况。例如，在夏季用电高峰时期，某个地区可能因本地电源不足而面临供电紧张局面，而相邻地区可能由于电源相对充足或负荷需求相对较低而有多余的电力可供调配。通过建设更多的输电线路实现不同区域电网之间的有效互联，就可以在这种情况下，及时从其他区域调配电力来满足本地的供电需求，有效避免局部地区的停电现象，大大提高了整个电网的供电可靠性。

从清洁能源优化配置方面来说，我国清洁能源资源分布与电力负荷中心呈现出明显的逆向分布特点，即清洁能源资源丰富的西部、北部地区，当地电力负荷相对较小，而东部沿海等负荷中心地区能源资源匮乏。增加输电线路互联能够打破地域限制，将西部、北部地区丰富的清洁能源所发电力（如水电、风电、光电等）高效地输送到东部沿海等负荷中心，实现清洁能源在全国范围内的优化配置。这不仅有利于推动清洁能源的大规模开发利用，还能满足东部地区日益增长的电力需求，同时减少对传统化石能源的依赖，促进能源结构的转型。

4. 提升输电线路性能

新型输电材料的研发和应用是提升新型电力系统主网输电线路性能的前沿研究方向。其中，高温超导材料备受关注。高温超导材料在低温环境下具有零电阻或极低电阻的特性，这使得它在输电过程中能够大幅降低电阻损耗，从而显著提高输电效率。

与传统的铜、铝等输电材料相比，高温超导材料的优势明显。以相同的输电功率为例，若使用传统材料输电，由于电阻的存在，会在输电线路上产生大量的热量，导致电能损耗。而高温超导材料在满足其超导条件（如特定的低温环境）下，电阻几乎为零，电能损耗可忽略不计。虽然目前高温超导材料的应用还面临一些挑战，比如需要复杂的低温制冷设备来维持其超导状态，且制造成本相对较高，但随着科研人员的不断努力，相关技术正在逐步完善。未来，随着成本的降低和技术的成熟，高温超导材料有望在新型电力系统主网建设中得到广泛应用，彻底改变输电线路的性能和效率。

对于常规输电线路而言，增大其截面面积是一种有效降低线路电阻、减少输电过程中电能损耗的实用方法。根据电阻定律，导体的电阻与它的长度成正比，与它的截面面积成反比。因此，当增大输电线路的截面面积时，线路电阻会相应降低。在实际应用中，增大截面面积意味着可以使用更粗的导线或采用多股导线并绕的方式。例如，在一些长距离、大容量输电线路建设中，将原来的导线截面面积从较小规格增大到较大规格，如从 $240mm^2$ 增大到 $400mm^2$，通过计算可以发现，线路电阻会明显降低。

降低线路电阻不仅可以减少电能损耗，还能使输电线路能够承载更大的电流。随着新型电力系统的发展，电力负荷不断增长，未来可能会出现更高的输电需求。增大输电线路截面面积能够提前为这种需求做好准备，确保输电线路在面对未来电力系统负荷增长的情况下，依然能够稳定、高效地传输电力，避免因线路过载而出现故障或降低输电效率的情况发生。

输电线路的绝缘水平直接关系到其运行的安全性和稳定性，在新型电力系统主网建设中，提高输电线路绝缘水平是至关重要的环节。

采用高性能绝缘材料是提高绝缘水平的重要途径之一。例如，复合绝缘子相较于传统的瓷绝缘子具有诸多优点。复合绝缘子具有重量轻、强度高、耐污闪性能好等特点。在实际应用中，由于其重量轻，安装更为方便快捷，可大大缩短安装时间，提高施工效率；其强度高的特性能够承受更大的机械应力，不易在大风、冰雪等恶劣天气条件下发生损坏；而耐污闪性能好则意味着在污染较为严重的环境下，如工业密集区或靠近公路的区域，复合绝缘子依然能够保持良好的绝缘性能，有效防止输电线路发生闪络等故障。

气体绝缘输电线路（GIL）也是一种先进的绝缘技术。GIL 是将高压气体［如六氟化硫（SF₆）等］作为绝缘介质，将输电导体封闭在金属管道内进行输电。这种绝缘方式具有极高的绝缘强度，能够有效防止输电线路受到外界因素的干扰，如雷电、风雨、小动物等对输电线路的影响。同时，GIL 的密封性好，能够防止气体泄漏，确保绝缘介质的有效性。在一些特殊环境下，如城市地下输电、穿越河流或山区等复杂地形的输电线路建设中，GIL 具有独特的优势，能够保障输电线路的安全稳定运行。

（二）灵活交流输电技术

1. 静止无功补偿器（SVC）与静止同步补偿器（STATCOM）

在新型电力系统中，SVC 和 STATCOM 作为交流柔性输电系统（FACTS）装置中用于无功功率调节的重要设备，发挥着至关重要的作用。

电网在运行过程中，无功功率的平衡对于维持电网电压的稳定至关重要。在负荷高峰时段，随着用电设备的大量投入使用，电网对无功功率的需求急剧增加。此时，用电设备如电动机等在运行过程中需要消耗大量的无功功率来建立磁场等，若电网不能及时提供足够的无功功率，电压就会下降，影响设备的正常运行。SVC 和 STATCOM 能够快速、准确地调节电网中的无功功率，在负荷高峰时段，它们可以迅速注入所需的无功功率，以支撑电网电压保持在稳定的范围内。

相反，在负荷低谷时段，用电设备数量减少，电网中的无功功率可能会出现多余的情况。此时，SVC 和 STATCOM 又能吸收多余的无功功率，防止电压过高，从而维持电网电压的均衡与稳定。例如，在一个大型工业厂区，白天生产期间是负荷高峰，电动机等设备运行需要大量无功功率，通过安装 SVC 或 STATCOM，可及时为厂区电网提供所需无功功率，保证电压稳定；到了晚上，生产停止，负荷低谷，这些设备又能吸收多余无功功率，避免电压过高对设备造成影响。

除了无功功率调节功能外，SVC 和 STATCOM 还能有效改善电能质量，这对于保障电力系统的正常运行和用户设备的正常使用具有重要意义。

电能质量的一个重要指标是电压波动和闪络。在一些负荷变化较大的区域，如商业中心区或工业集中区，用电设备的频繁启停或负荷的突然变化会导致电网电压出现波动。这种电压波动可能会使一些敏感设备（如电子计算机、精密仪器等）出现故障或缩短其使用寿命。SVC 和 STATCOM 通过调节无功功率，可以有效减少这种电压波动，使当地电网电压保持在较为稳定的范围内。

例如，在一个大型购物中心，商场内的照明、空调、电梯等设备的运行和启停会导致电网电压频繁波动。安装 SVC 或 STATCOM 后，通过其对无功功率的调节作用，能够将电压波动控制在可接受的范围内，保障商场内所有设备的正常运行，提高了电能质量，也为顾客提供了更好的购物环境。

2. 可控串联补偿器（TCSC）与统一潮流控制器（UPFC）

TCSC 和 UPFC 在新型电力系统中主要用于控制电网中的潮流分布，这对于优化电力系统的运行具有重要意义。

TCSC 通过改变串联补偿电容的电抗值来调整线路的阻抗，从而影响电力潮流的流向和大小。具体来说，当 TCSC 增加串联补偿电容的电抗值时，线路的阻抗增大，根据欧姆定律，电流会减小，从而使得电力潮流在该线路上的流量减小；反之，当减小串联补偿电容的电抗值时，线路的阻抗减小，电流增大，电力潮流在该线路上的流量增大。通过这种方式，TCSC 可以根据电力系统的实际需求灵活调整潮流分布，使电力在电网中能够更加合理地流动。

UPFC 则更为强大，它不仅可以控制潮流，还能同时调节无功功率和电压，实现对电网潮流、无功功率和主网电压的综合控制。UPFC 由并联和串联两个部分组成，并联部分主要用于调节无功功率和电压，通过注入或吸收无功功率来维持电网电压的稳定；串联部分则用于控制潮流，通过改变串联线路的电抗值等方式来调整电力潮流的流向和大小。通过这种综合控制方式，UPFC 可以在不同的电网运行条件下（如负荷高峰、负荷低谷、故障修复等）根据需要灵活调整电力潮流、无功功率和电压，使电力系统运行得更加高效、合理。

在一些输电瓶颈路段，应用 TCSC 或 UPFC 可以提高输电线路的输电能力，这对于缓解输电紧张的局面具有重要意义。

在输电瓶颈路段，由于线路的阻抗、容量等因素的限制，往往无法承载更多的电力，导致电力传输受限。通过应用 TCSC 或 UPFC，可有效改变这种状况。例如，对于一条输电能力有限的线路，应用 TCSC 后，通过调整串联补偿电容的电抗值，降低线路的阻抗，从而使电流能够增大，进而提高了输电线路的输电能力，使得更多的电力能够通过该线路进行传输。

UPFC 的作用更为显著，它不仅可以通过调整潮流分布来提高输电能力，还能同时调节无功功率和电压，确保在提高输电能力的同时，电网电压保持稳定，电力传输更加安全、稳定、高效。在一些大型电力工程中，如跨区域输电工程，应用 UPFC 可以有效解决输电瓶颈问题，提高输电线路的输电能力，保障电力的顺利传输。

（三）直流输电技术

1. 常规高压直流输电（HVDC）

HVDC 在新型电力系统中具有独特的优势，尤其是在远距离、大容量输电方面发挥着不可或缺的作用。

我国能源资源分布与电力负荷中心呈现出明显的逆向分布特点，即能源资源丰富的西部、北部地区，当地电力负荷相对较小，而东部沿海等负荷中心地区能源资源匮乏。HVDC 能够将西部、北部等地区丰富的清洁能源（如水电、风电等）高效地输送到东部沿海等负荷中心。

例如，我国已建成的±800kV 特高压直流输电工程能够实现数千公里的远距离输电，且输电容量可达数百万千瓦。在这种远距离输电过程中，HVDC 的优势明显。与交流输电相比，直流输电不存在相位变化、无功功率传输等问题，因此在远距离输电时，线路损耗相对较小，输电效率更高。而且，直流输电线路的电容、电感等参数对输电影响较小，使得输电线路的建设成本相对较低，能够更有效地将大量电力从能源富集地区输送到负荷中心。

除了远距离大容量输电外，HVDC 还可以实现电网的异步联网，这在一些特殊情况下（如跨国电网互联或区域电网整合过程中）具有重要意义。

不同国家或不同区域的电网可能存在频率不同的情况，例如，我国的电网频率为50Hz，而一些其他国家的电网频率可能为60Hz。在这种情况下，若要实现电网互联，采用交流输电方式会面临诸多困难，因为交流输电需要保证两端电网的频率、相位等参数匹配。而 HVDC 则不存在这些问题，它可以通过高压直流输电线路将不同频率的电网连接起来，实现异步联网。

例如，在跨国电网互联项目中，通过 ±800kV 特高压直流输电线路将我国电网与某邻国电网连接起来，即使两国电网频率不同，也能顺利实现电网互联，促进电力资源的国际间交流与合作，同时也为跨国能源开发利用提供了便利条件。

2. 柔性直流输电（VSCHVDC）

VSCHVDC 在新型电力系统中以其能够灵活控制潮流方向和大小的突出特点而备受关注。

与 HVDC 相比，VSCHVDC 不需要依赖换流站的交流侧电网提供无功功率，自身可以通过控制逆变器的开关状态来实现无功功率的调节，从而更加灵活地控制电力潮流。

在实际应用中，当分布式电源（如光伏发电、风力发电等）接入电网时，其输出功率具有波动性和间歇性。VSCHVDC 可以根据分布式电源的输出功率的变化，灵活调整输电线路的潮流，确保电力的稳定传输。例如，在一个光伏电站接入电网的情况下，白天阳光充足时，光伏发电功率较大，VSCHVDC 可以相应地调整输电线路的潮流，将更多的电力输送到电网中；到了晚上，光伏发电停止，VSCHVDC 又能根据实际情况调整潮流，确保电网的稳定运行。

VSCHVDC 更适合接入分布式电源，这是因为分布式电源的输出功率具有波动性和间歇性，传统的输电方式难以适应这种特性。

传统的输电方式在面对分布式电源时，往往难以根据其输出功率的变化及时调整输电线路的潮流，从而导致电力传输不稳定。而 VSCHVDC 则可以根据分布式电源的输出功率的变化，灵活调整输电线路的潮流，确保电力的稳定传输。例如，在一个风力发电场接入电网的情况下，风力大小的变化会导致风力发电功率的波动。VSCHVDC 可以实时监测风力发电功率的变化，并根据其变化情况，灵活调整输电线路的潮流，将风力发电产生的电力顺利输送到电网中，保障了电力系统的稳定运行。

二、分层分区配网

（一）总体规划

以配网分层分区平衡为目标，以网格化规划为手段，制定 110kV 及以下电网分层分区规划原则，进一步细化网格化规划颗粒度，提高规划精细度。各电压层级电网在新型电力系统中的功能定位不同，其中 10kV 及以下电网主要发挥就地平衡功能，35kV/110kV 电网主要发挥整体协同功能，针对农村地区电网实际情况，同时也为适应新能源大规模接入，重点在农村区域采取三级负荷模块划分方法，建立 35kV/110kV 变电站 10kV 线路配变台区低压互联电网的三级架构体系，进一步提高规划精细度。建设以 35kV/110kV 变电站为支点，以 10kV 线路为主要负荷转移通道，探索以低压交直流混联电网为整体实现分级分区域平衡的电网结构和组网方案，建立多配变台区低压柔性互联典型模式，开发村级能源互联网智能管控系统，实现区域能源平衡控制和以村级电网为整体的内部自治。

1. 三级负荷模块划分

目前，县域配网一般将县城以外农村区域划分为 36 个网格，每个网格包含 24 座 35kV/110kV 变电站，供电单元一般按照乡镇或供电所划分，覆盖面积大、接入用户多、10kV 线路以及配变设备多，难以满足精细化规划要求。因此，根据地理边界、供电区域相关性及用户数、设备数等情况，创新以 13 条 10kV 线路作为 1 个一级负荷模块，以 12 条大分支作为 1 个二级负荷模块，以 13 个村级电网作为 1 个三级负荷模块，对中低压电网进行多层次划分，最终将规划颗粒度细化到村级电网，针对每个配变台区计算负荷需求及新能源接入潜力、消纳能力分析，提出设备级、整村级、全线路级的建设改造规划，并综合考虑供电分区、联络通道、经济运行等因素，对区域电网进行整体优化提升。

2. 基于三级模块划分的规划方法

在三级模块划分的基础上，采用由下而上逐级规划的方式，细化规划方案。对各级模块内的线路、配变等设备现状及运行数据等进行梳理，精准掌握电网设备信息和地理位置，为制定合理的规划方案提供支撑。

基于第三级模块的规划主要关注农村地区的配变情况，按照单台配变测算负荷需求、分布式光伏开发潜力和接入能力，对供电能力不足或接入受限的配变，优先考虑与周边配变合理切改用户，提升承载能力，对不能切改的，综合考虑村内负荷容量及低压线路分布情况，确定配变新建或改造方案。

基于第二级模块的规划主要关注入村的各分支线路，根据第三级模块测算的负荷及分布式光伏开发潜力结果，计算各分支线路的负荷及分布式光伏接入容量，校核分支线路的承载力，对承载力不足的分支线，综合考虑配变切改和线路改造方案，制定投资省、效益高的规划方案。

基于第一级模块的规划主要关注入村的主干线路，对各分支线路的负荷、电源接入容量进行汇总，测算其承载力是否满足需求。对不满足供电需求或电源接入需求的，通过供电单元内线路负荷切改或通过线路新建改造等提升承载能力，制定考虑供电单元综合优化的合理建设方案。

（二）保护技术

1. 交流配网保护

目前我国运行的配网中，继电保护通常采用三段式电流保护，即电流速断保护、限时电流速断保护和过电流保护，但大量分布式电源的接入改变了原有电网的运行模式，分布式电源容量的大小、并网位置的不同以及控制策略对配网都会产生影响，使得目前配网保护面临新的挑战。因此，针对交流配网的保护研究可从以下方面开展：

（1）基于分布式电源接入的保护整定与配置技术。大量光伏电源的接入改变了传统配网的拓扑结构，故障后的功率流向变得更加复杂，给传统基于辐射型的配网保护带来新的问题；电网结构不再以单电源辐射型为主，随着电气量特征的改变，传统的保护方法也无法保障现代电网的发展需求和安全运行，降低了保护运行的可靠性，因此，需通过研究分布式能源接入的配网的潮流分布和故障特征，以实现新型农村电力系统保护的整定和配置。

（2）新能源接入产生的谐波对继电保护的影响以及改善方法。受容量、控制器限流及变压器中性点接地方式等因素的影响，光伏并网系统表现出明显的"弱馈性"特征，如果失去控制将导致电网中的谐波含量超标，进而影响电网的供电质量，因此研究谐波对继电保护的影响机理，将有效改善其影响。

（3）新能源接入的自动重合闸技术研究。当前配网中大多数为瞬时性故障，通过继电保护和重合闸的有效配合，可较大程度提高配网系统供电的可靠性，但传统基于就地信息构建的保护与重合闸逻辑无法应对分布式电源规模化并网后的复杂情况，因此配网的方向元件、故障识别、自动重合闸技术也面临着新的挑战。

2. 直流配网保护

当前对直流配电领域的保护研究仍处于起步阶段，缺乏相关的标准规范与实践经验。此外，由于直流微网等技术的应用，直流配网本身对于分布式电源的接入就有较强的容纳性，较之交流配网，其接入的分布式电源数量将会更多，容量也会更大。然而分布式电源的广泛应用在给配网带来诸多优势的同时，也让其继电保护面临着新的挑战。因此，需要针对含大规模分布式能源并网的直流配电系统的结构特性与故障特征研究其合理的保护方案，进一步推进直流配电技术与可再生能源的发展与应用。

（1）直流配网保护方法研究。在直流配电系统发生线路故障时，由于直流侧稳压大电容的存在，放电时故障电流上升速度快，暂态含量丰富，且电流幅值大，同时故障特征易受系统运行控制策略、负荷支路等的影响。因此，通过研究直流配网的潮流分布和故障特征，确定故障特征值从而得出如何选取直流配网的保护方法，最终实现直流配网的快速性、选择性和可靠性。

（2）考虑过渡电阻、分布式能源接入、主动型负荷影响的精准故障分析。直流配电系统各区段线路长度较短，故障特征差异不明显，易受过渡电阻的影响，且负荷分支中可能含有大量分布式电源和主动式负荷，故障时也有可能产生故障电流，这将对故障识别、测距和精确定位都造成较大干扰。因此，考虑过渡电阻、分布式接入、主动型负荷影响的精准故障分析研究将具有重要意义。

（3）研制具有良好熄灭电弧能力的直流故障隔离设备。直流配网故障电流没有自然过零点，通常在几毫秒内就能快速上升至峰值，这就要求直流故障隔离设备具有较强的熄灭电弧和快速动作的能力，且目前市售的直流断路器体积庞大，造价十分昂贵，在直流配电领域中的广泛应用仍面临着诸多难题。

3. 交直流混联配网保护

（1）网络重构。

1）实时监测与数据采集。利用先进的传感器技术，如智能电表、电流互感器、电压互感器等，对交直流混联配网中的电气参数进行实时监测，包括电流、电压、功率、频率等。通过高速通信网络将采集到的数据传输到控制中心，以便进行实时分析和处理。

2）网络拓扑分析。建立交直流混联配网的网络拓扑模型，包括交流线路、直流线路、变压器、换流器等设备的连接关系。实时更新网络拓扑信息，以便在网络重构过程中准确确定可行的重构方案。

3）优化算法选择。采用合适的优化算法，如遗传算法、粒子群优化算法、模拟退火算法等，以网络损耗最小、电压稳定性最好、供电可靠性最高等为目标函数，进行网络重构方案的优化计算。考虑交直流混联配网的特殊性，如直流系统的控制方式、换流器的运行特性等，对优化算法进行适当的改进和调整。

4）重构方案实施。根据优化计算得到的网络重构方案，通过控制中心发送控制指令，对交直流混联配网中的开关设备进行操作，实现网络重构。在实施过程中，要确保操作的准确性和安全性，避免对电网造成不必要的冲击和影响。

（2）故障识别。

1）故障特征提取。对交直流混联配网中的故障电流、电压信号进行采集和分析，提取故障特征，如故障电流的幅值、相位、频率变化等。利用小波变换、傅里叶变换等信号处理技术，对故障信号进行时频分析，提取更丰富的故障特征信息。

2）故障类型判断。根据提取的故障特征信息，采用模式识别、神经网络、支持向量机（SVM）等智能算法，对故障类型进行判断，如短路故障、接地故障、断线故障等。考虑交直流混联配网中可能出现的特殊故障类型，如换流器故障、直流线路故障等，制定相应的故障判断方法。

3）故障定位。采用行波法、阻抗法、注入信号法等故障定位技术，确定故障发生的位置。结合交直流混联配网的网络拓扑结构和通信系统，实现快速准确的故障定位，为故障隔离和修复提供依据。

4. 故障隔离

1）快速开关设备。在交直流混联配网中安装快速开关设备，如快速断路器、负荷开关等，以便在故障发生时能够迅速切断故障电流，实现故障隔离。选择具有高可靠性、快速动作特性和良好灭弧性能的开关设备，确保故障隔离的及时性和有效性。

2）直流断路器技术。针对直流系统的故障隔离需求，研发和应用高性能的直流断路器。直流断路器应具备快速开断直流电流的能力，同时要考虑直流系统的特殊运行特性，如电流无自然过零点等问题。研究直流断路器的控制策略和保护配合方案，确保在故障发生时能够正确动作，实现直流系统的故障隔离。

3）保护配合策略。制定交直流混联配网的保护配合策略，确保在故障发生时，各保护装置能够协调动作，实现故障的快速隔离。考虑交流系统和直流系统的保护配合，以及不同类型故障的保护动作顺序，提高故障隔离的可靠性和准确性。

5. 故障自愈

（1）备用电源自动投入。在交直流混联配网中设置备用电源，当主电源发生故障时，备用电源能够自动投入，恢复对重要负荷的供电。制定备用电源自动投入的控制策略和保护配合方案，确保备用电源的投入过程安全可靠。

（2）分布式电源协调控制。利用交直流混联配网中的分布式电源（如太阳能发电、风力发电等）实现故障后的自愈供电。制定分布式电源的协调控制策略，使其在故障发生时能够自动调整输出功率，为电网提供支持，提高电网的供电可靠性。

（3）网络重构与恢复。在故障隔离后，通过网络重构技术，调整交直流混联配网的运行方式，恢复对非故障区域的供电。制定网络重构与恢复的方案和策略，考虑负荷的重要性、分布式电源的输出能力等因素，实现快速、有效的电网恢复。

总之，交直流混联配网的保护涉及多方面的技术，需要综合考虑网络重构、故障识别、故障隔离和故障自愈等目标，采用先进的技术手段和优化算法，提高电网的可靠性和稳定性。

（三）能量管理

随着农村新型电力系统的建设，将会有大量的分布式电源、直流负荷、储能装置等并入农村配网，存在新能源发电波动性等因素，调控难度会逐渐加大，对农村配网数智化程度要求增大，制定合适的调控策略以及使用先进化电力设备，对实现农村新型电力系统的数智化高效管理意义重大。

1. 配网虚实结合的调控方式

配网虚实结合调控是一种创新的电力控制策略，将虚拟电网技术和实际物理电网的控制手段有机结合，实现对现代电力系统的高效管理和优化。该方法旨在利用虚拟和实际的协同效应，更灵活地应对新能源接入和负荷变化带来的复杂性，提高配网的可靠性、稳定性和适应性。

"虚"是指虚拟配网调控建立在数字化仿真和高级算法的基础上，通过构建一个与实际电网高度吻合的"数字孪生"模型，实现对配网的全景视图和动态控制。该虚拟模型不断从物理电网采集数据，并实时更新系统状态，从而可以预测电网在不同负荷变化、故障或天气条件下的响应。例如，通过对历史负荷数据和天气信息的挖掘，预测未来的用电需求和可再生能源的发电能力。这种虚拟模型不仅能够对电网进行故障预测和应对方案的预设，还能够通过高级算法实现电网调度、潮流优化和损耗最小化的优化控制。这一过程可在不直接干预实际设备的情况下，使运营人员对系统有更好的全局把控，确保调控方案的可行性和有效性。

"实"是指实际配网调控是基于物理电网的实时数据和设备状态，主要关注电力设备的直接调度与操作。通过对实际系统的实时监测和控制，物理电网调控负责具体的开关操作、电压调节、无功功率管理等一系列控制手段，以保持系统运行的稳定性和安全性。并通过建立电力信息采集系统，对配网信息做到可测、可观、可调。不仅要应对正常的电网运行状态，还需在突发事件中提供快速响应，例如在突发负荷激增或故障发生时，通过调控变压器、储能系统及无功补偿设备等，维持电网的可靠运行。此外，实际调控系统还可以与市场机制结合，参与电力市场的交易与调度，从而提升电网的经济性和灵活性。

通过建设"虚实结合"的配网，配网的调控实现了从被动管理到主动调控的转变。虚拟部分为决策提供科学依据和模拟支持，而实际部分则确保这些策略能够快速有效地落实到电网运行中。这样的协同工作模式，使得配网在应对复杂多变的电力需求和外部冲击时，具备更高的灵活性和稳定性，有助于提高电力系统的整体效率和可靠性。

2. 配网多层协同控制技术

对配网进行多层协同控制，构建一个更加灵活高效的电力调度体系。该体系以乡镇及区域电网为整体，通过与上级调度系统的有效接入，实现多分区协同控制的目标。在具体实施中，乡镇电网将以整村及周边配网等被划分为多个分区电网，形成灵活的管理单元。这些分区电网不仅能独立运行，还能够通过设定的运行曲线或接收上级电网的实时指令进行动态调度。在此过程中，供电所调度主站将依据分区电网的经济运行原则以及上级电网的安全运行约束，自动生成优化策略，以确保各分区间的协同调度。

跨台区的多层协同控制中，多个台区之间的协调合作显得尤为重要。通过整合不同台区的电力资源，形成跨台区的协同调度策略，电网能够在应对负荷波动和突发事件时更加灵活有效。各台区的运行数据和负荷信息通过互联互通的电力信息采集系统进行实时共享，使得调度主站能够全面掌握各分区电网的状态。当某一台区面临负荷激增时，系统可以迅速调动相邻台区的备用电源，平衡区域间的电力供需，确保电网的稳定运行。此外，跨台区的协同控制还能够结合电力市场的机制，通过引入市场参与，合理的电力交易优化资源配置，降低调控运行成本，提高整体运行效率。这样的多层协同控制技术不仅增强了电力系统的韧性，还为可再生能源的广泛接入创造了良好的条件，助力实现绿色低碳的未来电力网络。

3. 弱通信技术研究

无论是农村区域配网或是城镇区域配网，均需要采用现代化的技术手段提高配网的运行管理水平。而通信技术是建设数字化配网的关键技术，也是数字化智能配网的基础支撑技术，是智能配网中各种管理和控制信息的传输平台。通信系统的好坏很大程度上决定了数字化配网实现的程度，良好的通信系统是实现功能完善的数字化配网的基础。

（1）低压载波通信优化技术。低压电力线载波通信是指利用低压配电线路（380V/220V用户线）作为信息传输媒介进行语音或数据传输的一种通信方式。低压电力线分布广泛，利用其进行载波通信的最大优势是可以依靠原有电力线路，节约建设成本，且不易受到破坏。但随着业务功能的拓展，窄带载波由于其全时段通信稳定性差、通信速率低、通信容量小等缺点难以满足如远程费控、15min或更短间隔的电压电流数据同步采集、台区网络拓扑自动识别、电表时钟并发校时等业务发展需求，因此提升本地通信技术性能将是深化用采系统功能应用、提升用采系统建设价值的重要条件。

（2）低压配电通信系统阻抗优化。城乡居民是电网最后的网络节点，对信息传输速率和通信质量有较高的要求，而低压宽带电力线通信系统的数据速率已达到200Mbps以上，能够满足家庭娱乐和家庭自动化的需求。由于电力线的不连续和负载阻抗的不匹配使得电力线通信系统具有很高的频率选择性衰减，这种频率选择性主要与电力线的特征阻抗和收发端端口的阻抗有关。对于特定的电力线通信系统，电力线的特征阻抗是一定的，那么电力线通信系统性能可以通过优化收发端端口的阻抗得以改善。

4. 电力市场交易机制

在配网的数智化管理模式中，可以建设农村地区区域电力市场。农村电网可以通过建立分布式能源交易平台，允许村民之间自由交易自发电力，形成一个基于市场机制的微网。这样不仅促进了村内可再生能源的消纳，也增强了居民的参与感和收益，推动了绿色低碳意识的普及。整村的区域配网将多个分散的可再生能源资源（如太阳能、风能及储能设备）整合为一个统一的调度单元，能够根据电力市场的动态变化，及时调整发电和负荷策略。通过实时数据分析和智能调度，区域电网可以在电力需求高峰时段释放存储的电能，参与市场交易，获取经济收益；在电价低迷时，则可选择储存更多的能量。这种灵活的市场参与能力不仅提升了农村电网在电力市场中的竞争力，也为用户带来了经济利益，同时促进了可再生能源的高效利用。

此外,新型农村电力系统还可以采用分层优化的策略,与电力市场建立联动机制。在不同层级的管理中,分层优化使得村庄能够根据实时负荷和市场价格,动态调整能源供应策略。乡镇层面可以负责协调区域内的可再生能源利用与电力需求,确保整体运行的平衡;而在更高层级,与外部电力市场的交互则确保了在高峰时段从外部电网购电,同时在有多余可再生能源时进行售电。这种分层优化的管理模式,不仅提升了农村地区的新能源自给率,还为整个地区的电力系统的平衡与优化做出了积极贡献。

5. 分布式能源群控群调技术

目前,群控群调技术主要面临两大挑战:一是由于分布式发电分散、量大、波动性强和投退频繁等问题导致的控制对象的复杂性;二是涉及多级利益主体间协调和多余电源外送引发的多层级协同的困难。解决以上问题的关键在于自治协同的分层分级群控和群调体系以及区域性分布式发电并网灵活性调节和协调控制关键技术。

在集群自治方面,基于源荷预测数据开展储能装置、分布式电源变流器的协调控制,对集群内电能质量进行快速调节,对集群内功率波动进行平抑,以减少对电网的不良影响;对于集中式电源集群,通过逆变器的快速本地控制提升集群内的动态实时响应效果,最终得到模拟类似传统发电机的控制特性结果,实现友好并网的目的;对于家庭电源型集群,考虑采用信息交互和本地测量的分布式优化算法来实现通信不完备情况下的自适应动态控制,提升运行可靠性。通过集群自治控制方式的深入探讨,能够解决分布式发电分散、量大、波动性强和投退频繁等问题导致的控制对象的复杂性,实现友好并网。

在各集群群调群控方面,建立基于离散、连续控制变量的群间优化调控模型,以配网运行经济性、分布式新能源发电消纳能力、消除过电压为目标的各异质集群间的有功无功协调优化调度模型,并利用二阶锥松弛技术转化模型问题为混合整数二阶锥问题进行求解。

三、交直互联微网

(一)总体规划

随着分布式能源的并网,电动汽车以及充电桩的普及,越来越多的直流供电设备以及用能设备并入城乡配网,根据负荷类型变化,需要对城乡配网进行改造,构建"交直互联"的农村微网。

1. 微网运行形态

国家发展改革委、能源局颁布的《推进并网型微电网建设试行办法》明确,要建设微型、清洁、自治、友好的并网型微电网,对外由统一运营主体负责源—网—荷一体化运营,对内分布式电源向用户直接供电,建立购售双方自行协商的价格体系。

微网是一种将分布式电源、用电负荷、储能设备及输配电装置搭配整合的小型源—荷—储系统,是一个能够实现自我控制、保护和管理的自治系统,既可以与外部电网并网运行,也可以孤立运行。交直流微网示意如图 3-1 所示。

微网主要有交流微网、直流微网和交直流混合微网三种典型结构。开发和延伸微网能

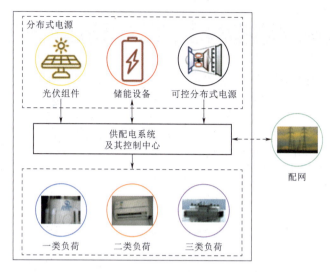

图 3-1　交直流微网示意图

够充分促进分布式电源与可再生能源的大规模接入，实现对负荷多种能源形式的高可靠供给，是实现主动式配网的一种有效方式，可再生能源利用的新型形式。

智能微网是指把新能源应用起来，运用储能技术，和传统能源做一些波峰波谷的平衡，提供智慧供应电源的系统。智能微网有两种方式：独立的供电系统，完全脱网；还有一种，和电网连接，自发自用，余电上网，作为分布式能源。

微网技术的发展，能够推进分布式电源在农村区域配网中的大规模接入。微网把分布式电源、负荷以及控制设备等整合为既可独自运行又受统一控制的系统，既能供应电力，也能保证其他能源供应。为适应不同的应用场景和目标需求，微网技术未来发展的技术路径将呈现多样化，形成场景强相关的定制化模式。如面向直流负荷供电场景，将重点发展直流或交直流混合微网技术；面向综合能源供给需求，将重点发展多能流微网技术。在多微网并联运行、串联运行、嵌入运行等场景下，发展多微网群控技术，通过新型控制技术及装备，实现对多微网的优化控制。在能源互联网背景下将加强微网与配网的互动，实现大量分散分布的可再生能源可即插即用地接入配网。农村微网新发展典型模式运行形态如图 3-2 所示。

农村电网新发展模式以新能源为主体，并以其五大主体特征体现其主体性；新型电力系统以创新为根本驱动力，包括技术创新、商业模式创新、管理创新和服务创新，其中，技术创新是核心驱动力；新型电力系统以数字化、智能化为关键手段，通过数据生产要素夯实数字化基础、提升数据生产力、实现数据支持业务，推进数字产业化和产业数字化。传统电力系统由源—网—荷组成，为了清洁电力利用率，平滑清洁电力的间歇性和波动性，稳定电源供应，储能成为关键，传统的源—网—荷电力系统演变为源网荷储新型电力系统。源网荷储是新型电力系统的典型环节，通过电力流、信息流、价值流有效融通流动，实现"思维互动"，是新型电力系统的建成体现。

2. 交直流微网拓扑结构

交直流微网拓扑结构根据其形态进行区分，目前常见的交直流微网拓扑结构可以分

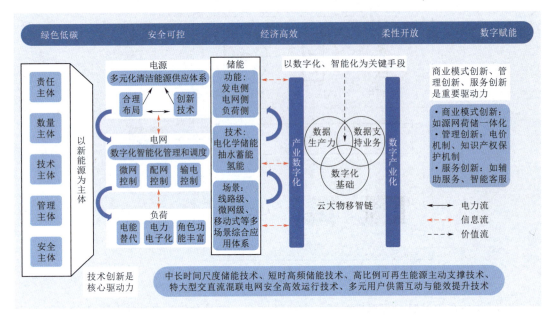

图 3-2   农村微网新发展典型模式运行形态

为辐射状拓扑结构、手拉手状拓扑结构、环状拓扑结构及网状拓扑结构。

辐射状拓扑结构呈现放射状形态，也称为树形结构，如图 3-3 所示。该拓扑由单一电源直接向负载供电，不具备后备供电方案，有结构简单、建设成本低等特点，是配电网络中应用最为广泛的拓扑结构形式，主要分布在居民住宅、学校、商场。

手拉手状拓扑结构是一种双端供电方式，如图 3-4 所示。负荷侧与电源侧均有两条供电路径，相比单端电源供电的辐射状拓扑结构更可靠，灵活性更好。正常情况下，联络开关和分段开关分别处于常开、常闭状态；而当某一电源发生故障时，继电保护装置动作，离故障电源最近的分段开关断开、联络开关闭合，将故障电源的负荷转移给非故障电源，由非故障电源承担起这部分负荷的供电工作，实现负荷转供。而此过程的前提则必须是非故障电源有足够的负荷接纳能力，所以手拉手状拓扑结构要求电源有较低的负载率，实际上，是一种用高冗余度、低负载率换取高供电可靠性的方式。手拉手状拓扑结构可靠性高但造价昂贵，可以用于向特殊用户提供高质量电能。另外，该拓扑结构在故障识别及保护方案设计上相对简单，在直流配网中已经广泛使用。但是在对供电可靠性要求极高即负荷等级很高的应用场合下，一般可考虑可靠性更高的环状拓扑结构和网状拓扑结构。

环状拓扑结构有 2 个及 2 个以上不在同一位置的供电电源，如图 3-5 所示，可根据实际需要连接分布式电源、储能、直流电动汽车充电桩、不同电压等级的交直流负荷、直流微网等，具有分布式电源灵活接入、可带故障运行、电缆用量少进而成本低等优势，是配网日益成熟发展的趋势。相较于辐射状拓扑结构，环状网架结构在电能潮流方向上有显著不同，其网侧向负荷侧存在多条供电路径，负载可从不同方向取电，且分布式电源与网侧呈现相同的供电模式。当一侧发生线路故障时，可以通过直流断路器的投切实现电网结

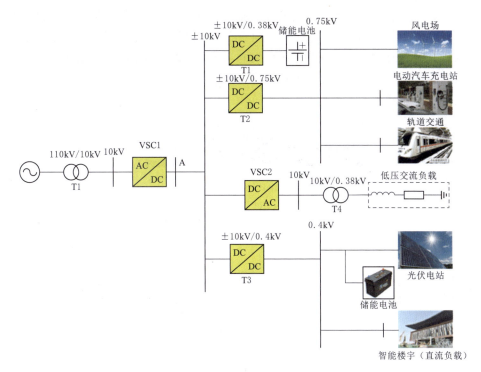

图 3-3　辐射状拓扑结构

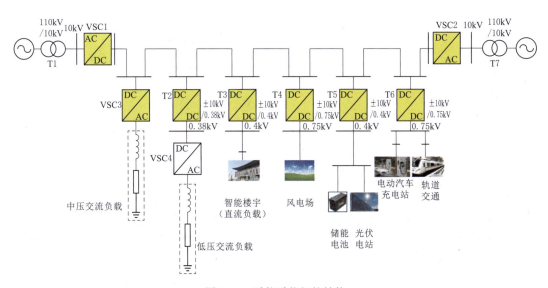

图 3-4　手拉手状拓扑结构

构的调整，使系统内负荷可以从另一侧取电，从而实现故障后系统供电能力的快速恢复。相较手拉手状拓扑结构节省了联络开关动作时间，因此，故障后不会出现大范围的停电，供电可靠性高，供电恢复快，大大减小了停电带来的经济损失。但环状拓扑结构由于直流系统内潮流方向多变，且直流系统故障暂态呈现上升速率大、峰值高的特点，对于故障保护和隔离方案是很大的考验。由于目前直流断路器目前仍存在较大的经济性问题，在工程实际中故障隔离常常采用换流器闭锁方式，即检测到故障时，通过换流器内电力电子器件关断来实现。而环状拓扑结构由于负荷侧向每个电源侧均有供电路径，若采用该方法会导致环网内所有换流器闭锁，供电范围内均失电，导致与馈线型拓扑结构相同的结果，大大降低了系统的供电可靠性。因此，该种结构的推广与普及一定程度上依赖于成熟的中低压直流断路器技术的发展。

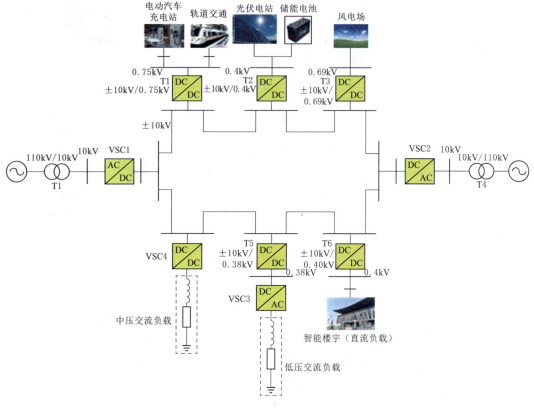

图 3-5　环状拓扑结构

网状拓扑结构在形态上存在多个环状回路，是环状网络的集合，如图 3-6 所示，具有环状拓扑结构的特点，其网侧向负荷侧同样存在多条供电路径，供电可靠性显著高于辐射状拓扑结构。假设网状拓扑的节点数为 N，相较于环状拓扑，网络结构需增加 $N-1$ 条供电线路以形成全网互联，且包含更多的直流母线。在覆盖范围广、分布式能源分散的供电网络中，这种多路径互联结构可通过灵活潮流通路提升并网兼容性，减少电压波动与谐波影响。另外，由于网状拓扑结构的结构特点，直流母线上存在多条进线端，供电路径更加灵活，会对供电可靠性带来较大提升。所以，网状拓扑结构在供电可靠性上具有显著优势的同时，降低了输电线路及变压器设备的负载需求，具备优异的分布式能源并网性能。

与前三种拓扑结构相比，网状拓扑结构虽然建设成本较高，投入较大，但其在供电可靠性和供电范围上均有优势。同时低压直流配电系统中涉及大量换流器、分布式电源并网接口，功率流动灵活，网状拓扑结构在功率调节、资源配置性能上更加优异，如果不考虑

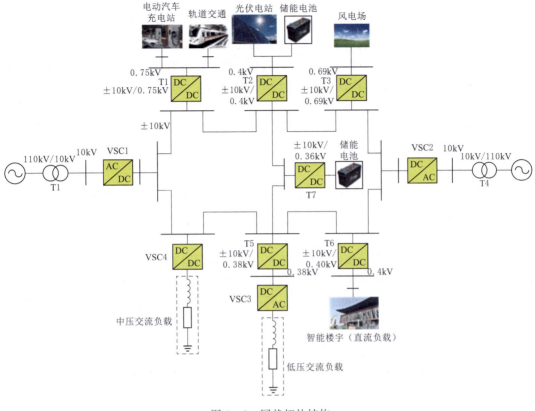

图 3 - 6　网状拓扑结构

经济成本，是最为理想的配网结构。

（二）保护技术

1. 防孤岛保护

当微网与主网连接时，如果主电网发生故障或停电，微网可能会从主网中脱离形成孤岛运行状态。防孤岛保护装置用于检测这种情况，并在必要时迅速切断微网与主网的连接，以防止孤岛运行对设备和人员造成危害，同时也避免对主网的恢复供电造成影响。当检测到电网侧失压、频率异常等情况时，防孤岛保护装置会在规定的时间内动作，将微网与主网断开。

检测实现方法主要包含以下两种：

（1）硬件设备实现，如防孤岛保护继电器、智能电表等，其内部集成对电压、电流、频率等电气量的监测和判断电路。当监测到电气量满足孤岛形成条件时，迅速动作输出控制信号，将分布式发电系统与主网间的断路器等开关设备断开，实现保护功能。此种方式具有精度高、响应速度快特点，能在短时间内完成检测和保护动作。

（2）基于软件算法实现，如数字信号处理（DSP）算法或人工智能算法，其可对采集的电压、电流等信号进行快速、精确处理，能将时域信号转换为频域信号，可对大量历史监测数据进行学习、训练，建立判断孤岛形成模型，更清晰地分析电压、电流频率特性等。借此可更准确判断是否形成孤岛及孤岛相关特征，比如通过分析频域信号中频率成分变化判断是否偏离主网正常频率范围。

2. 直流电源保护

微网中的直流电源系统也需要相应的保护措施。

（1）过压保护。防止直流电源输出电压过高，对连接的直流设备造成损害。通常采用电压监测装置和过压保护电路，当电压超过设定值时，自动切断电源输出或进行电压调节。

（2）欠压保护。确保直流电源输出电压不低于设备正常工作所需的最低电压。当直流电压下降到欠压阈值时，保护装置会发出报警信号或采取相应的控制措施，如启动备用电源等。

（3）短路保护。当直流电路中发生短路故障时，短路保护装置能够快速检测到故障电流，并迅速切断电路，以保护直流电源和连接的设备免受短路电流的冲击。

3. 接地保护技术

（1）工作接地。为了保证微网系统中电气设备的正常运行，将电力系统的某一点与大地进行良好的电气连接，例如将变压器、发电机等设备的中性点接地。工作接地可以为系统提供一个稳定的参考电位，降低设备间的电位差，减少电磁干扰，保障设备的安全运行。

（2）保护接地。主要是为了防止人员触电和设备漏电造成的危害。将电气设备的金属外壳、支架等与大地连接，当设备发生漏电或绝缘损坏时，漏电电流能够通过保护接地装置流入大地，从而避免人员接触到带电的设备外壳而发生触电事故。

（三）能量管理

微网能量管理主要是群观群控，其原理是通过多微网的信息数据进行采集分析，集中协调控制各个微网的运行状态，实现群内各微网间的协同运行、能量互济等功能。在分布式发电装置以及各种新型负荷规模化接入农村区域配网的发展趋势下，多微网会以集群形式出现，对新型农村配网的优化运行控制方式带来了更多的挑战。研究多微网间的协调控制、优化运行及功率互济是微网群观群控的关键技术所在。

考虑配电层、微网群层及微网层的微网群多层级控制结构中，微网群层一般采用对等控制和主从控制策略。主从控制方式中，主控单元并网时一般采用 PQ 控制，相当于一个电流源；离网时采用 V/f 控制，相当于一个电压源为微网群提供电压和频率支撑。主从控制对各微网间的通信质量要求较高，主控单元调压调频压力大。对等控制方式克服了以上缺点，可实现无需通信和上层控制，各微网内的单元按照预先下发下垂曲线自主进行对等控制，微网群的控制策略相关研究工作在多元化微网的趋势下具有重要意义。

基于微网群间互济和优化技术，通过不同特性微网间的能量互补平抑出力的波动，进而提升配网运行的可靠性，但也面临着微网群控制变量多、优化算法求解难度大等问题，通过一种分散结构下的部分可观测马尔科夫链决策过程微网群协调优化模型，并利用拉格朗日乘子进行解耦，降低求解难度，对研究具有复杂多变量的微网群调度优化提供了解决思路。

第三节　储能侧技术路径

一、多样化储能形式

（一）电化学储能

电化学储能系统主要由电池组、储能变流器（power conversion system for energy storage，以下简称储能 PCS）、能量管理系统（energy management system，EMS）和电池管理系统（battery management system，BMS）组成，如图 3-7 所示。其中，BMS 对电池充电以及放电进行管理，其作用是让整个储能系统能够稳定运行，提供安全可靠的保障。众多学者对 BMS 进行研究，设计 BMS 遵循预防为主、控制保障的原则，BMS 对储能系统有着系统调控的功能。储能 PCS 作为电力变换器

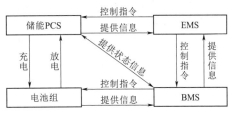

图 3-7　电化学储能系统构成

件，承担电池组与电网间的能量转换。同时储能 PCS 能够与 BMS 互相提供状态信息，达到控制电压等需求。储能 PCS 的核心是交直流可控转换技术，现有技术类型分为低压拓扑和基于链式结构的高压拓扑，未来主要优化路径有：提升单机功率；采用更合理的电路拓扑结构；模块集成提高整体运作效率。EMS 通过对储能 PCS 和 BMS 的数据采集和信息监控，对储能 PCS 和 BMS 控制其运行，将信息汇总，全方位地掌控整套系统的运行情况，并做出相关决策，保证储能系统的安全有效。

根据中国化学与物理电源行业协会储能应用分会出品的《2022 储能产业应用研究报告》，截至 2021 年，电化学储能的装机容量已经达 5117.1MW，2022 年电化学储能总装机容量更是增长迅速，累计总装机容量达到 11GW。

电化学储能形式主要包含锂离子电池储能、铅酸电池储能、液流电池储能几种。

1. 锂离子电池储能

锂离子电池的核心工作原理是基于锂离子在正负极材料之间的可逆嵌入与脱嵌过程。在充电过程中，外部电源提供电能，使得锂离子从正极材料［通常为含锂的过渡金属氧化物，如钴酸锂（$LiCoO_2$）、磷酸铁锂（$LiFePO_4$）等］中脱出，经过电解质（一般为有机溶剂与锂盐的混合溶液）向负极材料（常见的有石墨等）迁移，并嵌入到负极的晶格结构中。与此同时，电子从外部电路从正极流向负极，以维持电荷平衡。在放电过程中，上述过程则逆向进行，锂离子从负极脱出，经过电解质返回正极，同时电子从负极通过外部电路流向正极，从而为外部负载提供电能。

（1）技术特点。

1）能量密度较高。相较于传统的铅酸电池等，锂离子电池能够在相对较小的体积和重量下储存更多的电能。例如，目前一些高性能的锂离子电池能量密度可达到 200300W·h/kg 甚至更高，这使得它在空间受限的应用场景（如电动汽车、便携式电子设备以及分布式电源配套储能等领域）具有显著优势。

2）充放电效率高。一般情况下，锂离子电池的充放电效率能够达到 90% 以上，部分

优秀的产品甚至可以接近 95%。这意味着在电能的储存和释放过程中，能量损失相对较小，能够有效提高能源利用效率。

3）响应速度快。锂离子电池可以在短时间内快速地进行充放电切换，对于电力系统中出现的短时间内的功率波动，如可再生能源发电的间歇性所导致的瞬间功率变化，能够迅速做出反应，及时调整储能状态以平衡电网功率。

4）循环寿命长。优质的锂离子电池在合适的使用条件下，可以经历数千次甚至上万次的充放电循环。例如，磷酸铁锂锂离子电池，其循环寿命通常可达 2000~5000 次，这保证了其在长期使用过程中的可靠性，减少了频繁更换电池的成本和工作量。

（2）存在的不足。

1）成本相对较高。锂离子电池的原材料成本较高，尤其是一些稀有金属（如钴等）的使用，使得电池的制造成本居高不下。此外，生产过程中的工艺要求也较为严格，进一步增加了生产成本。这导致在一些对成本较为敏感的大规模储能应用场景中，其推广受到一定限制。

2）安全性需持续关注。锂离子电池在某些极端条件下，如过充、过放、高温、短路等，可能会出现热失控现象，进而引发电池起火、爆炸等严重安全事故。虽然近年来在 BMS 等方面的技术进步已经在很大程度上提高了电池的安全性，但安全性仍然是需要持续关注和改进的重要问题。

（3）主要应用场景。

1）分布式电源配套储能。在光伏发电系统和风力发电系统等分布式电源应用中，由于可再生能源的间歇性和波动性特点，其输出的电能不稳定，难以直接满足电网的接入要求。锂离子电池储能系统可以与分布式电源紧密结合，在发电功率过剩时储存多余的电能，在发电功率不足时释放电能，从而有效抑制可再生能源的输出功率波动，提高电能质量，使其能够更加稳定、可靠地接入电网，促进分布式能源的有效利用。

2）用户侧储能削峰填谷。在居民、商业等用户侧，电价通常存在峰谷差异。锂离子电池储能系统可以在电价低谷时段（如夜间）自动充电，储存电能；在电价高峰时段（如白天用电高峰期）放电，为用户提供电力支持。这样不仅可以降低用户的用电成本，同时也有助于缓解电网在高峰时段的供电压力，实现电力资源的优化配置。

2. 铅酸电池储能

铅酸电池的工作原理是基于铅（Pb）、二氧化铅（PbO_2）和硫酸之间的化学反应。在充电过程中，正极的硫酸铅（$PbSO_4$）在充电电流的作用下被氧化为 PbO_2，同时负极的 $PbSO_4$ 被还原为 Pb，这个过程中硫酸作为电解液参与反应，其浓度会随着充电过程逐渐增加。在放电过程中，正极的 PbO_2 和负极的 Pb 分别与硫酸反应，生成 $PbSO_4$，并释放出电能，此时硫酸的浓度会逐渐降低。

（1）技术特点。

1）技术成熟。铅酸电池是一种历史悠久的电池技术，自发明以来已经经历了长达一百多年的发展和完善。其生产工艺成熟，制造设备和技术相对简单，相关的配套设备（如充电器、控制器等）也较为完善，市场上有大量成熟的产品可供选择。

2）成本较低。铅酸电池的主要原材料（Pb、硫酸等）来源广泛，价格相对低廉，且生产过程相对简单，不需要复杂的生产工艺和高端的设备，因此其制造成本在各类电池中处于较低水平。这使得它在一些对成本较为敏感的应用场景中具有很大的吸引力。

3）可靠性较高。在正常使用条件下，铅酸电池能够稳定地工作，具有一定的抗过充、过放能力。即使在一些相对恶劣的环境条件下（如温度变化较大、湿度较高等），铅酸电池也能保持相对较好的性能，不会轻易出现故障或性能急剧下降的情况。

（2）存在的不足。

1）能量密度低。铅酸电池的能量密度相对较低，一般在 $30\sim50W\cdot h/kg$ 左右，远低于锂离子电池等新型电池。这意味着在相同的体积和重量下，铅酸电池所能储存的电能要少得多，因此在一些对能量储存量要求较高的应用场景中，其应用受到限制。

2）循环寿命有限。通常情况下，铅酸电池的充放电循环寿命在 $300\sim500$ 次，经过多次充放电循环后，电池的性能会明显下降，如容量衰减、内阻增大等，这使得其在需要长期、频繁使用储能的场景中不太适用。

（3）应用场景。

1）偏远地区离网储能系统。在一些偏远山区、海岛等电网难以覆盖的地区，太阳能、风能等可再生能源发电设备成为当地居民获取电力的重要途径。铅酸电池储能可以与这些可再生能源发电设备紧密结合，组成离网的供电系统。由于这些地区对电力需求相对简单，对储能设备的成本较为敏感，且对储能性能要求不是特别高，铅酸电池的低成本和相对可靠性能够满足基本的用电需求，为当地居民提供稳定的电力供应。

2）一些对成本敏感且对储能性能要求不高的场合。例如部分小型工业企业的备用电源系统，在停电时能够提供短时间的电力支持，满足一些基本的用电需求。这些企业通常不需要长时间、大量的电能储存，且对成本控制较为严格，铅酸电池的特点正好符合此类应用场景的要求。

3. 液流电池储能

液流电池是一种通过将活性物质溶解在电解液中，利用电解液在电池堆内流动并在电极表面发生氧化还原反应来实现充放电的电池系统。以全钒液流电池为例，其正、负极电解液分别含有不同价态的钒离子（如正极电解液中含有 V^{5+}、V^{4+}，负极电解液中含有 V^{3+}、V^{2+}）。在充电过程中，外部电源提供电能，使得正极电解液中的 V^{5+} 被还原为 V^{4+}，同时负极电解液中的 V^{2+} 被氧化为 V^{3+}，电子通过外部电路从负极流向正极。在放电过程中，上述过程逆向进行，正极电解液中的 V^{4+} 被氧化为 V^{5+}，负极电解液中的 V^{3+} 被还原为 V^{2+}，电子从正极通过外部电路流向负极，从而实现电能的储存和释放。

（1）技术特点。

1）能量和功率可独立设计。液流电池的一个显著特点是其能量和功率可以独立设计。能量大小主要取决于电解液的体积和浓度，通过增加电解液的体积或提高其浓度，可以增加电池的能量储存量。而功率则取决于电池堆的设计，包括电极面积、电极间距、隔膜性能等因素。这使得在实际应用中，可以根据具体需求灵活调整能量和功率的配置，满足不同场景下对储能容量和功率输出的要求。

2）循环寿命长。液流电池通常具有较长的充放电循环寿命，一般可以达到上万次甚至更多。这是因为其电极反应主要发生在电解液和电极表面的界面处，电极材料本身不容易受到严重的损耗或腐蚀，从而保证了电池在长期使用过程中的稳定性和可靠性。

3）安全性好。由于液流电池的电解液一般为水性溶液，相较于一些有机电解液的电池（如锂离子电池），其在使用过程中发生火灾、爆炸等安全事故的风险相对较低。此外，即使在电池出现故障的情况下，电解液的泄漏也不会像有机电解液那样带来严重的火灾隐患。

（2）存在的不足。液流电池需要配套的电解液储存、输送和管理系统，电池堆的设计和制造也相对复杂。电解液的储存需要专门的容器，并且要保证其温度、浓度等参数的稳定。输送电解液的管道系统需要具备良好的密封性和耐腐蚀性。电池堆的设计涉及电极材料、隔膜、集流体等多个部件的选型和优化，这增加了整个系统的复杂度和初始投资成本。

（3）应用场景。

1）大规模储能。液流电池适合用于大规模的可再生能源发电基地，如大型太阳能电站、风电场等，作为配套储能设备，有效解决可再生能源的间歇性和波动性问题，保证电能的稳定输出。由于可再生能源发电的不稳定性，需要大量的储能来平抑功率波动，液流电池的大规模储能能力和可灵活配置的特点使其成为此类场景的理想选择。

2）长时间储能需求的场景。例如在一些储能时长要求较长的应用中，如储能用于调节季节性电能供需不平衡（如冬季用电高峰与夏季用电低谷的差异），液流电池可以凭借其长循环寿命和可灵活配置的特点，提供持续稳定的电能储存和释放服务。

（二）抽水蓄能

1. 工作原理

抽水蓄能是一种利用水的重力势能和动能进行能量转换的储能方式。在用电低谷期，电网中的电能通过水泵将下水库的水抽到上水库，电能转化为水的重力势能储存起来。此时，水泵作为电动机运行，消耗电能驱动水的提升。在用电高峰期，上水库的水通过水轮机流回下水库，水的重力势能转化为电能，水轮机带动发电机发电，将电能送回电网。整个过程实现了电能在不同时段的储存和释放，起到了调节电网负荷的作用。

2. 技术特点

（1）规模优势。抽水蓄能是目前能够实现大规模储能的主要技术之一，其储能容量可以达到数千兆瓦甚至更大。大型抽水蓄能电站的建设可以有效应对电网中大规模的能量调节需求，例如在电网负荷低谷期大量储存电能，在高峰时期释放电能，以平衡电网的负荷曲线。

（2）储能效率。一般情况下，抽水蓄能的储能效率相对稳定且处于较高水平，通常在 $70\%\sim85\%$。这意味着在能量的储存和释放过程中，能量损失相对较小，能够有效利用电能进行能量储存和后续发电。

（3）响应速度。相对来说，抽水蓄能的响应速度较慢，从接到启动指令到完全发挥发电作用需要一定的时间，通常在几分钟到十几分钟之间。这是因为涉及水的流动、水泵和水轮机的启动等物理过程，在应对快速功率变化方面存在一定的局限，例如对于电力系统中瞬间出现的功率波动，抽水蓄能难以在短时间内做出有效反应。

3. 应用场景

（1）电网调峰。在电网负荷低谷和高峰时段，通过抽水蓄能的抽水和发电操作，有效调节电网的峰谷差，使电网的负荷曲线更加平滑，减轻其他发电设备在高峰时段的压力。例如，在夜间等用电低谷期，抽水蓄能电站将水抽到上水库储存能量；在白天用电高峰期，将上水库的水放下来发电，补充电网的供电不足，从而优化电网的负荷分配。

（2）调频。虽然响应速度相对较慢，但抽水蓄能在一定程度上也可以参与电网的调频工作，通过调整发电功率来维持电网频率的稳定。当电网频率出现波动时，抽水蓄能电站可以根据预设的调频策略，适当调整发电功率，使电网频率回到正常范围。

（3）备用。作为电网的备用电源，在其他发电设备出现故障或突发情况时，能够迅速启动发电，保障电网的供电安全。一旦电网中的主要发电设备（如火力发电机组、大型风力发电机组等）出现故障停机，抽水蓄能电站可以立即启动，为电网提供稳定的电力供应，防止大面积停电事故的发生。

（三）其他储能形式

1. 压缩空气储能

压缩空气储能利用电力将空气压缩并储存于地下洞穴、废弃矿井或特制的储气罐等储气设施中。在需要发电时，释放压缩空气，使其驱动涡轮机转动，进而带动发电机发电，将储存的空气压力能转化为电能。具体来说，在充电过程中，电网中的电能驱动压缩机，将空气压缩到高压状态，然后将高压空气输送到储气设施中储存起来。在放电过程中，储存的高压空气从储气设施中释放出来，经过减压、加热等处理后，驱动涡轮机转动，涡轮机带动发电机发电，从而实现电能的储存和释放。

（1）技术特点。

1）储能规模较大。可以实现较大规模的储能，类似于抽水蓄能，能够在一定程度上满足电网大规模能量调节的需求。通过合理选择储气设施的规模和数量，可以储存大量的空气压力能，以便在需要时释放发电，调节电网的负荷曲线。

2）成本有下降潜力。随着技术的发展和规模的扩大，压缩空气储能的成本有望进一步降低。目前，在一些试点项目中已经显示出了成本优势，特别是在大规模应用的情况下，单位储能成本可能会随着技术改进和规模经济效应而逐渐降低。

3）对储气地质条件有一定要求。需要有合适的地下洞穴或其他储气场所来储存压缩空气，如果地质条件不理想，可能会影响储能系统的建设和运行。例如，地下洞穴的密封性、稳定性以及地质结构的承载能力等因素都需要考虑，否则可能导致空气泄漏、洞穴坍塌等问题，影响储能系统的正常运行。

（2）存在的不足。

目前压缩空气储能的系统效率相对较低，在能量的储存和释放过程中，存在一定的能量损失，需要通过技术改进来提高效率。主要原因包括压缩机和涡轮机的能量转换效率、空气在储存和释放过程中的热损失等方面，需要进一步优化相关设备和工艺，以提高系统效率。

（3）应用场景。

1）电网的大规模储能和调峰。适合在具备合适储气条件的地区，作为电网的大规模储能手段，参与电网的调峰工作，调节电网的负荷曲线。在用电低谷期，将空气压缩储存；在用电高峰期，释放压缩空气发电，以平衡电网的负荷曲线，减轻其他发电设备在高峰时段的压力。

2）与可再生能源结合。可以与太阳能、风能等可再生能源发电项目结合，在可再生能源发电过剩时储存能量，在发电不能时释放能量，提高可再生能源的利用效率。例如，在风力发电场附近建设压缩空气储能系统，当风力发电过剩时，将多余的电能用于压缩空气储存；当风力发电不足时，释放压缩空气发电，补充电网供电，从而使可再生能源的输出更加稳定，提高其利用效率。

2. 飞轮储能

飞轮储能通过电机带动飞轮高速旋转，将电能转化为机械能储存起来。在需要发电时，飞轮带动电机反向旋转，将机械能转化为电能输出。具体来说，在充电过程中，电网中的电能驱动电机，电机带动飞轮加速旋转，飞轮的转速越高，储存的能量就越多。根据物理学原理，飞轮储存的能量与飞轮的转动惯量和转速的平方成正比。在放电过程中，飞轮依靠自身的惯性带动电机反向旋转，电机将机械能转化为电能，为外部负载提供电能。

（1）技术特点。

1）响应速度极快。飞轮储能能够在极短的时间内完成充放电切换，对于电力系统中瞬间的功率波动能够迅速做出反应，这是其最为突出的特点之一。例如，在电网接入大量可再生能源时，风力发电、太阳能发电的瞬间功率波动频繁，飞轮储能可以在瞬间调整储能状态，输出或吸收功率，以维持电网的稳定运行。

2）充放电循环寿命长。可以经历多次充放电循环而不影响其性能，通常其循环寿命可以达到数万次甚至更多。这使得它在长期使用过程中具有很高的可靠性，减少了频繁更换储能设备的必要性。

3）能量转换效率较高。在电能和机械能的转换过程中，能量转换效率相对较高，能够有效减少能量损失。一般情况下，飞轮储能的能量转换效率在90%以上，能够较好地实现电能的储存和释放，提高能源利用效率。

（2）存在的不足。

1）能量密度相对较低。同等体积和重量下，飞轮储能所能储存的能量比一些其他储能形式要少，这限制了它在一些需要大量能量储存的场景中的应用。例如，在有大规模储能需求的电网调峰等场景中，由于飞轮储能的能量密度限制，可能无法单独满足储能需求，需要与其他的储能形式结合使用。

2）成本较高。飞轮储能的制造和维护成本相对较高，包括飞轮本身的制造、电机及控制系统等方面的成本，这使得其在推广应用方面面临一定挑战。例如，制造高精度、高强度的飞轮需要先进的材料和工艺，电机及控制系统也需要具备高性能和高可靠性，这些都增加了成本。

二、分布式储能配置

（一）必要性

随着全球能源结构的转型和"双碳"目标的提出，新型电力系统正面临着前所未有的挑战。同时，分布式电源（如光伏发电、风力发电）的大规模接入使得配网的运行管理变得复杂，在这一背景下，分布式储能系统在电力系统稳定性、能源利用效率提升、应对紧急情况和提高供电可靠性方面具有重要作用。

1. 电力系统稳定性

（1）平衡供需。在电力系统中，发电和用电需要时刻保持平衡。可再生能源（如太阳能、风能）的发电具有间歇性特点，例如，太阳能发电依赖于日照，只有在白天有阳光时才能发电，且阴天、雨天发电功率会大幅下降；而风力发电则取决于风力大小和稳定性。分布式储能系统可以在发电过剩时储存电能，在发电不足（如夜间无太阳能发电、风力减弱时）或用电高峰时释放电能，有效平衡电力供需。以一个小型离网太阳能发电系统为例，在白天阳光充足时，太阳能电池板产生的多余电能可以储存在储能电池中。到了晚上，这些储存的电能就可以为家庭照明、电器设备等供电，保证了电力的持续供应。

（2）频率调节。电力系统的频率需要稳定在一定范围内（例如，在我国电网频率一般要求稳定在 50Hz 左右），当电网中突然出现大型发电设备故障或大量负荷接入/退出时，会引起频率波动。分布式储能系统能够快速响应，通过吸收或释放电能来调节电网频率。比如，当一个大型工厂突然停机时，电网负荷瞬间降低，分布式储能系统可以迅速吸收多余电能，防止电网频率升高；反之，当出现突发的高负荷需求时，储能系统释放电能，维持频率稳定。

（3）提高电能质量。可以减少电压暂降、暂升和闪变等电能质量问题。在电网中，当有大型电机启动或雷击等干扰事件发生时，可能会引起电压波动。分布式储能系统可以在短时间内提供或吸收无功功率，改善电压质量。例如，在一些对电能质量要求较高的工业场所，如电子芯片制造工厂，分布式储能系统可以在电网出现电压暂降的瞬间提供支持，确保生产设备不受电压波动影响，避免产品质量下降和生产设备损坏。

2. 能源利用效率提升

（1）减少传输损耗。在传统的集中式发电模式下，电能需要从大型发电站通过长距离输电线路传输到用户端。长距离输电会产生一定的电能损耗，而分布式储能系统可以在靠近用户端储存电能，减少对远距离输电的依赖。例如，在一个偏远山区的小型村落，如果建立分布式储能系统，储存当地小型水电站产生的电能，相比于从远方的大型火电站输电，可以大大减少输电过程中的线损，提高能源利用效率。

（2）实现能源的时空转移。分布式储能系统允许用户将低价时段的电能储存起来，在高价时段使用。在一些地区，电力公司会根据用电峰谷时段制定不同的电价。用户可以利用储能系统在谷电时段（电价较低）充电，在峰电时段（电价较高）放电使用，降低用电成本，同时也提高了整个能源系统的经济性。比如，对于一些有储能系统的商业建筑，在夜间电价低谷时储存电能，在白天商业活动繁忙、电价较高的时段使用储存的电能来满足部分用电需求，如照明、空调等，这样可以有效节省电费开支。

3. 应对紧急情况和提高供电可靠性

（1）应急电源。在自然灾害（如地震、台风等）或电网故障时，分布式储能系统可以作为应急电源为重要设施（如医院、通信基站、交通信号灯等）提供电力保障。例如，当发生地震导致电网瘫痪时，医院的分布式储能系统可以为手术室、重症监护室等关键区域的医疗设备供电，确保病人的生命安全；通信基站的储能系统可以维持通信设备的运行，保证在紧急情况下的通信畅通。

（2）增强供电可靠性。对于一些对供电可靠性要求极高的用户，如数据中心，分布式储能系统可以作为备用电源，当主电源出现故障时，储能系统能够无缝切换，保证数据中心服务器等设备的持续运行，避免数据丢失和业务中断。

（二）系统架构

1. 多台区配电系统分层分区优化控制架构

多台区配电系统分层分区优化控制架构包含多层设施调控，按分层架构可划分为设备层、控制层和管理层，按分区架构可划分为台区分区、功能分区和协调分区。

（1）分层架构。

1）设备层。分布式电源（如风力发电、光伏发电）与分布式储能单元为基础构成。通过变流器（电压型或电流型，常选电流型，便于仿真）实施功率控制，严格执行上级调度指令，确保发电与储能的精准调控，是实现电能转换与存储的关键层级。

2）控制层。位于设备层之上，主要负责对设备层的各种设备进行实时控制。它可以细分为本地控制器和区域控制器。本地控制器直接与设备相连，比如分布式电源控制器可以根据光照或风速的变化，实时调整分布式电源的输出功率，使其尽可能稳定地发电。储能控制器则根据系统的功率平衡需求，控制储能装置的充放电过程。对于负荷控制，通过智能电表等设备，可以实现对部分可调节负荷（如智能家电）的直接控制，如在用电高峰时适当降低一些非关键负荷的功率。区域控制器统筹管理一定范围内的本地控制器。它接收各个本地控制器反馈的信息（如设备状态、功率数据等），并根据系统的整体运行目标（如功率平衡、电压稳定等）向本地控制器发送协调控制指令。

3）管理层。最高层，主要进行系统级的管理和优化决策。它包括 EMS 和配电管理系统（DMS）。其中，EMS 侧重于对系统内的能量流动进行优化管理。它根据各台区的负荷预测、分布式电源的发电预测等信息，制定中长期的能量管理策略。例如，通过分析历史数据和天气预报，预测未来一段时间内分布式电源的发电情况和负荷的变化趋势，提前安排储能装置的充放电计划，以实现系统的经济运行。DMS 主要关注配电网络的运行和维护。它可以监测电网的拓扑结构变化、设备故障等情况，并进行故障定位、隔离和恢复。例如，当某条配电线路发生故障时，DMS 可以快速定位故障点，通过控制开关设备，隔离故障区域，并通过调整其他线路的功率分配，尽可能减少停电范围，恢复非故障区域的供电。

（2）分区架构。

1）台区分区。多台区配电系统可以按照地理位置或电气特性等因素划分为不同的台区。每个台区有自己的分布式电源、储能装置和负荷。这种分区方式便于对每个台区进行独立的管理和控制。例如，在一个城市的配电系统中，根据街区或小区的划分，将其分为多个台区。每个台区都有自己的小型太阳能发电系统和储能系统，满足台区内部分负荷的用电需求，同时也方便对每个台区的电能质量、功率平衡等进行单独评估和优化。

2）功能分区。从功能角度，可分为发电分区、储能分区和负荷分区。发电分区主要包含各种分布式发电设备及其相关的控制设备，其目标是高效、稳定地发电。储能分区侧重于储能装置的管理，包括储能装置的充放电控制、状态监测等，以实现储能资源的合理利用。负荷分区则关注负荷的特性和需求侧管理，通过控制和调节负荷，实现系统的功率平衡。例如，在一个工业园区的配电系统中，发电分区集中了园区内的光伏电站和小型热电联产设备；储能分区有专门的电池储能站用于储存电能；负荷分区则对园区内的各个工厂车间、办公楼等的用电设备进行管理，根据生产计划和电价等因素，合理安排负荷的运行时间和功率。

3）协调分区。用于协调不同台区之间以及不同功能分区之间的运行。它通过建立通信网络和协调控制策略，实现台区之间的能量互济和功能分区之间的协同优化。例如，当某个台区的分布式电源发电不足，而相邻台区有多余电能时，协调分区可以通过控制联络开关，将多余电能输送到发电不足的台区。同时，在功能分区之间，协调分区可以根据系统的运行状态，合理安排储能装置和负荷的控制策略，如在发电过剩时，协调储能分区增加储能装置的充电功率，同时在负荷分区适当引导用户增加可调节负荷的用电功率。

（3）案例分析。以 400V 配变台区为基本单元构建区域子网为例，每个台区接入含特定渗透率的分布式电源（DG）和分布式储能系统（DES）。包含多台区的配电系统分层分区控制架构示意如图 3-8 所示，其采用三级优化控制体系：

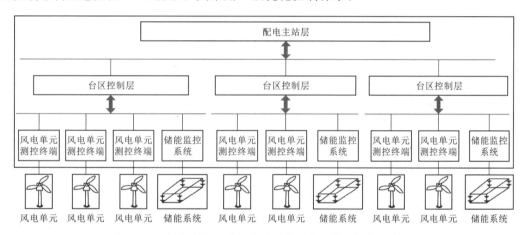

图 3-8　包含多台区的配电系统分层分区控制架构示意图

1）设备层。由分布式电源和储能单元构成，通过执行上级控制指令实现毫秒级/秒级实时控制；

2）台区聚合控制层。负责校验配电主站下发的优化指令，并分解调度至所属台区内各终端设备；

3）配电主站层。基于全网状态估计和台区预测数据，求解多目标优化模型，输出两大关键控制量：系统与上级主网的交换功率计划值，台区间最优功率互济调度指令。

该架构在单台区控制体系基础上新增跨台区协调控制层级，通过主站—台区—设备的三级协同实现分布式资源集群优化。

2. 系统级协调控制策略

（1）功率协调控制。

1）全局功率平衡。上层系统协调控制层实时监测整个多台区配电系统的发电功率（包括分布式电源出力）和负荷功率，计算出系统的功率缺额或盈余情况，然后根据各分区的负荷占比、发电能力等因素，将功率调节任务合理分配到各分区。

2）分区功率调整。中层分区控制层在接到上层分配的功率调节任务后，通过调节本分区内的分布式电源出力（如通过逆变器控制太阳能发电功率）、有载调压变压器的变比以改变负荷端电压从而影响负荷功率等方式，实现本分区的功率平衡。同时，要考虑与相邻分区的功率交互影响，避免因分区调整导致相邻分区出现功率失衡等问题。

（2）电压协调控制。

1）电压监测与分析。在各分层中设置电压监测点，下层设备执行层将监测到的电压数据实时上传至中层分区控制层和上层系统协调控制层。上层和中层根据收集到的电压数据分析整个系统及各分区的电压分布情况，确定电压越界点和电压薄弱区域。

2）电压调节措施。中层分区控制层针对本分区内的电压问题，首先采取本地的电压调节手段，如调节有载调压变压器分接头、投切电容器组以补偿无功功率等。若本地调节无法满足电压要求，则向上层系统协调控制层反馈，由上层进行跨分区的协调调节，例如通过调整联络开关的状态，改变分区之间的功率流动，进而影响电压分布，实现整个系统的电压合格。

（3）故障协调处理。

1）故障检测与定位。下层设备执行层通过各类保护装置快速检测到故障的发生，并将故障信息（如故障类型、故障位置等）上传至中层分区控制层。中层分区控制层进一步核实故障信息，并将其汇总上报给上层系统协调控制层。

2）故障隔离与恢复。上层系统协调控制层根据故障情况，制定故障隔离和恢复方案，指导中层分区控制层进行具体的操作。中层分区控制层协调本分区内的开关操作，快速隔离故障区域，避免故障影响范围扩大。在故障隔离后，根据上层的恢复方案，逐步恢复非故障区域的供电，同时要考虑各分区之间的供电恢复顺序和相互影响，确保整个多台区配电系统能够尽快恢复正常运行。

（三）优化配置

储能系统的优化配置主要用于确定储能系统的安装位置和容量大小，并根据自身的充放电功率调节特征，增强分布式电源的消纳能力。储能系统的最优配置是其发挥正效应的先决条件。如果储能系统的容量太小，将无法高效利用风力发电、光伏发电等分布式能源，导致这些资源的消纳度不够，从而造成风能和太阳能的大量浪费。相反，如果电池容量过大，不仅会增加电池成本，还会导致电池长期未充电，影响其循环充放电效率，缩短循环寿命。配网的稳定性与储能装置的位置和容量密切相关，合理的储能布局是保障配网稳定运行的关键。

1. 大型工业园区分布式储能配置

针对对于大工业园区，首先要进行详细的负荷分析。了解园区内各类企业不同时段的用电负荷特性，比如生产型企业的用电高峰可能在工作日白天，而部分配套服务企业用电时间分布相对更分散。根据这些负荷数据，确定储能系统的功率和容量需求。选址方面，优先考虑靠近园区内用电大户或负荷中心的位置，这样能减少传输损耗。可以利用园区内闲置的工业厂房等空间来安置储能设备。在储能技术选择上，结合园区用电特点，若对快速充放电有较高要求，如应对一些设备的间歇性大功率启动，可选用锂离子电池储能；若有大量的余热等可利用资源，也可考虑热储能等方式与电储能配合。配置规模要根据园区整体用电负荷的峰谷差来确定，确保在用电高峰时储能能有效释放电能缓解电网压力，在低谷时能充分充电存储多余电能。

2. 居民区微网储能配置

分析居民区的用电负荷规律，一般居民用电高峰集中在早晚时段，如早上做饭、晚上照明及电器使用等。基于此，储能系统的功率要能满足这些高峰时段的用电补充需求，容量则根据小区居民户数、平均用电量等估算。选址可在小区内专门规划的设备用房等位置，要确保安全且方便接入配网。储能技术可选用安全性较高的锂离子电池储能，同时考虑到居民区对噪声等环境因素的要求，设备要具备低噪声等良好性能。配置规模要使得在用电高峰时，储能能够提供足够电量，比如保障电梯等公共设备在用电紧张时的正常运行，以及部分居民家庭应急用电需求，提升居民区供电的可靠性和稳定性。

3. 偏远地区离网储能配置

偏远地区配网通常较为薄弱，供电稳定性差。先对当地用电负荷进行调研，包括居民生活用电、小型生产用电等情况，其用电负荷波动可能较大且规律性不强。选址要结合当地实际地理环境，可选择在村落中心等相对集中区域，方便电能传输和管理。考虑到偏远地区维护不便，储能技术宜选择可靠性高、维护需求低的，如铅酸电池等相对成熟且易于维护的储能方式。配置规模要充分考虑当地可能出现的长时间停电等极端情况，确保储能系统能在电网故障时为当地重要设施（如医疗站、通信基站等）提供持续电力保障，满足居民基本生活用电需求，提高偏远地区供电的自给自足能力。

三、集散式储能站建设

（一）必要性

1. 提升电力系统稳定性

（1）平抑可再生能源波动。随着太阳能、风能等可再生能源在电力系统中的占比不断增加，其间歇性和波动性给电网带来了严峻挑战。例如，太阳能发电依赖于日照，风力发电取决于风力状况，天气变化会导致发电功率大幅波动。集散式储能站能够在可再生能源发电功率过剩时储存多余电能，在发电功率不足时释放电能，有效平抑这种波动，使电网接收到的电能更加稳定、持续，确保电力供应的可靠性。

（2）参与电网调频调峰。电力系统的负荷需求在一天内存在明显的峰谷差异，如白天工业生产、居民生活用电需求大，形成用电高峰；夜间部分用电设备关闭，用电负荷降低，形成低谷。集散式储能站可以在用电低谷时储存电能，在用电高峰时向电网输出电能，起到调峰作用。同时，当电网频率出现波动时，储能站能够快速响应，通过吸收或释放电能来调节频率，维持电网频率的稳定，保障电力系统的安全运行。

2. 提高能源利用效率

（1）减少弃风弃光现象。在一些地区，由于电网输送能力有限、调峰能力不足等原因，时常出现可再生能源发电无法全部接入电网而被舍弃的情况，即弃风弃光现象。集散式储能站可就地储存这些原本要被舍弃的电能，待电网具备接纳条件时再将其输送入电网，从而大大减少弃风弃光，提高可再生能源的利用率，充分发挥可再生能源的发电潜力。

（2）优化能源配置。不同地区的能源资源分布不均，有些地区可再生能源丰富但本地用电需求有限，而有些地区用电需求大但能源资源匮乏。集散式储能站可以作为能源存储和调配的枢纽，将能源丰富地区在特定时段产生的多余电能储存起来，再输送到能源需求地区，实现能源在更大范围内的优化配置，提高整体能源利用效率。

3. 增强电力系统应急能力

（1）应对突发故障。电力系统可能会遭遇各种突发故障，如输电线路故障、发电厂突发停机等，这些情况会导致局部地区停电或电网供电能力下降。集散式储能站在正常运行时储存有一定电量，当出现此类突发故障时，能够迅速向故障区域提供应急电力支持，维持重要用户（如医院、通信基站、交通枢纽等）的电力供应，减少停电造成的损失和影响，保障社会的正常运转。

（2）支撑黑启动。在极端情况下，如大面积停电导致电网崩溃，需要进行黑启动来恢复电力系统运行。集散式储能站由于具备独立的储能和供电能力，可以作为黑启动电源之一，为发电厂、变电站等关键设备提供初始启动电能，协助电网逐步恢复正常运行，加快黑启动进程，降低停电时间和影响范围。

4. 助力能源转型与可持续发展

（1）促进可再生能源规模化发展。可再生能源是实现能源转型和可持续发展的关键，但其波动性和间歇性问题制约了其大规模接入电网。集散式储能站的建设为可再生能源大规模并网提供了解决方案，使得可再生能源能够更稳定、更高效地融入电力系统，从而推动可再生能源的进一步规模化发展，加快能源转型步伐。

（2）实现能源存储与管理现代化。传统的能源存储方式相对单一且效率有限，集散式储能站采用先进的储能技术和管理系统，能够实现对大量电能的高效存储、精准控制和科学管理。这有助于构建现代化的能源存储体系，为未来能源发展奠定基础，满足社会不断增长的能源需求和对能源管理精细化的要求。

5. 降低电力成本

（1）降低电网建设成本。若要单纯依靠加强电网传输和调峰能力来应对可再生能源的波动和负荷峰谷变化，需要大规模扩建输电线路、建设更多的调峰发电厂等，这将带来高昂的建设成本。集散式储能站可以在一定程度上替代部分电网建设和调峰设施，通过储存和调节电能来满足电网需求，从而有效降低电网建设成本，减轻电力系统的投资负担。

（2）优化电力市场运营成本。在电力市场中，通过合理利用集散式储能站的储能和调节功能，可以更好地平衡供需关系，减少因供需失衡导致的价格波动。例如，在用电高峰时，储能站向电网供电可以缓解供电紧张局面，避免电价过高；在用电低谷时，储存电能可以充分利用低价电，降低电力运营的总体成本。

（二）系统架构

集散式储能站根据应用场景可分为主网侧集散式和配网侧集散式。

1. 主网侧集散式储能站

集散式储能站作为现代电力系统的关键组成部分，其系统框架的合理构建对于实现与主网的高效互动以及自身稳定运行至关重要。

（1）储能单元是整个系统的核心基石，多采用大容量的先进储能电池组，像锂离子电池组等。这些电池组通过精心设计的串并联方式连接，以达到储能站所需的特定储能容量规模。BMS 紧密伴随储能单元，实时监测电池组的电压、电流、温度等关键参数。通过这种全方位的监测，BMS 能够及时察觉电池是否出现过充、过放、过热等异常状况，进而采取有效的保护措施，避免电池性能受损，同时还能对电池组内的单体电池进行均衡管理，确保各电池的状态保持相对一致，极大地延长了电池组的整体使用寿命。这不仅保障了储能单元自身的稳定运行，也为其与主网的持续、可靠互动奠定了坚实基础。

（2）功率转换系统（power conversion system，PCS）在储能站与主网的互动中扮演着电能"翻译官"的关键角色。当主网向储能站输送电能进行存储时，PCS 会将主网输入的交流电高效、精准地转换为直流电，以便顺利存储到储能单元中；而在储能站向主网释放电能的过程中，PCS 又能迅速将储能单元输出的直流电转换为符合主网接入要求的交流电，实现电能在不同形式之间的双向流畅转换。PCS 的功率等级是依据储能站的设计容量以及在与主网互动过程中所需的充放电功率需求来严格确定的，并且它具备极为出色的快速响应能力和精确控制特性，能够根据主网的实时运行状态变化，迅速调整电能转换的参数，确保储能站与主网之间的电能传输始终保持高效、稳定。

（3）监控与控制系统则是集散式储能站的"智慧中枢"，它全面掌控着储能站与主网互动的各个环节。通过在储能站各个关键部位部署的各类传感器，如在储能单元、PCS 等设备周围，监控与控制系统能够实时采集到海量的运行数据，这些数据涵盖了储能单元的详细状态信息、PCS 的电能转换数据以及与主网连接端口的相关参数等。所有采集到的数据都会被迅速传输到监控中心，在那里，运维人员可以查看储能站在与主网互动过程中的实时运行情况，包括当前的电量存储水平、设备是否正常运行以及与主网的电能交互状态等。更为重要的是，该系统还具备强大的远程控制功能，凭借这一功能，运维人员可以在监控中心远程对储能站的设备进行精准的启停操作、灵活的功率调节等，确保储能站在与主网互动时能够严格按照预定的策略和主网的实际需求进行高效运行。

（4）电气连接系统作为连接储能站内部各关键组件以及与主网实现电气对接的"桥梁"，其重要性不言而喻。它负责将储能单元、PCS 以及其他相关设备进行安全、可靠的电气连接，确保电能能够在各个部件之间毫无阻碍地顺畅传输，无论是从主网到储能站的电能输入，还是从储能站到主网的电能输出，电气连接系统都能提供稳定的通路，保障了储能站与主网之间电能交互的连续性和稳定性。

（5）热管理系统也是不容忽视的一部分，由于储能电池在充放电过程中不可避免地会产生热量，热管理系统便肩负起了维持电池适宜工作温度的重任。它通过采用诸如风冷、液冷等有效的散热方式，对电池进行科学的散热处理，确保电池在与主网互动的整个过程中，始终保持在最佳的工作温度范围内，从而保障了电池的性能不受温度影响，进而维持了储能站与主网互动的稳定性和可靠性。

综上所述，主网侧集散式储能站的系统框架通过各关键组成部分的紧密协作与各司其职，实现了电能的高效存储、精准转换、实时监控以及与主网的稳定互动，为其在电力系统中充分发挥作用提供了坚实的架构支撑。

2. 配网侧集散式储能站建设

针对电网侧保供、低压台区电能质量治理、台区弹性增容及用户侧削峰填谷等多元应用场景，集散式储能电站是基于便携式微储能（E电魔方）/拖拉式移动储能的集散式储能产品，包含聚合（图3-9）和离散（图3-10）两种模式。

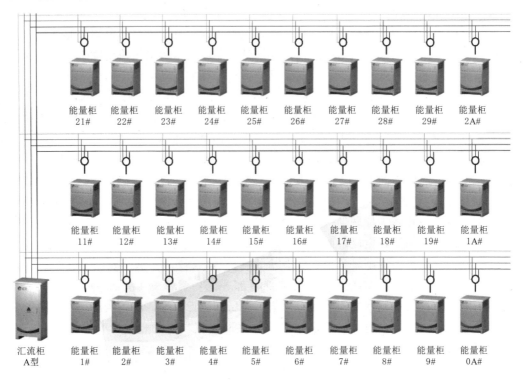

图3-9　集散式储能站聚合模式

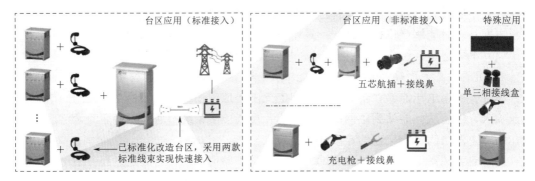

图3-10　集散式储能站离散模式

（1）聚合模式。以便携式微储能（E电魔方）/拖拉式移动储能为基本单元，聚沙成塔，利用停用站为集散地，可发挥集散式储能站共享调度作用；利用用户侧用地空间为集散地，发挥工商业储能峰谷套利作用。

（2）离散模式。化整为零，以便携式微储能（E电魔方）/拖拉式移动储能为基本单元，由电力运维人员灵活运输，快速部署在低压台区，解决低压台区重过载、低电压、三相不平衡等电能质量问题；可多机级联应用，为大型会议提供保电服务；可离网运行，满足不停电作业、紧急保供需求。

综上，有助于构建积木式、易装卸、易移动、集散型储能解决方案。

（三）控制策略

1. 主网侧集散式储能站

集散式储能站要实现与主网的良好互动以及自身的优化运行，其控制策略主要是基于实时负荷感知的功率调节控制。主网的负荷需求处于不断的动态变化之中，存在明显的用电高峰和低谷时段。储能站需要具备敏锐的"洞察力"，通过安装在与主网连接端口附近的功率传感器以及监控与控制系统的数据分析处理能力，实时感知主网的负荷情况。在用电高峰时段，当主网供电压力增大时，储能站应依据预先设定的功率调节规则以及当前主网的实际需求，迅速将存储的电能通过 PCS 转换为符合主网接入要求的交流电，并以精准的功率输出到主网，有效缓解主网的供电压力；在用电低谷时段，储能站则可根据主网的电能供应情况，利用 PCS 将主网输入的交流电转换为直流电，进行电能的存储操作。这种基于实时负荷感知的功率调节控制，要求 PCS 具备快速响应能力和精确控制特性，同时监控与控制系统要能够实时监测和下达准确的指令，确保储能站输出或吸收的功率与主网需求精准匹配，维持主网的功率平衡，实现与主网的高效功率互动。

频率调节控制也是在与主网互动中极为重要的策略之一。主网的频率稳定对于整个电力系统的安全运行起着至关重要的作用。当主网频率出现波动时，集散式储能站要能够迅速做出反应。通过在与主网连接端口处安装高精度的频率监测设备，储能站可以实时监测到主网的频率变化情况。如果主网频率升高，储能站可通过 PCS 和相关控制指令，迅速吸收电能，降低主网的有功功率，从而促使频率下降；反之，当主网频率降低时，储能站则通过 PCS 输出电能，增加主网的有功功率，使频率回升到正常范围。这种频率调节控制不仅要求监测设备的精度高，而且要求 PCS 以及整个控制体系能够快速执行调节指令，确保在与主网互动过程中能够及时有效地维持主网的频率稳定。

在储能站自身优化运行方面，电池管理控制策略占据重要地位。鉴于储能站采用大量的储能电池组，为了延长电池组的整体寿命并确保其在与主网互动过程中的稳定性能，需要实施一系列有效的电池管理控制策略。首先是对电池的充放电深度控制，通过监控与控制系统以及 BMS 的协同配合，根据电池的实际性能和状态，合理设定充放电深度限制，避免电池过度充放电，从而保护电池性能。其次是对电池组内单体电池的均衡管理，利用 BMS 的均衡功能，确保各单体电池的状态尽可能一致，防止因个别电池状态差异过大而影响整个电池组的性能。此外，根据电池的实际情况，合理安排充放电顺序也是重要的控制策略之一，这样可以提高电池组的使用效率和寿命，保障储能站在与主网互动过程中的稳定运行。

运行模式控制策略同样不可或缺。根据不同的应用场景和主网的实际需求，储能站可以设置多种运行模式，如自动运行模式、手动运行模式、应急运行模式等。在自动运行模式下，储能站按照预先设定的程序和算法，自动根据主网的情况进行功率调节、频率调节等操作，实现与主网的无缝对接和高效互动；在手动运行模式下，运维人员可以在监控中心直接对储能站进行操作，适用于需要人工干预的特殊情况；而在应急运行模式下，储能站则主要为重要用户提供应急电力支持，保障在与主网互动过程中出现紧急情况时，重要用户的电力供应不受影响。通过合理设置运行模式并根据实际情况灵活切换，确保储能站能够高效、稳定地运行，更好地与主网进行互动。

总之，集散式储能站的控制策略从与主网的功率互动、频率调节到自身的电池管理、运行模式控制等多个方面入手，通过精准的控制和合理的安排，实现了储能站与主网的高效、安全、稳定互动以及自身的优化运行，使其在电力系统中发挥出重要的作用。

2. 配网侧集散式储能站

集散式储能电站由多个储能单元组成，各储能单元之间需要协同工作才能更好地实现上述各种控制目标。例如，在进行功率调节、电压调节或频率调节时，各储能单元应根据整体控制策略的要求，协调一致地调整各自的充放电状态和功率输出。这可以通过建立分布式协同控制系统来实现，该系统通过在各储能单元之间建立通信链路，实现数据共享和指令传递。利用分布式协同控制算法（如一致性算法、分布式优化算法等）来协调各储能单元的行动，确保它们在执行控制任务时能够同步、高效地完成，提高整个储能电站的控制效果。

除了内部的储能单元协同，集散式储能电站还需要与配微网中的其他设备（如分布式电源、负荷等）进行协同。例如，在配微网进行负荷调度、电压优化等操作时，储能电站要能够及时响应配微网管理系统的指令，配合完成相关工作。

为此，储能电站的控制系统要与配微网管理系统建立良好的通信连接，接收并解读来自配微网管理系统的指令，然后根据指令内容及当前配微网的实际情况，运用相应的控制策略（如基于事件触发的控制策略）来调整自身的充放电状态、功率输出等，实现与配微网的紧密协同，共同推动配微网的高效运行。

第四节　负荷侧技术路径

一、需求侧管理技术

（一）关键技术

新型电力系统是以新能源为主体的电力系统，其具有高比例可再生能源接入、源网荷储互动频繁等特点。需求侧管理技术在新型电力系统中愈发重要，旨在通过引导和调控电力用户的用电行为，实现电力供需平衡、提高系统运行效率以及促进可再生能源消纳等目标。

1. 分时电价技术

（1）原理。根据不同时间段的电力系统负荷特性，将一天划分为高峰、平段、低谷等时段，分别设置不同的电价。高峰时段电价较高，低谷时段电价较低，以此激励用户在低谷时段增加用电，在高峰时段减少用电。

（2）作用。可以有效调节电力负荷曲线，平缓峰谷差，提高电力系统设备的利用率，减少发电装机容量的冗余配置，降低系统运行成本。例如，一些工业用户会将可灵活调整时间的生产工序安排在低谷电价时段进行，居民用户也会倾向于在低谷电价时使用洗衣机、电热水器等电器。

2. 需求响应技术

（1）分类及原理。

1）基于激励的需求响应：电力运营商通过向用户提供经济激励（如补贴、电费折扣等），诱导用户在特定时段改变用电模式。例如，当电力系统面临高峰负荷压力时，运营商通知参与需求响应的用户在特定的高峰时段减少用电，用户按照要求执行后可获得相应报酬。

2）基于价格的需求响应。与分时电价类似，但更强调用户根据实时电价的变化即时调整用电行为。比如实时电价上涨时，用户通过智能电表等设备获取信息后，自主减少用电设备的开启数量或降低设备功率。

（2）作用。能够快速灵活地应对电力系统的供需变化，尤其是在应对突发的电力供应紧张或可再生能源出力波动情况时，可调动用户侧资源参与系统调节，增强系统的稳定性和可靠性。

3. 智能电表与负荷监测技术

（1）智能电表功能。智能电表不仅可以精确计量用户的用电量，还能实时采集和传输用户的用电数据（如用电功率、用电时间等）到电力管理部门或供电企业。这使得供电方能够准确了解用户的用电行为模式，为实施精准的需求侧管理措施提供数据支撑。

（2）负荷监测技术。通过在电网关键节点和用户侧安装负荷监测设备，可以对整个电力系统的负荷分布和变化情况进行实时监测。结合大数据分析等手段，能够预测负荷发展趋势，提前制定需求侧管理策略，以便更好地应对可能出现的电力供需不平衡问题。

4. 分布式能源资源（DER）的需求侧管理技术

（1）DER 接入影响。随着分布式光伏发电、小型风力发电以及用户侧储能等 DER 在新型电力系统中的广泛应用，其发电的间歇性和不确定性给系统运行带来了新的挑战。同时，也为需求侧管理提供了新的资源和手段。

（2）管理技术措施。例如，通过智能控制系统实现对用户侧 DER 的优化调度，在电力系统负荷高峰时，优先调用用户侧储能设备放电，或控制分布式发电设备以最大功率输出，以缓解系统供电压力；在负荷低谷时，安排分布式发电设备进行充电或储能设备进行能量储存，提高能源利用效率。

（二）作用及意义

（1）促进可再生能源消纳。新型电力系统中可再生能源发电具有间歇性和波动性特点，需求侧管理技术可通过调节用户用电行为，在可再生能源发电高峰时段增加用电需求，提高可再生能源的就地消纳能力，减少弃风弃光等现象。

（2）提高系统运行稳定性。通过上述各种需求侧管理技术对电力负荷进行有效调控，可使电力系统的负荷曲线更加平滑，降低系统因负荷突变带来的运行风险，提高系统应对突发情况的能力，确保系统稳定运行。

（3）实现电力供需平衡。能够根据电力系统的实时供需情况，灵活调整用户的用电行为，避免出现电力供应紧张或电力过剩的局面，实现电力供需的动态平衡，减少对传统发电方式的过度依赖，推动电力系统向更加可持续的方向发展。

（三）面临的挑战及发展趋势

1. 面临的挑战

（1）用户参与度问题。部分用户对需求侧管理技术的了解不够深入，参与积极性不高，尤其是一些居民用户可能认为改变用电习惯会带来不便，或者对经济激励措施的感知不明显。

（2）技术兼容性问题。新型电力系统中存在多种不同类型的设备和技术，需求侧管理技术需要与这些现有技术（如智能电网技术、分布式能源系统技术等）实现良好的兼容和协同工作，但目前在一些情况下还存在兼容性不佳的情况。

（3）数据安全与隐私问题。智能电表等设备采集了大量用户的用电数据，在数据传输、存储和分析过程中存在数据安全隐患，同时如何保护用户的隐私也是需要重点关注的问题。

2. 发展趋势

（1）智能化与自动化程度不断提高。未来需求侧管理技术将更加依赖人工智能、大数据、物联网等高新技术，实现对用户用电行为的更精准预测、对需求响应的更高效实施以及对分布式能源资源的更优化调度，实现全自动化的需求侧管理流程。

（2）综合能源服务融合发展。随着能源转型的推进，需求侧管理技术将与供热、供气等其他能源服务领域进行融合，形成综合能源服务体系，通过跨能源领域的资源整合和协同管理，为用户提供更加全面、高效的能源服务。

（3）强化用户体验与参与。通过改善经济激励措施、优化智能设备操作界面等方式，提高用户对需求侧管理技术的接受度和参与度，使用户能够更加主动地参与到电力系统的供需调节中来。

二、主配微网负荷管理技术

（一）主网场景

1. 负荷特性

（1）规模大且集中。主网连接着大型发电厂和众多的配网，承担着大规模的电力传输任务，其负荷通常来自于城市的大型工业区域、商业区以及众多的居民聚集区等，呈现出总体负荷量大且相对集中的特点。

（2）具有明显的峰谷特性。受人们的生产生活规律影响，在工作日的白天，尤其是上午和下午的工作时段，工业用电和商业用电需求旺盛，形成负荷高峰；而在夜间以及节假日，部分工业停产、商业活动减少，负荷会明显下降，出现低谷期。

（3）对可靠性要求极高。主网一旦出现故障，影响范围广，会导致大面积停电，所以其负荷需要持续稳定的电力供应，对供电可靠性和电能质量要求非常高。

2. 聚合管理技术

（1）基于大数据的负荷预测与调度。利用主网中大量的历史负荷数据以及实时监测数据，通过大数据分析技术准确预测不同时段、不同区域的负荷变化情况，进而合理调度发电资源，确保电力供需平衡。例如，提前安排大型火电厂、水电厂等的发电计划，以应对即将到来的负荷高峰。

（2）分层分区控制。将主网划分为不同的层次和区域，对各区域的负荷分别进行监测和管理。在出现局部负荷异常或故障时，可以快速隔离问题区域，避免影响范围扩大，同时在各区域内实现负荷的优化调控，如通过调整区域内变电站的输出电压、无功功率等方式来平衡负荷。

（二）配网场景

1. 负荷特性

（1）负荷分布相对分散。配网是将主网的电力分配到各个具体的用电区域，如城市的各个街区、住宅小区等，其负荷分布在较广的范围内，相对主网更加分散。

（2）多样化的用电需求。涵盖了居民生活用电、小型商业用电、部分小型工业用电等多种类型。居民用电具有日常性、随机性的特点，比如随时可能使用电器设备；小型商业用电则在营业时间内有较为稳定的用电需求，且与营业时间相关；小型工业用电可能存在一定的生产班次规律。

（3）受季节和天气影响明显。例如在夏季，居民使用空调等制冷设备增多，配网负荷会大幅上升；在冬季，取暖设备的使用也会使负荷发生变化。天气晴朗时，一些分布式光伏发电设备接入配网可能会改变局部的负荷特性。

2. 聚合管理技术

（1）智能电表与需求响应管理。通过广泛安装智能电表，实时采集用户的用电数据，掌握各用户的用电行为和负荷变化情况。在此基础上，实施需求响应措施，如在负荷高峰时段通过电价激励或通知引导用户减少用电，在低谷时段鼓励用户增加用电，实现负荷的有效调节。

（2）DER 整合与优化调度。配网中往往接入了较多的 DER，如分布式光伏发电、小型风力发电以及用户侧储能等。通过智能控制系统对这些 DER 进行整合，根据配网负荷情况和可再生能源的实时出力情况，优化调度这些资源，使其在满足用户用电需求的同时，尽可能减轻配网的供电压力，提高能源利用效率。

（三）微网场景

1. 负荷特性

（1）规模较小且相对独立。微网通常是一个相对独立的小型电力系统，它可以与主网连接，也可以在孤岛模式下运行，其负荷规模一般较小，比如一个小型工业园区、一个村庄或者一个独立的商业综合体等。

（2）高度依赖本地能源资源。很多微网会充分利用本地的可再生能源资源，如当地的太阳能、风能等，其负荷特性会受到本地能源资源的可获取性和间歇性的影响。例如，在阳光充足的白天，以太阳能为主要能源的微网，其负荷供应可能相对充足；而在夜间或阴天，可能就需要依靠储能设备或从主网获取电力。

（3）具有较高的灵活性。由于微网规模小，其负荷的调整相对容易，可以根据本地能源资源的情况以及用户需求，快速灵活地改变用电模式，比如在可再生能源出力不足时，优先保障重要用户的用电需求，限制一些非必要用电设备的使用。

2. 聚合管理技术

（1）分布式能源管理系统（DEMS）。DEMS 是微网中用于管理负荷和分布式能源资源的核心系统。它可以实时监测微网内的负荷、能源资源（如太阳能板、风力发电机、储能设备等）的运行状态，根据设定的优化目标（如最小化能源成本、最大化可再生能源消纳等），对这些资源进行统一的调度和管理。例如，在太阳能发电充足时，安排储能设备充电，同时合理分配电力给各用户；在太阳能发电不足时，控制储能设备放电以满足用户需求。

（2）本地负荷优先级设置与控制。根据微网内不同用户的重要性和用电需求特点，设置不同的负荷优先级。在电力供应紧张时，优先保障高优先级负荷（如医院、重要通信设施等）的用电，通过限制低优先级负荷（如一些娱乐设施等）的使用来维持微网的稳定运行。

三、城乡地区负荷管理技术

（一）农村场景

1. 负荷特性

（1）以居民生活和农业生产用电为主。农村地区的负荷主要来自于农民的日常生活用电，如照明、电视、冰箱等电器设备的使用，以及农业生产相关的用电，如灌溉、农产品加工等。其中，农业生产用电具有明显的季节性，比如在农作物灌溉期、收获期等用电需求较大。

（2）负荷分布较分散且不均匀。农村地域广阔，居民居住相对分散，使得负荷分布在较大范围内，且不同村庄、不同农田区域之间的负荷密度差异较大。

（3）受自然因素影响大。天气状况对农村负荷影响显著，如干旱时期需要大量灌溉用电，暴雨天气可能导致部分农业生产用电设备无法正常使用，影响负荷情况。

2. 聚合管理技术

（1）农业生产用电分时规划。根据农业生产的季节性特点对农业生产用电进行分时规划。例如，在灌溉用水源充足且电价较低的时段安排灌溉用电，既可以满足农业生产需求，又能合理利用电价优惠，降低生产成本。

（2）分布式能源与储能协同应用。农村地区往往有较好的太阳能、风能等可再生能源资源利用条件，通过推广分布式光伏发电、小型风力发电，并结合储能设备的应用，可实现农村能源的自给自足。例如，在白天太阳能发电充足时，储能设备充电，夜间则依靠储能设备放电满足居民生活用电需求，同时在农业生产用电需求较大时，也可利用储能设备提供额外电力。

（二）城市场景

1. 负荷特性

（1）多元化且集中。城市中包含了各种各样的用电单位，如大型工业企业、众多商业场所、海量居民家庭等，负荷类型极为多元化。并且，由于城市人口密集、建筑集中，这些负荷呈现出高度集中的态势。

（2）具有明显的昼夜和工作日/节假日差异。在工作日的白天，工业和商业用电占主导地位，城市负荷处于高峰状态；而在夜间及节假日，工业用电减少，居民用电成为主要部分，但整体负荷仍相对较高，只是峰谷差有所减小。

（3）对电能质量要求高。城市中有大量的精密电子设备、自动化生产线等，它们对电能质量（如电压稳定性、频率稳定性等）要求非常高，任何电能质量问题都可能影响这些设备的正常运行，进而影响城市的生产生活秩序。

2. 聚合管理技术

（1）智能电网与需求响应一体化。通过建设智能电网，实现对城市各区域、各用电单位的用电情况实时监测。同时，实施大规模的需求响应计划，利用电价激励、实时通知等手段引导用户在不同时段调整用电行为，以平衡城市负荷。例如，在夏季用电高峰时，通过提高电价等措施鼓励居民减少空调使用时间，引导商业场所调整照明亮度等。

（2）DER 与配网深度融合。城市中也在不断推广 DER 的应用，如分布式光伏发电、楼宇储能等。通过将这些 DER 与配网进行深度融合，实现资源共享、优势互补。例如，在配网负荷高峰时，分布式光伏发电可直接为周边建筑供电，减轻配网供电压力；在配网负荷低谷时，楼宇储能设备可进行充电，以备后续使用。

（三）地区角度

1. 工业发达地区

（1）负荷特性。工业发达地区聚集了大量的工业企业，其用电负荷主要来源于工业生产过程，如各种生产设备的运行、厂房照明等。工业用电需求持续且量大：通常在工作日的白天处于高负荷状态，且部分行业可能存在三班倒等生产班次，使得负荷具有一定的持续性。对供电可靠性和稳定性要求极高：工业生产过程往往不容许停电，一旦停电可能导致生产线停工、产品报废等严重后果，所以对供电的可靠性和稳定性要求非常高。受经济形势和行业周期影响：经济形势良好时，工业企业订单增多，生产规模扩大，用电负荷也会相应增加；反之，在经济不景气时，工业用电负荷会下降。同时，不同行业的生产周期也会影响负荷情况，如某些季节性生产行业在特定季节的用电负荷有明显变化。

（2）聚合管理技术。

1）工业用电专项调度与优化。针对工业用电的特点，设立专门的调度机制，根据不同工业企业的生产计划、设备运行规律等，对工业用电进行专项调度。例如，对于有连续生产需求的企业，保障其电力供应的连续性；对于可以灵活调整生产时间的企业，引导其在电力供应相对宽松的时段进行生产，以平衡地区工业用电负荷。

2）能源管理系统与企业生产系统融合。在工业企业内部推广能源管理系统，并将其与企业生产系统深度融合。通过能源管理系统实时监测企业的用电情况，根据生产需求和能源市场情况，优化企业内部的用电结构，降低能源成本。例如，合理安排生产设备的启动顺序，避免同时启动大量高功率设备造成电力供应紧张。

2. 旅游地区

（1）负荷特性。

1）季节性和时段性明显。旅游地区的负荷主要来自于旅游相关设施和服务，如酒店、餐厅、旅游景点等的用电。其负荷呈现出明显的季节性，在旅游旺季，用电需求大增，而在旅游淡季，用电需求大幅下降。同时，在一天当中，也有明显的时段性，如晚上酒店、餐厅营业高峰期，用电负荷较高。

2）多元化但相对集中。虽然旅游相关设施涵盖了多种类型的用电，但总体上这些设施在旅游景区、酒店集中区等区域相对集中，使得负荷也相对集中。

3）对电能质量要求较高。旅游地区有大量的游客使用电子设备，如手机、相机等，同时旅游景点内的一些灯光秀、游乐设施等也需要稳定的电能质量，否则会影响游客体验。

（2）聚合管理技术。

1）基于季节和时段的负荷预测与调控。根据旅游地区的季节性和时段性特点，提前进行负荷预测。在旅游旺季到来之前，做好电力供应的准备工作，如增加发电设备容量、调配储能设备等。在旅游旺季期间，通过实时监测负荷变化，采取相应的调控措施，如在用电高峰时段通过电价激励引导酒店、餐厅等减少用电，以平衡地区负荷。

2）旅游设施与能源供应协同优化。将旅游设施的运营与能源供应进行协同优化。例如，对于一些大型灯光秀等用电量大的旅游设施，安排在电力供应相对充足的时段进行展示，同时优化酒店、餐厅等旅游设施的用电设备配置，降低能源消耗，提高能源利用效率。

第五节　数字化技术路径

一、电网感知与监测技术

（一）高精度传感器应用

1. 电气量监测传感器

在新型电力系统中，对电气量的精确监测至关重要，而各类电气量监测传感器发挥着关键作用。

电流互感器是一种广泛应用于测量电路电流的传感器。传统的电磁式电流互感器基于电磁感应原理，通过将一次侧的大电流按照一定比例转换为二次侧可测量的小电流，从而实现对电流的监测。其优点在于技术成熟、可靠性高，在变电站、发电厂等场所长期应用。然而，随着电力系统的发展，对电流测量精度、动态范围以及抗干扰能力等方面提出了更高的要求。新型的光学电流互感器应运而生，它利用法拉第磁光效应，将电流的磁场变化转化为光信号的偏振态变化，进而实现电流测量。光学电流互感器具有精度高、线性度好、动态范围宽、绝缘性能强等显著优势，尤其适用于高电压、大电流的测量场景，如特高压输电线路的电流监测。

电压互感器同样是电力系统中不可或缺的电气量监测设备，其作用是将高电压按比例变换为低电压以供测量和保护等用途。电磁式电压互感器在过去是主流选择，但存在体积大、易饱和等局限性。电子式电压互感器作为新一代产品，采用电容分压、电阻分压或光学传感等原理，实现了对电压的高精度、高稳定性测量。例如，基于电容分压的电子式电压互感器，通过合理设计电容分压器的参数，能够在较宽的电压范围内准确测量电压值，并且具有响应速度快、不易受电磁干扰等特点，在智能变电站的电压监测中得到了广泛应用。

此外，还有用于测量功率、频率等其他电气量的传感器。功率传感器能够实时监测电力系统中各个环节的功率传输情况，对于分析电网的能量流动、设备的运行效率等具有重要意义。频率传感器则可精确测量电网的频率变化，电网频率是反映电力系统稳定性的重要指标之一，通过频率传感器的实时监测，一旦发现频率偏离正常范围，便可及时采取措施进行调整，确保电网的稳定运行。

2. 非电气量监测传感器

除了电气量，非电气量参数同样对电网的安全稳定运行有着重要影响，因此各类非电气量监测传感器也得到了广泛应用。

（1）温度传感器。温度传感器在电力系统设备监测中应用极为广泛。例如，在发电机内部，由于电流通过绕组会产生热量，过高的温度可能导致绕组绝缘损坏，进而引发故障。因此，在发电机的定子绕组、转子绕组以及轴承等关键部位安装温度传感器，能够实时监测温度变化情况。常用的温度传感器有热电偶、热电阻等类型。热电偶基于塞贝克效应，通过两种不同金属材料组成的回路中产生的热电势与温度的对应关系来测量温度；热电阻则是利用金属或半导体材料的电阻值随温度变化的特性进行温度测量。这些温度传感器能够提供高精度的温度监测数据，当温度超过设定阈值时，可及时发出警报，提醒运维人员采取相应措施。

（2）湿度传感器。湿度传感器在一些特定的电力环境中也发挥着重要作用。比如在变电站的室内设备间、电缆沟等场所，湿度的变化可能会影响电气设备的绝缘性能，导致漏电、短路等故障。湿度传感器通过测量空气中的水汽含量，将湿度信息转化为电信号输出，以便实时掌握环境湿度状况。一旦湿度超出正常范围，可及时采取除湿或通风等措施进行调控，保障设备的正常运行。

（3）压力传感器。压力传感器在电力系统中的应用也不容忽视。在一些大型的发电设备，如蒸汽轮机、燃气轮机等，内部的压力变化对于设备的运行状态有着直接影响。压力传感器安装在设备的关键部位，如蒸汽管道、气缸等，能够实时监测压力的大小和变化趋势。当压力异常时，可能预示着设备存在泄漏、堵塞等故障隐患，通过压力传感器的监测数据，可以及时发现并排查这些问题，确保发电设备的安全稳定运行。

（4）振动传感器。振动传感器对于监测电力系统中旋转设备的运行状态具有重要意义。像发电机、电动机等旋转设备，在运行过程中可能会由于不平衡、磨损、松动等原因产生振动。振动传感器安装在设备的轴承座、机壳等部位，能够测量振动的幅值、频率、相位等参数。通过对振动数据的分析，可以判断设备是否存在故障以及故障的严重程度，例如，当振动幅值超过正常范围且振动频率出现异常变化时，很可能是设备的转子不平衡或轴承磨损等问题，运维人员可据此及时进行检修维护。

（二）先进的量测技术开发

1. 智能电表及高级量测功能

智能电表作为电力系统与用户之间的重要连接点，其功能已经远远超出了传统电表的电量计量范畴，具备了一系列先进的量测功能。

新一代智能电表采用了先进的芯片技术和通信技术，能够实现对用户用电数据的高精度、实时采集。它不仅可以准确测量用户的用电量，还能同时采集电压、电流、功率因数、用电时段等多维度信息。例如，通过对电压和电流的实时测量，可以计算出用户的实时功率，进而分析用户的用电负荷特性。对于功率因数的测量，有助于了解用户侧的无功补偿情况，以便电力公司采取相应措施引导用户提高功率因数，降低电网的无功损耗。

智能电表还具备双向通信功能，这使得电力公司与用户之间能够实现信息的实时交互。电力公司可以通过智能电表向用户发送实时电价信息、停电通知等，用户也可以将自己的用电需求、设备故障等信息反馈给电力公司。这种双向通信机制为实现需求侧管理提供了有力支持。例如，在电力系统负荷高峰时段，电力公司可以根据实时电价策略，通过智能电表向用户发送提高电价的通知，引导用户减少不必要的用电，从而实现负荷的削峰填谷，提高电网运行的稳定性和经济性。

此外，智能电表还可以对用户的用电行为进行分析和记录。通过对长期用电数据的分析，能够识别用户的用电习惯，如每天的用电高峰时段、常用电器设备的使用情况等。基于这些分析结果，电力公司可以为用户提供个性化的用电建议，帮助用户合理安排用电时间，节约用电成本。同时，对于一些大型商业用户或工业用户，智能电表还可以实现对其内部各用电设备的分项计量，以便更精确地掌握用户的用电结构，为制定针对性的电价政策和能源管理方案提供依据。

2. 同步相量测量技术（PMU）

PMU 是现代电力系统监测领域的一项重要技术，它为电网的动态监测和分析提供了强有力的支持。

PMU 能够以高采样频率（通常可达每秒数十帧甚至更高）对电力系统的电压相量和电流相量进行同步测量。其测量原理基于全球定位系统（GPS）或其他高精度时钟源提供的同步时钟信号，确保在不同地点测量得到的相量数据在时间上是同步的。通过这种同步测量方式，PMU 可以精确获得电网中各节点的电压幅值、相位角、频率等参数的实时变化情况。

在电网的运行过程中，电压幅值和相位角的变化对于电网的稳定性有着至关重要的影响。例如，当电网发生故障（如短路故障）时会导致故障点附近的电压幅值急剧下降，相位角发生突变。PMU 通过实时监测这些参数的变化，可以迅速定位故障发生的地点，并准确判断故障的类型和严重程度。而且，在电网的正常运行期间，PMU 测量得到的数据也可以用于分析电网的动态特性，如电网的潮流分布、振荡模式等。通过对这些动态特性的研究，可以提前发现电网中存在的潜在不稳定因素，采取相应措施进行预防和调控，确保电网的长期稳定运行。

PMU 的数据采集和传输也具有重要特点。它采集到的数据通常会通过高速通信网络（如光纤通信网络）传输至电网的控制中心。在控制中心，这些数据会经过进一步的处理和分析，形成电网的实时动态等值模型。这个模型可以直观地展示电网的当前状态，为电网调度人员提供了一个清晰的"全景图"，便于他们做出准确的调度决策。例如，在电网面临负荷高峰或出现异常扰动时，调度人员可以根据 PMU 提供的实时动态等值模型，迅速调整发电计划、潮流分配等，以维持电网的稳定运行。

3. 分布式能源接入量测技术

随着分布式能源（如光伏发电、风力发电等）在电力系统中的比例不断增加，对分布式能源接入量测技术的要求也日益提高。

对于光伏发电系统，需要对其发电量、光照强度、电池温度等多个参数进行测量。发电量的测量通常采用功率传感器，通过在光伏阵列的输出端安装功率传感器，可以实时监测光伏发电系统的发电功率。光照强度是影响光伏发电效率的关键因素之一，因此需要安装光照强度传感器来测量太阳光照的强弱。常用的光照强度传感器有硅光电池传感器、光电二极管传感器等，它们能够将光照强度转化为电信号进行输出。电池温度对于光伏电池的性能也有重要影响，温度过高会降低光伏电池的发电效率，所以在光伏电池板附近安装温度传感器可以实时监测电池温度变化情况。通过对这些参数的综合测量和分析，可以准确掌握光伏发电系统的运行状态，及时发现可能存在的问题，如光伏电池板的老化、光照遮挡等，以便采取相应措施进行维护和改进。

对于风力发电系统，同样需要对多个参数进行测量。风力发电机的转速是衡量其发电效率的重要指标之一，通过安装转速传感器可以实时监测风力发电机的转速。此外，还需要测量风速、风向等气象参数，因为风速和风向直接影响风力发电机的发电量。风速传感器通常采用三杯式风速仪或超声波风速仪等类型，它们能够准确测量风速的大小。风向传感器则可以确定风的方向。通过对这些参数的综合测量和分析，可以了解风力发电系统的运行状态，判断是否存在故障隐患，如风力发电机的叶片损坏、风速风向传感器的误差等，以便及时采取措施进行处理。

在分布式能源接入电网的过程中，还需要对其与电网的交互参数进行测量。例如，需要测量分布式能源接入点的电压、电流、功率因数等参数，以确保分布式能源与电网之间的能量交换符合电网的运行要求。通过这些测量，可以及时发现分布式能源接入过程中可能出现的问题，如过电压、欠电压、无功功率不平衡等，采取相应措施进行调整，确保分布式能源与电网的和谐共存和有效运行。

分布式能源接入量测技术的不断发展和完善，对于促进分布式能源在电力系统中的大规模应用，提高电力系统的灵活性和可持续性具有重要意义。

通过以上对电网感知与监测技术在高精度传感器应用和先进量测技术等方面的详细阐述，可以看出这些技术在保障电力系统的安全稳定运行、提高电网的运行效率以及促进分布式能源的接入等方面发挥着不可或缺的作用。随着电力系统的不断发展和技术的持续进步，电网感知与监测技术也将不断创新和完善，为新型电力系统的建设提供更加坚实的技术支撑。

（三）智能巡检与监测系统集成

1. 无人机巡检

在电网感知与监测技术领域，智能巡检与监测系统集成正发挥着日益重要的作用，其中无人机巡检系统成为提升电网监测效率与覆盖范围的有力手段。

无人机凭借其灵活机动、可快速到达指定位置的优势，能够对输电线路、变电站等电网设施进行全方位的巡检。对于输电线路而言，其往往绵延数百甚至数千千米，穿越各种复杂地形，传统的人工巡检方式不仅耗时费力，而且在一些高山、河流、沼泽等难以到达的区域存在巡检盲区。而无人机搭载高清摄像头、红外热成像仪等监测设备后，可以沿着输电线路飞行，清晰拍摄线路的外观状况，如绝缘子是否有破损、导线是否有断股等情况；红外热成像仪则能够检测线路的温度分布，及时发现因接触不良、过载等原因导致的局部过热隐患，这对于保障输电线路的安全稳定运行至关重要。

在变电站巡检方面，无人机可以在变电站上空按照预设航线飞行，对站内的变压器、断路器、隔离开关等设备进行外观检查，查看是否有设备外壳变形、渗漏油等异常现象。同时，通过热成像监测，还能快速定位设备内部可能存在的发热故障点，辅助运维人员提前发现问题并采取措施。

此外，无人机巡检系统还具备实时数据传输功能，在巡检过程中所采集到的图像、视频以及温度等监测数据能够即时传输回地面控制中心，使运维人员可以在第一时间掌握电网设施的运行状况，一旦发现异常，能够迅速做出反应，安排后续的检修工作。

2. 智能机器人巡检

除了无人机巡检系统，智能机器人巡检也在电网监测中崭露头角，为实现精细化与常态化监测提供了可能。

在变电站内，智能机器人可以沿着预设的轨道或自主规划路径对站内各类设备进行近距离、精细化的巡检。它配备了多种高精度传感器，如超声波传感器用于检测设备的距离和空间位置，激光雷达用于构建设备周围的三维环境模型，各类电气量和非电气量传感器用于监测设备的运行参数。通过这些传感器的协同工作，智能机器人能够精确测量设备的温度、振动、声音等数据，并与正常运行状态下的标准数据进行对比分析，从而准确判断设备是否存在故障隐患。

例如，当变压器的油温出现异常升高时，智能机器人通过温度传感器能够及时感知，并结合其他相关参数，如负载率、声音等，进一步分析判断是由于负载过重、冷却系统故障还是其他原因导致的，为运维人员提供详细的故障诊断信息。

智能机器人巡检不仅能够实现常态化的巡检任务，每天定时对变电站设备进行巡检，而且在特殊情况下，如设备检修后试运行期间、恶劣天气过后等，还可以增加巡检频次，确保设备的稳定运行。

通过无人机巡检系统和智能机器人巡检等智能巡检与监测系统的集成应用，电网的感知与监测能力得到了极大提升，能够更加全面、及时、准确地掌握电网设施的运行状态，有效预防和减少故障的发生，为新型电力系统的安全稳定运行保驾护航。

二、数据管理与分析技术

(一) 大数据平台建设

1. 数据来源与特点

在新型电力系统中，数据来源广泛且呈现出多样化的特点，这为大数据平台建设奠定了丰富的数据基础。

发电环节产生的数据涵盖了各类发电机组的运行参数。例如，火力发电中，锅炉的温度、压力、流量等参数时刻反映着燃烧过程的状态；汽轮机的转速、功率、振动情况等则体现了机械能转换的效率与稳定性。对于水力发电，水库的水位、水流量、水轮机的转速等数据对于掌握发电能力和设备运行至关重要。风力发电和光伏发电也分别有其独特的数据来源，如风力发电机的风速、风向、叶片转速，光伏电池的光照强度、温度、发电功率等。这些发电环节的数据不仅数量庞大，而且实时性要求高，任何细微的变化都可能影响发电效率和设备安全。

输电环节的数据主要包括输电线路的电气参数和环境参数。电气参数如电压、电流、相位、功率等是监测输电线路能量传输状态的关键指标。环境参数方面，线路的温度、覆冰厚度、风速、风向等数据对于评估线路的运行风险起着重要作用。例如，线路覆冰可能导致线路重量增加、弧垂增大，甚至引发断线倒杆等事故，及时准确的覆冰厚度数据能帮助运维人员提前采取除冰措施。输电环节的数据具有空间分布广、动态变化快的特点，需要实时采集和传输以保障输电安全。

配电环节的数据涉及配网的拓扑结构、设备运行状态以及用户用电信息。配网的拓扑结构数据包括线路连接方式、变电站和配电室的分布等，它是实现配网合理调度和故障定位的基础。设备运行状态数据如变压器的油温、负载率、开关的开合状态等反映了配网设备的健康状况。用户用电信息则包含了用电量、用电时段、功率因数等内容，这些数据对于了解用户用电习惯和实施需求侧管理具有重要意义。配电环节的数据呈现出复杂性高、与用户紧密相关的特点。

用电环节的数据主要来自于用户侧的智能电表及各类用电设备。智能电表能够精确采集用户的用电量、电压、电流、功率因数等多维度用电数据，这些数据反映了用户的实际用电行为。此外，随着智能家居设备的普及，如智能空调、智能冰箱等，它们也能提供诸如设备运行状态、使用频率、能耗等数据，进一步丰富了用电环节的数据来源。用电环节的数据具有个体差异大、规律性与随机性并存的特点，需要深入分析才能挖掘出有价值的信息。

2. 大数据平台架构设计

为了有效整合并管理来自各个环节的海量电力数据，需要构建一个科学合理的大数据平台架构。

大数据平台的底层是数据采集层，其主要任务是通过各种传感器、智能电表、通信设备等从发电、输电、配电、用电等环节采集数据。在这个层面，要确保数据采集的准确性、完整性和实时性。例如，对于输电线路的温度监测，需要采用高精度的温度传感器，并通过可靠的通信方式将数据及时传输到数据中心。数据采集层还需要考虑不同数据源的兼容性，能够接入多种类型的设备和数据格式。

往上一层是数据存储层，它负责对采集到的海量数据进行存储。考虑到电力数据的规模庞大且不断增长，通常采用分布式存储系统，如 Hadoop 分布式文件系统（HDFS）或分布式数据库，如 Cassandra 等。这些分布式存储技术能够将数据分散存储在多个节点上，提高数据存储的可靠性和可扩展性。同时，为了便于后续的数据查询和分析，数据存储层还会对数据进行分类整理，按照不同的数据源、数据类型、时间序列等进行划分。

数据处理层位于大数据平台架构的中间部分，它的主要功能是对存储的数据进行清洗、转换、提取等处理操作。在数据采集过程中，可能会存在数据错误、缺失、重复等问题，数据处理层通过数据清洗技术去除这些无效数据，保证数据的质量。例如，对于智能电表采集到的用电数据，如果出现明显不合理的用电量数值，就需要进行甄别和修正。数据处理层还会对数据进行转换，将不同格式的数据统一转化为便于分析的格式，比如将时间格式统一、将不同单位的数据进行标准化。此外，通过数据提取技术，可以从海量数据中提取出有价值的特征数据，为后续的分析做准备。

数据分析层是大数据平台的核心部分，它运用各种数据分析技术对经过处理的数据进行深度挖掘和分析。在这个层面，会采用数据挖掘算法、机器学习算法、深度学习算法等对数据进行建模和求解。例如，通过聚类分析可以将具有相似用电行为的用户进行分类，以便制定差异化的电价策略；利用 SVM 算法可以对电力设备的故障进行预测，提前安排检修维护计划。数据分析层还会根据不同的分析目的和需求，生成各种分析报告和可视化图表，为电力系统的决策制定提供直观的依据。

最上层是数据应用层，它将数据分析的结果应用到实际的电力系统运营和管理中。比如，根据用户用电行为分析结果制定个性化的用电建议，并通过智能电表或其他通信方式反馈给用户；依据电力设备故障预测结果安排合理的检修时间和资源，提高设备运维效率；根据负荷预测结果调整发电计划和潮流分配，确保电网的稳定运行。数据应用层实现了数据从采集到应用的完整闭环，使大数据平台真正发挥其在电力系统中的作用。

3. 数据质量保障措施

在大数据平台建设和运行过程中，数据质量的保障至关重要，因为高质量的数据是进行准确分析和有效决策的前提。

首先，在数据采集环节，要确保采集设备的质量和精度。对于传感器来说，要选择性能优良、可靠性高的产品，并且定期对其进行校准和维护，以保证采集到的数据准确无误。例如，对于测量发电设备温度的热电偶传感器，要按照规定的周期进行校准，确保其测量误差在允许范围内。对于智能电表等采集设备，要进行严格的质量检测，保证其能够准确采集用户的用电数据，并且在使用过程中要定期检查其工作状态，发现问题及时更换或维修。

其次，在数据传输过程中，要建立可靠的通信通道，防止数据丢失、篡改或延迟。采用先进的通信技术，如光纤通信、无线通信等，根据不同的应用场景选择合适的通信方式。例如，对于输电线路的远程监测数据，通常采用光纤通信，因为它具有传输速度快、抗干扰能力强的特点。同时，要在通信协议中设置数据校验机制，通过对传输数据进行校验，及时发现并纠正传输过程中的错误。

然后，在数据存储环节，要做好数据的备份和恢复工作。由于电力数据的重要性，一旦数据丢失，可能会对电力系统的运营和管理造成严重影响。因此，要采用多种备份方式，如本地备份、异地备份等，确保数据在任何情况下都能得到有效恢复。例如，在大数据平台的分布式存储系统中，可以设置定期的全量备份和增量备份，当出现数据丢失或损坏的情况时，能够快速从备份中恢复数据。

最后，在数据处理和分析环节，要严格执行数据清洗、转换、提取等操作规范。通过制定详细的操作流程和标准，确保每一步数据处理都符合要求。例如，在数据清洗过程中，要明确界定哪些数据是无效数据，如何去除这些无效数据，并且要对清洗后的结果进行复查，保证数据质量不受影响。在数据分析过程中，要对所采用的算法进行验证和评估，确保其能够准确分析数据，得出可靠的结论。

通过以上数据质量保障措施，可以确保大数据平台中的数据始终保持高质量，为电力系统的数据管理与分析提供坚实的基础。

（二）数据挖掘与分析技术

1. 数据挖掘算法应用

数据挖掘算法在电力系统的数据管理与分析中发挥着重要作用，通过对海量电力数据的挖掘，可以发现隐藏在其中的有价值信息。

（1）聚类分析。聚类分析是一种常用的数据挖掘算法，它可以根据数据对象之间的相似性将其划分为不同的类簇。在电力系统中，聚类分析可用于对用户的用电行为进行分类。例如，通过分析用户的用电量、用电时段、功率因数等数据，可以将用户划分为不同的用电行为类簇，如家庭用户、商业用户、工业用户等，或者根据用户在不同季节、不同时间段的用电规律，将其进一步细分为高峰用电用户、低谷用电用户等。基于这些分类结果，电力公司可以制定更加精准的电价策略、营销方案或需求侧管理措施。例如，对于高峰用电用户，可以在高峰时段适当提高电价，引导他们调整用电时间，实现负荷的削峰填谷。

（2）关联规则挖掘。关联规则挖掘也是一种重要的数据挖掘算法，它主要用于发现数据几种不同属性之间的关联关系。在电力系统中，关联规则挖掘可以应用于设备运行参数之间的关联分析。例如，通过分析发电设备的温度、压力、转速等参数之间的关联关系，可以发现当温度升高到一定程度时，压力也会相应升高，并且转速可能会出现一定的变化。这种关联关系的发现对于预测设备故障、提前安排检修维护计划具有重要意义。例如，如果发现某发电设备的温度和压力之间存在特定的关联关系，当监测到温度异常升高时，就可以根据关联规则预测压力也会升高，从而提前采取措施防止设备出现故障。

（3）决策树算法。决策树算法是一种基于树结构进行决策分析的算法，它在电力系统中也有广泛应用。例如，在电力设备故障诊断中，决策树算法可以根据设备的运行参数、故障历史等数据构建决策树模型。通过该模型，当输入新的设备运行参数时，可以快速判断设备是否存在故障以及故障的类型。例如，对于变压器的故障诊断，决策树模型可以根据变压器的油温、负载率、声音等参数，判断出变压器是否存在过热、过载、异响等故障类型。这种基于决策树的故障诊断方法具有快速、准确的特点，能够提高电力设备运维的效率。

2. 机器学习与深度学习技术应用

机器学习与深度学习技术在电力系统的数据管理与分析中日益受到重视，它们为解决复杂的电力系统问题提供了强大的技术支持。

机器学习中的 SVM 算法在电力设备故障预测方面表现出色。它通过构建一个超平面将不同类别的数据分开，从而实现对数据的分类和预测。在电力设备故障预测中，SVM 算法可以根据设备的历史运行数据，如温度、压力、振动等参数，建立故障预测模型。通过对新的数据进行预测，当预测值超过一定阈值时，就可以判断设备可能存在故障，提前安排检修维护计划。例如，对于发电机的故障预测，SVM 算法可以根据发电机的绕组温度、轴承振动等参数，预测出发电机是否可能存在故障，提高设备运维的效率。

神经网络是深度学习的一种典型代表，它在电力系统的负荷预测方面有着重要应用。神经网络通过模拟人类大脑神经元的连接方式，构建多层的网络结构，对数据进行处理和分析。在负荷预测中，神经网络可以根据历史的负荷数据、气象数据、节假日等因素，建立负荷预测模型。通过对新的数据进行预测，能够准确预测未来的负荷变化情况，为发电计划调整、潮流分配等提供依据。例如，在夏季用电高峰期间，神经网络可以根据过去几年的夏季负荷数据、气温数据、是否为节假日等因素，准确预测出今年夏季的负荷高峰值，以便电力公司提前做好准备，调整发电计划和潮流分配，确保电网的稳定运行。

另外，深度学习中的卷积神经网络（CNN）在电力系统图像数据的分析处理中具有重要作用。在电力系统中，存在大量的图像数据，如输电线路的航拍图像、发电设备的内部结构图像等。CNN 通过其独特的卷积层、池化层等结构，对这些图像数据进行特征提取和分类。例如，在输电线路的航拍图像中，CNN 可以识别出线路的覆冰情况、是否存在故障隐患等，为输电线路的运维提供了有力支持。

3. 数据可视化与决策支持

数据可视化是将数据以直观的图形、图表等形式展示出来，它在电力系统的数据管理与分析中起到了重要的辅助作用，能够帮助决策者更直观地了解数据和做出正确的决策。

在电力系统中，常见的可视化图表包括柱状图、折线图、饼图、箱线图等。柱状图可以用于对比不同类型用户的用电量，如家庭用户、商业用户、工业用户等；折线图适合展示电力系统某一参数随时间的变化情况，如电网的电压随时间的变化曲线；饼图可以用来表示不同发电方式在总发电量中的占比，如火力发电、水力发电、风力发电等在总发电量中的比例；箱线图则可以用来分析数据的分布情况，如分析用户用电数据的分布范围、中位数、上下四分位数等。通过这些可视化图表，决策者可以快速了解电力系统的基本情况，如用户用电习惯、电网运行状态、发电结构等。

除了常规的可视化图表，还可以利用交互式可视化工具，如 Tableau、PowerBI 等，创建更加复杂和交互性强的可视化作品。例如，通过 Tableau 可以创建一个交互式的电力系统负荷预测可视化作品，在这个作品中，决策者可以通过鼠标点击、拖动等操作，查看不同时间段、不同地区的负荷预测情况，并且可以根据自己的需要调整预测模型的参数，从而更加深入地了解负荷预测的过程和结果。

数据可视化不仅能够展示数据本身，还能与数据分析相结合，为决策提供支持。例如，在电力设备故障诊断中，通过可视化工具将设备的运行参数以图表的形式展示出来，同时结合数据分析结果，如故障预测模型的输出结果，决策者可以更直观地看到设备是否存在故障、故障的类型以及故障的严重程度，从而做出正确的决策，安排合理的检修时间和资源，提高设备运维效率。

通过以上对数据挖掘与分析技术在数据挖掘算法应用、机器学习与深度学习技术应用以及数据可视化与决策支持等方面的详细阐述，可以看出这些技术在电力系统的数据管理与分析中发挥着不可或缺的作用，能够帮助电力系统更好地运营和管理，提高其运行效率和稳定性。

（三）数据安全与隐私保护

1. 电力系统数据面临的安全与隐私风险

在新型电力系统中，随着数字化技术的广泛应用，数据的大量采集、存储和分析使得数据安全与隐私保护成为至关重要的问题。

首先，电力系统的数据涉及众多关键信息，如发电设备的运行参数、电网的拓扑结构、用户的用电习惯等。这些数据一旦泄露，可能会被不法分子利用，对电网的安全稳定运行造成严重威胁。例如，攻击者若获取了发电设备的关键参数，可能通过恶意篡改数据来干扰发电过程，导致电力供应中断；了解电网拓扑结构后，有可能策划针对性的网络攻击，破坏电网的关键节点，引发大面积停电事故。

其次，用户用电数据包含了大量个人隐私信息，如家庭住址、用电时段、电器使用习惯等。随着智能电表等设备的普及，这些数据被详细采集，如果在传输、存储或使用过程中保护不当，很容易被泄露出去，进而侵犯用户的隐私权。不法商家可能会利用这些数据进行精准营销甚至是实施诈骗活动，给用户带来不必要的困扰和损失。

再者，电力系统与外部网络的连接日益紧密，如与能源互联网的互联互通等，这虽然带来了更多的协同发展机遇，但也增加了外部网络攻击的风险。黑客可能会利用网络漏洞，突破电力系统的安全防线，窃取或篡改数据，从而扰乱电力系统的正常运行秩序。

2. 数据加密技术

为了应对这些风险，数据加密技术在电力系统数据管理中发挥着关键作用。

数据加密是通过特定的算法将原始数据转化为密文形式进行存储和传输，只有拥有正确密钥的授权方才能将其解密还原为原始数据。在电力系统中，对于关键设备的运行参数、电网拓扑结构等重要数据，采用高强度的加密算法进行加密处理。

对称加密算法，如高级加密标准（AES），具有加密速度快、效率高的特点，适用于对大量实时数据的加密，如发电设备实时采集的温度、压力等参数。在数据采集端，将这些数据加密后再传输到数据中心，即使数据在传输过程中被截取，攻击者也无法获取其真实内容。

非对称加密算法，如 RSA，则常用于数字签名和密钥交换等场景。在电力系统与外部进行数据交互时，如与能源供应商、电力市场等进行信息交换，通过 RSA 算法进行数字签名，可以确保数据的来源真实性和完整性。也就是说，接收方可以通过验证数字签名来确认数据是否来自合法的发送方，并且数据在传输过程中是否被篡改过。

同时，为了进一步加强数据加密的效果，还可以采用混合加密方式，即结合对称加密算法和非对称加密算法的优点。先利用非对称加密算法对对称加密算法的密钥进行加密，然后再用对称加密算法对数据本身进行加密。这样既能保证数据加密的速度，又能确保密钥交换的安全性，从而为电力系统数据提供更全面的安全保障。

3. 访问控制与授权机制

除了数据加密，访问控制与授权机制也是保护电力系统数据隐私的重要手段。

在电力系统内部，建立严格的访问控制体系，根据不同人员的工作职责和权限需求，设置不同的访问级别。例如，发电设备的运维人员可能只需要访问与其负责设备相关的运行数据，而电网调度人员则需要能够访问更广泛的电网运行数据，但他们都需要经过严格的授权程序才能获取相应的数据。通过这种方式，可以防止内部人员越权访问数据，减少因内部人员违规操作导致的数据泄露风险。

对于用户用电数据，在数据中心设置专门的隐私保护机制。只有在用户明确授权的情况下，并且是基于合法的目的，如为用户提供个性化的用电建议、进行电力市场分析等，相关人员才能访问和使用这些数据。同时，在访问过程中，要对访问行为进行详细记录，以便在出现问题时能够追溯责任。

此外，随着云计算、大数据等技术在电力系统中的应用，多租户环境下的数据隐私保护也变得尤为重要。在这种情况下，要通过技术手段确保不同租户之间的数据相互隔离，防止数据在共享存储或计算资源时被其他租户意外获取。例如，通过虚拟专用网络（VPN）、容器化技术等，为每个租户创建独立的虚拟环境，使其数据在安全的环境中进行存储和处理，从而有效保护了数据的隐私。

通过数据加密技术、访问控制与授权机制等多种措施的综合应用，可以有效保护电力系统数据的安全与隐私，确保新型电力系统在数字化发展的道路上能够稳定、可靠地运行，同时也充分尊重和保护了用户的合法权益。

三、电网运行控制与优化智能化

（一）智能控制系统架构搭建

1. 分层分布式智能控制系统架构原理

在新型电力系统中，分层分布式智能控制系统架构是实现高效、精准电网运行控制的关键。其核心原理在于依据电网的规模、功能以及运行特性，将整个电网的控制功能进行合理分层与分布式部署。

从宏观层面来看，整个电网可划分为多个区域电网，每个区域电网又包含众多的变电站、配电站以及大量的输电、配电线路和终端用户。分层分布式架构首先在区域电网层面设置协调控制中心，它犹如整个区域电网运行的"大脑"，负责对区域内的发电、输电、配电以及用电等各个环节进行宏观调控。协调控制中心需要实时收集区域内各关键节点的运行数据，如发电厂的发电功率、输电线路的潮流分布、变电站的电压等级变换情况以及用户的用电负荷需求等，通过对这些海量数据的综合分析，制定出适合整个区域电网的运行策略，确保区域电网的稳定运行以及电能的高效供应。

在中观层面，即变电站、配电站等局部层面，设置本地智能控制器。这些本地智能控制器就像是区域电网各个"器官"的"神经中枢"，它们紧密围绕在协调控制中心周围，负责对本地设备进行精准控制和快速响应。例如，变电站的本地智能控制器需要实时监测站内变压器、断路器等设备的运行状态，根据协调控制中心下达的电压调整指令或潮流分配任务，迅速且准确地对站内设备进行操作，如调整变压器的分接头位置以改变电压输出，或者控制断路器的开合状态来优化潮流分布，从而保证变电站能够高效、稳定地完成电能的转换和传输任务。

而在微观层面，各类智能终端设备（如智能电表、智能传感器等）则构成了整个智能控制系统架构的"神经末梢"。它们负责实时采集电网最末端的运行数据，如用户的精确用电数据、输电线路的局部环境数据（温度、覆冰等）以及设备的详细运行参数（振动、温度等），并将这些数据及时反馈给上一层级的本地智能控制器或协调控制中心，为整个电网的运行控制提供最为详尽、准确的基础数据支持。

通过这种分层分布式的架构设计，使得电网的控制功能既能够在宏观上实现整体协调统一，又能在微观上做到对具体设备和局部区域的精细管理，从而有效提升电网运行的智能化水平和运行效率。

2. 智能代理技术在控制系统中的应用

智能代理技术在电网智能控制系统架构中扮演着极为重要的角色，它为各个控制单元赋予了自主学习、自主决策的能力，进一步推动了电网运行控制的智能化进程。

智能代理是一种具有自主性、反应性、主动性和社会性等特性的软件实体。在电网运行控制领域，每个智能代理可被视为一个独立的智能控制单元，它们分布在分层分布式架构的不同层级中，依据自身所处的位置和所承担的任务，具备不同的功能和行为模式。

在区域电网协调控制中心层面，智能代理可以实时收集和分析来自各个变电站、发电厂以及用电区域的海量数据。它不仅仅是简单地对这些数据进行汇总，更重要的是能够通过内置的机器学习算法（如神经网络、SVM 等）对数据进行深度挖掘，学习不同季节、不同时段以及不同运行工况下电网的运行规律。例如，它能够根据历史数据发现夏季用电高峰时段某区域电网的负荷变化趋势，以及与之对应的最佳发电调度方案和潮流分配策略。基于这些学习成果，当面对实时的电网运行情况时，智能代理能够主动提出优化建议，如调整某发电厂的发电功率、改变某输电线路的潮流方向等，协助协调控制中心做出更加科学、合理的控制决策。

在变电站、配电站等局部层面的本地智能控制器中，智能代理同样发挥着重要作用。以变电站为例，站内的智能代理可以实时监测变压器、断路器等设备的运行状态数据，如温度、振动、开合状态等。当发现设备出现异常情况（如变压器油温过高、断路器振动异常等）时，智能代理并非只是简单地向上级报告，而是能够依据预先设定的规则以及自身学习到的设备故障处理经验，迅速做出初步判断，确定是否需要立即采取措施（如调整变压器的冷却系统、检查断路器的连接部件等），并将相关情况及时反馈给上级的协调控制中心。同时，在日常运行过程中，智能代理还可以根据设备的实时运行数据和电网的整体运行需求，自主调整设备的运行参数，如优化变压器的负载率、控制断路器的开合时间间隔等，以提高设备的运行效率和变电站的整体运行性能。

此外，智能代理之间还具备一定的社会性，它们可以相互通信、协作完成更为复杂的电网控制任务。例如，当某条输电线路出现故障需要进行抢修时，涉及多个变电站和配电站的设备调整以及潮流重新分配等工作。此时，分布在不同站点的智能代理可以通过通信网络相互联系，共同协商制定出最佳的抢修方案，包括确定各变电站的电压调整范围、各配电站的负荷转移方向以及抢修期间的潮流控制策略等，从而确保在故障抢修过程中电网的运行影响降到最低，并且能够尽快恢复正常供电。

通过智能代理技术在分层分布式智能控制系统架构中的应用，使得电网的各个控制单元能够更加灵活、自主地应对各种复杂的电网运行情况，有效提升了电网运行的智能化水平和可靠性。

（二）优化调度技术应用

1. 基于先进优化算法的发电调度与潮流分配优化

在新型电力系统中，实现发电调度与潮流分配的优化对于提高电网运行效益、降低能源消耗以及保障供电质量至关重要。先进的优化算法在这方面发挥着不可或缺的作用。

（1）遗传算法。遗传算法是一种模拟自然界生物进化过程的随机搜索算法，它在发电调度优化中具有广泛应用。在发电调度场景下，遗传算法将发电厂的发电功率配置作为待优化的染色体，而发电成本、能源消耗、环境污染等因素则作为评价染色体优劣的适应度函数。通过模拟生物的遗传、变异和选择过程，遗传算法能够在庞大的发电功率配置可能性空间中搜索出最优或近似最优的方案。例如，在一个包含多个火力发电厂、水力发电厂和风力发电厂的区域电网中，遗传算法可以根据不同发电厂的发电成本、发电效率、环境影响以及当前的用电负荷需求等因素，确定每个发电厂在不同时段的最佳发电功率，从而实现发电成本的降低和能源资源的合理利用。

（2）粒子群优化算法。粒子群优化算法则是另一种基于群体智能的优化算法，它在潮流分配优化方面表现出色。在电网运行中，潮流分配是指电能在输电线路、变电站等电网元件之间的流动分配情况。粒子群优化算法将潮流分配方案中的各个变量（如输电线路的潮流值、变电站的电压等级等）视为粒子，每个粒子都有自己的位置（代表一种潮流分配方案）和速度。通过模拟鸟群觅食过程中粒子之间的相互作用，粒子群优化算法能够在众多可能的潮流分配方案中快速找到最优方案。例如，在一个复杂的电网网络中，当出现局部电网过载或电压波动等问题时，粒子群优化算法可以根据当前电网的实际运行情况（如各发电厂的发电功率、用户的用电负荷等）迅速调整输电线路的潮流分配，将过载区域的潮流转移到其他有承载能力的线路上，同时保证电压的稳定，从而优化电网的运行状态。

除了遗传算法和粒子群优化算法外，还有其他先进的优化算法，如蚁群优化算法、模拟退火算法等，也在发电调度与潮流分配优化中有着不同程度的应用。这些优化算法各有特点，通过综合运用先进优化算法，可以更加全面、精准地实现发电调度与潮流分配的优化，提高电网运行的综合效益。

2. 实时电价调控与需求侧响应管理

实时电价调控与需求侧响应管理是新型电力系统优化运行的重要手段，它们通过引导用户合理调整用电时间和用电量，实现电网运行效益的进一步优化。

实时电价调控机制是基于电力市场的供需关系和电网运行成本等因素制定的。在电力市场环境下，电价不再是固定不变的，而是会根据不同时段、不同地区的电力供需情况实时波动。例如，在用电高峰时段，由于电力需求旺盛，发电成本相对较高，此时实时电价会相应提高；而在用电低谷时段，电力需求较低，发电成本也随之降低，实时电价则会调低。通过这种实时电价的波动，电力公司可以引导用户在高峰时段减少不必要的用电，而在低谷时段增加用电，从而实现负荷的削峰填谷，提高电网运行的稳定性和经济性。

需求侧响应管理则是从用户侧入手，通过激励用户改变用电行为来配合电网的运行需求。具体而言，需求侧响应管理包括可中断负荷管理、直接负荷控制等多种方式。可中断负荷管理是指在电网面临紧急情况（如电力供应不足、设备故障等）时，电力公司可以与用户签订协议，在特定条件下暂时中断用户的部分负荷，以保障电网的基本供电需求。例如，在夏季用电高峰时段，当电网出现供电紧张情况时，电力公司可以按照协议暂时中断一些大型商业用户的空调、照明等非必要负荷，从而缓解电网的供电压力。直接负荷控制则是电力公司通过智能电表等设备直接控制用户的部分负荷，如在用电高峰时段，电力公司可以直接控制居民用户的热水器、空调等大功率电器的运行时间，将其调整到用电低谷时段运行，从而实现负荷的削峰填谷。

为了更好地实现实时电价调控与需求侧响应管理，还需要借助先进的通信技术和信息技术。例如，通过智能电表与用户之间的双向通信，电力公司可以实时向用户发送电价信息、需求侧响应通知等，用户也可以将自己的用电需求、设备故障等信息反馈给电力公司。同时，利用大数据分析技术可以对用户的用电行为进行深入分析，了解用户的用电习惯和响应潜力，从而制定更加精准的实时电价策略和需求侧响应方案，提高电网运行的优化效果。

通过以上对电网运行控制与优化智能化在智能控制系统架构搭建和优化调度技术应用等方面的详细阐述，可以看出这些技术在提高电网运行效率、保障供电质量以及优化电网运行效益等方面发挥着不可或缺的作用，推动着新型电力系统向更加智能、高效、安全的方向发展。

（三）智能预测与决策辅助技术应用

1. 负荷预测技术

准确的负荷预测是电网高效运行的关键环节之一。在新型电力系统背景下，随着分布式能源接入的增多以及用户用电行为的日益多样化，负荷预测面临着新的挑战与机遇。

基于时间序列分析的负荷预测方法长期以来被广泛应用。它通过对历史负荷数据按照时间顺序进行分析，挖掘其中的周期性、趋势性等规律。例如，工作日和休息日的负荷曲线往往呈现出不同的特征，工作日白天的工业和商业用电负荷较高，而夜晚则相对较低；休息日则可能在上午和晚上出现家庭用电小高峰。通过对这些历史规律的把握，可以运用自回归移动平均模型（ARMA）等时间序列模型对未来短期内的负荷进行预测，为电网的日常运行调度提供依据，比如合理安排发电机组的启停，确保电能供应与需求的实时匹配。

近年来，随着机器学习和深度学习技术的发展，其在负荷预测领域也展现出强大的优势。神经网络模型，尤其是长短期记忆网络（LSTM），能够有效处理负荷数据中的非线性关系和长期依赖问题。它可以综合考虑气象因素（如气温、湿度、风速等）、节假日信息、经济发展数据等多种影响负荷的外部因素，对中长期的负荷进行更为精准的预测。这对于电网的规划建设至关重要，比如在预测到未来某地区负荷将大幅增长时，可以提前规划新建变电站、输电线路等基础设施，避免出现供电不足的情况。

2. 故障预测与风险评估

电网设备的故障会对电力供应造成严重影响，因此提前进行故障预测和风险评估具有重要意义。

对于发电设备，如发电机、汽轮机等，可以通过监测其运行参数（温度、振动、压力等），利用机器学习算法建立故障预测模型。例如，SVM 算法可以根据大量的历史正常运行数据和故障数据，对设备当前的运行状态进行分类判断，当预测到可能出现故障时，及时发出预警，以便运维人员提前采取检修措施，降低故障发生的概率。

在输电线路方面，结合线路的电气参数（电压、电流、电阻等）、环境参数（覆冰厚度、风速、风向等）以及历史故障数据，运用数据挖掘技术可以分析出线路故障的潜在风险区域和高风险时段。比如，在冬季气温较低、湿度较大的地区，输电线路覆冰的风险较高，通过实时监测相关参数并结合风险评估模型，可以提前安排除冰作业，防止因覆冰导致的线路断线、倒杆等严重事故。

同时，通过对整个电网进行风险评估，可以确定不同区域、不同设备的风险等级，为制定针对性的维护策略和应急预案提供依据。在面对突发故障时，能够迅速启动应急预案，调配资源进行抢修，最大限度减少停电时间和影响范围，保障电网的安全稳定运行。

综上所述，智能预测与决策辅助技术应用为新型电力系统的电网运行提供了前瞻性的视角和有力的决策支持，有助于提升电网的运行效率、安全性和可靠性。

四、电网安全防护数字化升级

(一) 网络安全防护体系

1. 防火墙技术

传统的防火墙主要基于包过滤技术，它通过检查网络数据包的源地址、目的地址、端口号以及协议类型等信息来决定是否允许该数据包通过。例如，在电力系统的企业内部网络与外部互联网之间设置防火墙，当外部网络的数据包试图进入内部网络时，防火墙会根据预先设定的规则进行检查。如果数据包的源地址属于被禁止访问的网段，或者目的端口号是内部网络中不允许外部访问的敏感服务端口，如电力调度自动化系统的特定控制端口，那么防火墙就会直接丢弃该数据包，从而阻止外部非法访问。

然而，随着网络攻击手段的不断演变，传统包过滤防火墙的局限性也逐渐显现。例如，它难以有效识别经过伪装的恶意数据包，对于应用层的攻击也缺乏足够的检测能力。为了应对这些挑战，新一代的状态检测防火墙应运而生。状态检测防火墙不仅能够检查数据包的基本信息，还能跟踪网络连接的状态。它通过记录和分析每个网络连接的建立、传输和终止过程来判断数据包是否属于合法的网络连接。比如，当电力系统内部的一台设备与外部服务器建立了一个 HTTP 连接进行数据交互时，状态检测防火墙会持续监控这个连接的状态，包括连接的持续时间、数据包的流向以及数据传输的内容等。如果在连接过程中出现异常情况，如数据包的流向突然改变，或者传输的数据内容包含可疑的恶意代码，状态检测防火墙就能及时发现并阻断该连接，有效防止外部攻击通过合法的网络连接渗透到电力系统内部。

此外，应用层防火墙也是当前电力系统网络安全防护中备受关注的一种防火墙类型。它主要针对应用层的网络攻击进行防护，能够深入分析应用层协议的数据内容，如 HTTP、SMTP 等协议。以电力系统中的电子邮件服务为例，应用层防火墙可以检查每一封进出电力系统内部网络的电子邮件内容，包括邮件的附件、正文等。如果发现邮件中存在恶意链接、病毒附件或者可疑的脚本代码，就会立即阻止该邮件进入或离开内部网络，从而有效保护电力系统免受应用层网络攻击的威胁。

2. 入侵检测与防御系统 (IDS/IPS)

IDS/IPS 是电力系统网络安全防护体系中的重要组成部分，其主要功能是实时监测网络活动，识别并防范各种网络入侵行为。

入侵检测系统 (IDS) 通过在电力系统网络中的关键节点 (如变电站、调度中心等网络接入点) 部署传感器来收集网络流量数据和系统日志等信息。这些传感器就像网络中的"眼睛"和"耳朵"，时刻关注着网络的一举一动。IDS 会对收集到的信息进行分析，运用各种检测技术 (如基于特征的检测、基于异常的检测等) 来判断是否存在网络入侵行为。

基于特征的检测是一种较为传统且常用的检测方法，它主要依靠已知的网络攻击特征模式来识别入侵行为。例如，已知某一种网络攻击会在网络数据包中留下特定的字节序列作为攻击特征，IDS 就会在收集到的网络流量数据中搜索是否存在这样的特征序列。如果发现匹配的特征序列，就可以判定发生了相应的网络攻击。这种方法的优点是检测准确率高，对于已知的常见网络攻击能够快速准确地识别。但它的缺点也很明显，就是无法检测到那些没有已知特征的新型网络攻击。

基于异常的检测则是另一种重要的检测方法，它通过建立电力系统网络正常运行的行为模型，然后对比当前收集到的网络活动数据与正常行为模型之间的差异来判断是否存在异常情况。例如，在正常情况下，电力系统网络中某台设备在特定时间段内的网络流量大小、连接次数等都有一定的规律。如果在某一时刻，这台设备的网络流量突然大幅增加，或者连接次数远超正常范围，基于异常的检测方法就会认为这可能是一种网络入侵行为，并发出警报。这种方法的优点是能够发现一些新型的、没有已知特征的网络攻击，但它的缺点是误报率可能较高，因为有时候网络活动的正常变化也可能被误判为异常情况。

为了克服上述两种检测方法的局限性，现代的 IDS 系统通常会将基于特征的检测和基于异常的检测结合起来使用，以提高检测的准确性和有效性。

入侵防御系统（IPS）则是在 IDS 的基础上进一步发展而来，它不仅能够检测到网络入侵行为，还能够采取主动的防御措施来阻止入侵行为的发生。当 IPS 检测到网络入侵行为时，它会根据预先设定的防御策略（如阻断网络连接、丢弃恶意数据包、修改路由等）来直接干预网络活动，防止入侵行为对电力系统网络造成进一步的损害。例如，当 IPS 发现有外部网络攻击者试图通过某个端口入侵电力系统网络时，它会立即阻断该端口的所有网络连接，使得攻击者无法继续实施攻击。

此外，随着人工智能和机器学习技术的发展，IDS/IPS 系统也在不断升级。通过应用这些先进技术，IDS/IPS 系统可以更准确地分析网络活动数据，学习和识别新的网络攻击特征和模式，从而提高自身的检测和防御能力。例如，利用深度学习中的神经网络模型，IDS/IPS 系统可以对大量的网络流量数据进行训练，自动提取网络攻击的潜在特征，进而更准确地判断是否存在网络入侵行为，并采取更加有效的防御措施。

3. 加密认证机制

在电力系统网络安全防护中，加密认证机制是保障网络通信安全的关键环节。它通过对网络通信数据进行加密处理，并对通信双方进行身份认证，确保只有合法的通信双方才能进行有效的信息交流，防止网络通信过程中数据被窃取、篡改或伪造。

网络通信数据的加密是通过特定的加密算法来实现的。常见的加密算法有对称加密算法和非对称加密算法。对称加密算法，如 AES，其特点是加密速度快，适用于对大量数据进行加密。在电力系统中，对于实时采集的大量电力设备运行数据（如发电设备的温度、压力等参数，以及电网调度信息等），通常采用对称加密算法进行加密。在数据发送端，将原始数据通过对称加密算法转化为密文形式，然后通过网络发送给接收端。接收端则使用相同的密钥将密文解密还原为原始数据。

非对称加密算法，如 RSA 算法，其特点是安全性高，主要用于数字签名和密钥交换等场景。在电力系统网络通信中，非对称加密算法常用于对通信双方的身份进行认证。例如，当电力系统中的调度中心与变电站进行通信时，调度中心首先会向变电站发送一个包含自己公钥的数字证书。变电站收到数字证书后，通过验证数字证书的合法性来确认调度中心的身份。如果验证通过，变电站就会使用调度中心的公钥对自己要发送的信息进行加密，然后发送给调度中心。调度中心则使用自己的私钥将接收到的密文解密，从而实现安全的信息交流。

除了加密和认证，密钥管理也是加密认证机制中的重要内容。在电力系统中，由于涉及大量的网络通信和数据加密，需要管理众多的密钥。如果密钥管理不善，如密钥丢失、泄露或被篡改，将会导致严重的网络安全问题。因此，需要建立完善的密钥管理系统，对密钥的生成、存储、分发、更新等环节进行严格管理。例如，采用密钥托管服务，将密钥交由专业的第三方机构进行保管，同时采用多因素身份验证等手段确保密钥的安全获取和使用。

综上所述，通过防火墙技术、IDS/IPS 以及加密认证机制等多种手段的综合运用，电力系统的网络安全防护体系得以不断强化，有效抵御各种网络威胁，确保电网的安全稳定运行。

（二）电力信息物理系统

1. 信息物理系统融合下的安全挑战

随着新型电力系统向信息物理融合方向发展，电力信息物理系统面临着诸多新的安全挑战。

在信息物理系统融合的背景下，电力系统的物理设备（如发电机、变压器、输电线路等）与信息系统（如调度自动化系统、变电站控制系统等）之间的交互日益紧密。这种紧密交互使得电力系统的运行既依赖于物理设备的正常运转，也依赖于信息系统的准确控制和数据传输。然而，这也带来了一系列安全隐患。

一方面，信息系统的故障可能会对物理设备的运行产生直接影响。例如，调度自动化系统是电网运行的核心控制平台，如果该系统出现软件故障，如程序崩溃、数据错误等，可能会导致错误的调度指令被发送到发电厂或变电站，从而使发电机的发电功率调整不当，或者变电站的电压变换出现问题，进而影响电网的稳定运行。

另一方面，物理设备的异常运行也可能反馈到信息系统，引发信息系统的故障。比如，输电线路因遭受雷击等自然灾害出现短路故障时，会引起线路电流的突然增大和电压的急剧下降。这些物理参数的变化会通过传感器反馈到信息系统，如果信息系统不能正确处理这些异常数据，可能会导致系统崩溃或出现错误的分析结果，进一步影响电网的后续决策和修复工作。

此外，网络攻击对电力信息物理系统的威胁也日益增大。黑客可能会利用信息系统的网络漏洞，同时攻击信息系统和物理设备，通过篡改控制指令、破坏数据传输等手段，使物理设备按照攻击者的意愿运行，从而达到破坏电网安全的目的。例如，攻击者可能会篡改发电机的转速控制指令，使发电机超速运转，不仅会损坏发电机本身，还会对整个电网的频率稳定性造成严重影响。

2. 保障信息物理系统安全的策略与措施

为了应对电力信息物理系统面临的安全挑战，需要采取一系列有效的策略与措施。

首先，要加强信息系统和物理设备之间的接口管理。在设计和建设电力信息物理系统时，要确保信息系统与物理设备之间的接口规范、稳定且安全。通过制定严格的接口标准，明确接口的功能、数据格式、传输协议等内容，避免因接口不规范导致的数据传输错误或控制指令失效等问题。同时，要对接口进行定期检查和维护，及时发现并修复可能出现的接口故障，确保信息系统和物理设备之间的顺畅交互。

其次，建立信息物理系统的协同仿真平台。通过该平台，可以对电力信息物理系统进行整体建模和仿真分析，模拟不同场景下信息系统和物理设备的运行情况，包括正常运行、故障状态以及受到网络攻击等情况。利用协同仿真平台，可以提前发现信息物理系统可能存在的安全隐患，为制定针对性的安全策略提供依据。例如，在仿真平台上模拟当调度自动化系统出现软件故障时，发电厂和变电站的物理设备会如何反应，以及这种反应会对电网的稳定运行造成何种影响，从而可以提前制定相应的预防措施。

再次，采用冗余设计来提高信息物理系统的可靠性。对于信息系统中的关键设备，如服务器、存储设备等，以及物理设备中的重要部件，如发电机的转子、变压器的绕组等，采用冗余设计可以在部分设备或部件出现故障时，确保系统仍能正常运行。例如，在调度自动化系统中设置多台服务器，当其中一台服务器出现故障时，其他服务器可以继续承担其工作任务，保证调度指令的正常发送和接收。对于物理设备，如变压器，可以采用双绕组或多绕组设计，当其中一个绕组出现故障时，其他绕组仍能维持变压器的基本功能。

最后，加强网络安全防护和数据保护。在信息物理系统中，网络安全防护同样至关重要。要继续强化前述的网络安全防护体系，如防火墙、IDS/IPS、加密认证机制等，以防止网络攻击对信息系统和物理设备造成影响。同时，要注重数据保护，对信息系统中的关键数据（如调度指令、设备运行参数等）以及物理设备反馈的数据（如传感器采集的数据等）进行严格的加密、备份和恢复管理，确保数据的完整性和可用性。

通过以上策略与措施的综合运用，可以有效保障电力信息物理系统的安全，确保新型电力系统在信息物理融合的环境下能够稳定、可靠地运行。

（三）安全漏洞监测与应急响应机制

1. 安全漏洞监测技术与工具

在电网安全防护数字化升级的进程中，安全漏洞监测是至关重要的一环，它能够帮助及时发现电力系统网络及信息物理系统中存在的潜在安全风险，为采取有效的防护措施提供依据。

（1）漏洞扫描工具。漏洞扫描工具是安全漏洞监测的常用手段之一。这些工具通过对电力系统相关网络设备、服务器、应用程序等进行全面扫描，依据已知的漏洞特征库，检测目标系统是否存在与之匹配的漏洞。例如，针对电力调度自动化系统中的服务器，漏洞扫描工具可以检查其操作系统版本、所安装的软件应用以及网络配置等方面是否存在如SQL注入漏洞、缓冲区溢出漏洞等常见的安全隐患。像著名的Nessus漏洞扫描器，它能够定期对电力系统中的各类设备进行自动化扫描，生成详细的漏洞报告，清晰指出存在漏洞的具体位置、严重程度以及可能造成的影响。

（2）基于行为分析的监测技术。基于行为分析的监测技术不依赖于已知的漏洞特征，而是通过观察系统或设备的正常行为模式，当出现异常行为时，推断可能存在安全漏洞。例如，在电力系统的网络通信中，正常情况下某台设备在特定时间段内的数据包发送频率、大小以及通信对象等都有相对稳定的规律。如果突然出现数据包发送异常频繁、大小异常或者与陌生的通信对象进行大量通信等情况，基于行为分析的监测技术就会发出警报，提示可能存在安全漏洞，如可能是设备被植入了恶意软件，正在向外发送窃取到的数据。

（3）源代码分析工具。源代码分析工具对于发现软件应用中的安全漏洞也非常有效。在电力系统中，许多关键的控制系统和应用程序都是自主开发或定制的，通过对这些软件的源代码进行深入分析，可以查找出诸如代码逻辑错误、权限设置不当等可能导致安全问题的隐患。例如，对电力市场交易系统的源代码进行分析时，可能会发现某些涉及用户资金操作的代码段存在权限校验不严格的问题，这就有可能被不法分子利用来篡改交易数据，从而造成经济损失。

2. 建立高效应急响应机制的重要性

一旦发现安全漏洞或遭遇网络攻击等安全事件，高效的应急响应机制就显得尤为重要。电力系统作为关系国计民生的关键基础设施，其安全稳定运行容不得半点马虎，任何延误或不当处理都可能导致严重后果，如大面积停电、电力市场混乱等。

当安全事件发生时，快速准确地评估事件的严重程度是第一步。这需要根据事件对电网运行的影响范围、影响程度（如是否导致设备故障、停电范围大小等）以及可能造成的后续影响（如对电力市场交易的影响、对用户用电的影响等）来综合判断。例如，如果是变电站控制系统遭受网络攻击，导致部分断路器误动作，进而引发局部停电，那么就需要评估此次事件对周边地区工业生产、居民生活用电的影响范围以及恢复供电所需的时间等因素，以便制定出针对性的应急响应策略。

及时有效的沟通协调也是应急响应机制的关键环节。在电力系统内部，涉及发电、输电、配电、调度等多个部门，当安全事件发生时，各部门之间需要迅速沟通信息，明确各自的职责和任务，协同开展应急处置工作。比如，调度部门要及时掌握事件情况，调整发电计划和潮流分配，确保电网整体稳定；发电部门要检查设备是否受到影响，必要时采取紧急停机等措施；输电和配电部门则要尽快排查线路故障，恢复供电。同时，还要与外部相关机构如政府应急管理部门、电力监管机构等保持良好的沟通，及时汇报事件进展情况，获取必要的支持和指导。

此外，制定完善的应急预案并定期进行演练也是必不可少的。应急预案应涵盖各种可能出现的安全事件类型，明确在不同事件情况下各部门的具体职责、行动步骤以及所需的资源配置等内容。通过定期演练，可以使各部门工作人员熟悉应急处置流程，提高应对突发事件的能力和效率。例如，每年组织一次针对电网遭受大规模网络攻击导致大面积停电的应急演练，让参与演练的人员在模拟真实场景下体验从事件发生到恢复供电的全过程，这样在实际发生类似事件时，就能更加从容地应对，减少停电时间和损失。

3. 应急响应流程与措施

一个完整的应急响应流程通常包括事件监测与报告、事件评估、应急决策、应急处置以及事后恢复等阶段。

（1）事件监测与报告阶段。此阶段中，安全漏洞监测技术和工具发挥着重要作用，一旦发现异常情况，相关监测人员要及时将事件信息准确、完整地报告给应急指挥中心。报告内容应包括事件发生的时间、地点、初步判断的事件类型（如网络攻击、设备故障等）以及可能造成的影响等。

（2）事件评估阶段。应急指挥中心接到报告后，要组织相关专家和技术人员对事件进行全面评估，确定事件的严重程度、影响范围以及可能的发展趋势等。根据评估结果，制定相应的应急决策。

（3）应急决策阶段。要根据事件评估的结果，结合应急预案，确定采取何种应急处置措施。例如，如果是网络攻击导致电力市场交易系统出现故障，可能的应急决策包括暂时停止交易活动、隔离受攻击的服务器、组织技术人员进行紧急修复等。

（4）应急处置阶段。各部门按照应急决策的要求，迅速开展行动。比如，技术人员要尽快赶到现场，对故障设备进行抢修，恢复其正常运行；网络安全人员要加强网络防护，防止攻击进一步扩大；调度人员要合理调整电网运行方式，确保其他区域的供电不受影响。

（5）事后恢复阶段。在事件得到有效处置后，要对受损的设备、系统进行全面检查和修复，确保其恢复到正常状态。同时，要对整个应急响应过程进行总结分析，查找存在的问题和不足，对应急预案进行完善，为今后应对类似事件提供更好的经验。

通过建立完善的安全漏洞监测与应急响应机制，能够在电网安全防护数字化升级的过程中，有效应对各类安全事件，保障电力系统的安全稳定运行，为社会经济发展提供可靠的电力支撑。

五、能源互联网与分布式能源接入数字化支持

（一）能源互联网平台搭建

1. 能源互联网平台架构与功能

能源互联网作为新型电力系统发展的重要方向，其平台搭建是实现多种能源形式互联互通和协同优化的关键所在。能源互联网平台架构通常由感知层、网络层、平台层和应用层构成，各层紧密协作，发挥着不同的功能。

（1）感知层是能源互联网的基础，主要负责能源系统各类数据的采集。在这个层面，通过部署大量的传感器，能够实时获取电力、热力、燃气等多种能源形式的相关参数。例如，对于电力系统，可采集电压、电流、功率等电气量以及发电设备的温度、振动等非电气量；对于热力系统，能监测热水或蒸汽的温度、压力、流量等；对于燃气系统，则可获取燃气的压力、流量、成分等信息。这些传感器广泛分布于能源生产、传输、存储和消费的各个环节，为整个能源互联网提供了丰富且准确的数据来源，是实现能源精细化管理和优化调度的前提。

（2）网络层承担着数据传输的重要任务，确保感知层采集到的海量能源数据能够安全、高效地在不同设备和系统之间传递。它综合运用多种通信技术，如光纤通信、无线通信（包括5G、ZigBee等），根据不同的应用场景和数据传输要求进行合理选择。在能源互联网中，由于涉及多种能源形式和众多设备的互联互通，数据传输的实时性、可靠性和安全性要求极高。例如，电力系统的实时调度数据需要通过高速、稳定的光纤通信网络进行传输，以保证电网运行的精准控制；而对于一些分布式能源设备的状态监测数据，如家庭太阳能光伏发电系统的运行参数，可采用低功耗、低成本的ZigBee无线通信技术进行传输，既能满足数据采集的需求，又能降低设备成本和能耗。

（3）平台层是能源互联网的核心，它对来自感知层的海量数据进行集中处理、分析和

存储。在这个层面，首先要对采集到的数据进行清洗、分类和整合，去除无效数据，将不同格式、不同来源的数据转化为统一的、便于分析的格式。然后，运用大数据分析、机器学习、深度学习等先进技术，对数据进行深度挖掘，挖掘出能源系统运行的规律、用户的能源消费习惯、不同能源形式之间的耦合关系等有价值的信息。例如，通过对大量用户用电数据和用热数据的分析，可以发现用户在不同季节、不同时间段的能源消费偏好，以及电力和热力两种能源在家庭能源消费中的协同关系。基于这些分析结果，平台层能够实现能源的优化调度、设备的智能运维以及为用户提供个性化的能源服务。

（4）应用层则是将能源互联网平台的功能直接呈现给用户和能源运营者，实现能源互联网的价值落地。对于用户而言，应用层提供了便捷的能源消费界面，用户可以通过手机APP、智能终端等设备实时查看自己的能源消费情况，包括用电量、用热量、用气量等，还可以根据实时电价、热价、气价等信息调整自己的能源消费行为，实现节能降耗。例如，在用电高峰时段，当实时电价较高时，用户可以通过应用层提供的控制功能，适当减少大功率电器的使用，将部分用电负荷转移到低谷时段。对于能源运营者来说，应用层提供了能源系统的全景视图，使其能够实时掌握能源生产、传输、存储和消费的整体情况，便于进行能源调度、设备管理和市场运营等工作。例如，能源运营者可以根据平台层提供的能源供需预测结果，提前调整发电计划、热力供应计划或燃气调配计划，确保能源市场的供需平衡。

2. 多能源形式在平台上的互联互通与协同优化

能源互联网平台的一个重要目标是实现电力、热力、燃气等多种能源形式在网络平台上的互联互通和协同优化，以提高能源利用效率，降低能源综合成本，促进能源可持续发展。

（1）在互联互通方面，能源互联网平台通过建立统一的接口标准和通信协议，打破了不同能源系统之间的信息壁垒，使各种能源形式能够在平台上实现无缝对接。例如，对于分布式能源系统中的光伏发电设备和燃气轮机发电设备，它们可以通过符合平台接口标准的逆变器和控制器，将所发电力接入到能源互联网平台，实现电力的汇聚和共享。同时，对于热力系统和燃气系统，也可以通过相应的转换设备和接口，将热力和燃气的相关信息上传到平台，实现与电力系统的信息交互。这样，在能源互联网平台上，不同能源形式之间可以相互了解彼此的供需情况、运行状态等信息，为协同优化奠定了基础。

（2）在协同优化方面，能源互联网平台利用大数据分析和智能算法，对多种能源形式进行统筹规划和优化配置。首先，在能源生产环节，根据不同能源资源的分布情况、成本效益以及环境影响等因素，确定最优的能源生产组合。例如，在某一地区，当太阳能资源丰富且光伏发电成本较低时，能源互联网平台可以通过智能算法，适当增加光伏发电的比例，同时结合当地的燃气资源和热力需求，合理安排燃气轮机发电和热力生产，实现能源生产的多元化和优化。其次，在能源传输环节，通过优化能源传输路径和调度策略，降低能源传输损耗。比如，根据实时的能源供需情况和电网、热网、气网的运行状态，选择最适合的传输路径，将电力、热力、燃气等能源高效地传输到需求端。最后，在能源消费环节，引导用户合理消费能源，实现能源消费的协同优化。例如，通过向用户提供实时的能源价格信息和节能建议，鼓励用户在用电低谷时段使用电热水器等电器，同时在供热高峰期合理调整室内温度，以减少能源浪费，提高能源利用效率。

通过能源互联网平台的搭建，实现了多能源形式的互联互通和协同优化，为新型电力系统的发展提供了更加广阔的空间，也为用户和能源运营者带来了更多的便利和效益。

（二）分布式能源接入数字化管理与运营

分布式能源接入电网后，需要进行有效的数字化管理与运营，以确保其与电网的和谐共存和高效运行。

在运行监测方面，分布式能源接入管理系统通过接收来自分布式能源接入系统的实时数据，对分布式能源的运行状态进行全面监测。监测内容包括发电功率、电压、电流、功率因数等电气参数，以及气象条件（如太阳光照强度、风速等）、设备运行状态（如光伏电池板的角度、风力发电机的转速等）等非电气参数。通过对这些参数的实时监测，能够及时发现分布式能源在运行过程中出现的问题，如发电功率下降、设备故障等，为采取相应的措施提供依据。例如，当光伏发电系统的发电功率突然下降时，通过监测太阳光照强度和光伏电池板的角度等参数，可以判断是由于光照遮挡、光伏电池板老化还是其他原因导致的，进而采取针对性的措施进行修复或调整。

在调度管理方面，分布式能源接入管理系统根据电网的负荷需求、实时电价以及分布式能源自身的运行状态，对分布式能源进行合理调度。例如，在用电高峰时段，当电网负荷需求较大且实时电价较高时，分布式能源接入管理系统可以通过控制指令，要求分布式能源增加发电功率，以缓解电网的供电压力。而在用电低谷时段，当电网负荷需求较小且实时电价较低时，管理系统可以适当降低分布式能源的发电功率，或者安排分布式能源进行储能操作，将多余的电能储存起来，以备后续使用。

在故障诊断与维护方面，分布式能源接入管理系统利用接收到的故障信息以及历史运行数据，对分布式能源的故障进行诊断和分析。通过采用大数据分析、机器学习、深度学习等先进技术，建立故障诊断模型，能够快速准确地判断故障类型、故障位置以及故障原因。例如，对于风力发电系统，当接收到风力发电机的故障信息后，管理系统可以根据历史运行数据以及当前的气象条件、设备运行状态等因素，通过故障诊断模型判断是由于叶片损坏、发电机内部故障还是其他原因导致的，进而安排专业人员进行现场维修。

在市场交易方面，随着分布式能源市场的不断发展，分布式能源接入管理系统还需要参与到市场交易环节中。通过实时监测分布式能源的发电数据和市场价格信息，管理系统可以为分布式能源所有者提供市场交易建议，帮助他们在电力市场中获取更好的收益。例如，当电力市场中实时电价较高且分布式能源发电功率稳定时，管理系统可以建议分布式能源所有者将所发电力全部出售给电网，以获取更高的经济收益。

通过分布式能源接入与管理数字化，能够实现分布式能源与电网的协调发展，提高能源利用效率，为新型电力系统的发展提供有力支持。

（三）能源互联网与分布式能源接入的安全与可靠性保障

1. 能源互联网与分布式能源接入面临的安全风险

随着能源互联网的发展以及分布式能源的大量接入，其安全与可靠性面临诸多挑战。

在网络安全方面，能源互联网作为一个高度互联互通的系统，涉及大量的数据交互和设备控制，这使其成为网络攻击的潜在目标。黑客可能试图入侵能源互联网平台，篡改能源交易数据、控制指令等，从而扰乱能源的正常供应和市场秩序。例如，通过攻击电力系统的调度自动化系统，改变发电设备的运行参数，可能导致电网频率不稳定甚至停电事故。对于分布式能源接入系统，如光伏发电或风力发电系统的监控与控制设备，若遭受网络攻击，可能影响其正常发电和接入电网的稳定性，如阻止逆变器将直流电转换为交流电，进而中断电力传输。

在物理安全方面，分布式能源设施分布广泛，且部分位于较为偏远或环境复杂的地区，这增加了其遭受自然灾害、人为破坏等风险。例如，光伏电站可能会受到强风、暴雨、冰雹等恶劣天气的影响，导致光伏板损坏、支架倒塌等问题，影响发电效率甚至造成设备报废。风电场的风电机组则可能在极端天气条件下出现叶片折断、塔架倾斜等故障。此外，一些分布式能源设施还可能面临盗窃、恶意破坏等人为威胁，如不法分子盗窃光伏板或破坏风力发电机的关键部件，给能源供应带来直接损失。

在能量管理与协调方面，能源互联网需要对多种能源形式进行协同优化管理，但不同能源系统的特性差异以及分布式能源的间歇性、波动性特点，给能量管理带来了困难。例如，光伏发电依赖于日照，风力发电取决于风速，其发电功率具有明显的间歇性和波动性，这使得在与传统能源进行协同调度以及满足稳定的用电需求方面存在挑战。若不能有效协调，可能导致电网电压波动、功率不平衡等问题，影响电网的安全稳定运行。

2. 保障安全与可靠性的技术措施

为应对上述安全风险，一系列技术措施被用于保障能源互联网与分布式能源接入的安全与可靠性。

在网络安全防护方面，采用与电力系统类似的多层防护体系。首先，设置强大的防火墙，对进出能源互联网平台和分布式能源接入系统的网络流量进行严格筛选，阻止未经授权的访问和恶意数据包进入。例如，通过配置基于状态检测的防火墙，能够实时跟踪网络连接状态，有效识别并阻断异常的网络连接尝试。其次，部署 IDS/IPS，实时监测网络活动，及时发现并抵御网络攻击。基于特征的检测可快速识别已知的网络攻击模式，而基于异常的检测则能发现新型攻击的蛛丝马迹，两者结合可提高检测准确性。同时，利用加密认证机制，对网络通信数据进行加密处理，并对通信双方进行身份认证，确保信息传输的安全可靠。例如，采用非对称加密算法对控制指令和重要数据进行加密，只有拥有对应私钥的合法接收方才能解密并执行指令。

在物理安全保障方面，对于分布式能源设施，进行合理的选址和设计至关重要。在选址时，充分考虑当地的自然灾害风险，尽量避开易发生洪水、泥石流、强风等灾害的区域。同时，在设计阶段，提高设施的抗灾能力，如采用坚固的支架和基础结构设计，确保光伏板和风电机组在恶劣天气条件下能够保持稳定。此外，安装监控设备，如摄像头、传感器等，对分布式能源设施进行实时监控，一旦发现异常情况，如有人靠近或发生设备故障，能够及时发出警报并采取措施。例如，在光伏电站周围设置围栏，并安装红外摄像头和振动传感器，当检测到有人翻越围栏或设备出现异常振动时，立即通知安保人员前往查看。

在能量管理与协调方面，运用先进的预测和控制技术来应对分布式能源的间歇性和波动性。通过建立高精度的气象预测模型，提前预测太阳能、风能等能源的发电功率变化情况，以便提前做好能源调度安排。例如，根据天气预报得知未来几小时内某地区的日照强度将减弱，能源互联网平台可以提前调整发电计划，增加其他稳定能源的发电量，或者安排储能设备进行储能操作，以弥补太阳能光伏发电功率的下降。同时，采用智能控制系统，根据实时的能源供需情况和电网运行状态，对分布式能源进行灵活控制。例如，当电网电压出现波动时，智能控制系统可以迅速调整分布式能源的发电功率，使其与电网需求相匹配，维持电网的稳定运行。

3. 安全与可靠性保障标准与规范制定

除了技术措施外，制定完善的安全与可靠性保障标准与规范也是至关重要的。

在网络安全标准方面，需要明确规定能源互联网平台和分布式能源接入系统的网络安全防护要求，包括防火墙的配置标准、IDS/IPS 的检测精度和响应时间要求、加密认证机制的算法选择和密钥管理规范等。这些标准应与国际先进水平接轨，确保系统具备足够的网络安全防护能力。例如，规定在能源互联网平台与外部网络连接的关键节点，必须采用符合特定安全等级的防火墙，并定期进行漏洞扫描和安全评估。

在物理安全标准方面，针对分布式能源设施的选址、设计、建设和运营等环节，制定详细的规范。例如，规定在不同自然灾害风险区域内，分布式能源设施应具备的抗灾等级和防护措施，如在高风区，分布式能源接入电网后，需要进行有效的数字化管理与运营，以确保其与电网的和谐共存和高效运行。风电机组的塔架设计应满足特定的抗风强度要求，光伏板的安装角度和固定方式应能抵御相应强度的风力。同时，对于设施的运营维护，明确规定定期检查的项目、频次和标准，确保设施始终处于良好的运行状态。

在能量管理与协调标准方面，制定能源协同调度的规则和流程，明确不同能源形式在不同场景下的优先调度顺序、储能设备的使用规范以及电网电压、功率等参数的控制范围。例如，在用电高峰时段，规定应优先调度发电成本低且稳定的能源，如水电或火电，同时合理利用分布式能源的补充作用，确保电网功率平衡和电压稳定。通过这些标准与规范的制定，为能源互联网与分布式能源接入的安全与可靠性提供了制度上的保障，确保各项技术措施能够有效落实，系统能够安全、稳定地运行。

通过对能源互联网与分布式能源接入的安全与可靠性保障，能够有效应对其面临的各种风险，促进能源互联网和分布式能源的健康发展，为新型电力系统的持续优化提供坚实基础。

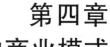

第四章
新型电力系统转型发展的商业模式

第一节 绿电交易商业模式

随着全球对清洁能源的需求不断增长，绿电交易作为促进可再生能源发展的重要机制应运而生。本节深入探讨绿电交易的商业模式，详细分析国内外多个典型案例，包括其交易模式、市场主体参与情况、价格形成机制以及成效与挑战。通过对这些案例的分析，旨在为绿电交易在更大范围内的推广与优化提供有益的参考，推动绿色电力市场的健康、可持续发展。

一、基本概念

绿电交易是指以绿色电力产品为标的物，在电力市场中进行的电能交易活动。它不仅有助于可再生能源发电企业实现其电力的经济价值，还能满足电力用户对绿色能源的消费需求，进一步促进能源结构的转型与升级。在全球应对气候变化的背景下，绿电交易的重要性日益凸显，其商业模式也在不断创新与发展。

二、绿电交易的基本商业模式要素

（一）市场主体

绿电交易涉及多个市场主体，包括可再生能源发电企业（如风力发电场、太阳能光伏电站等）、电力用户（包括工业企业、商业机构、居民用户等）、电网企业以及绿电交易平台运营方等。可再生能源发电企业是绿电的生产者和供应者，电力用户是绿电的需求方，电网企业负责绿电的输送与分配，而绿电交易平台运营方则为交易提供场所、规则制定与交易组织等服务。

（二）交易产品

绿电交易的产品主要是绿色电力证书（简称绿证）和带补贴或平价的绿色电能。绿证是一种可交易的凭证，代表一定量的绿色电力生产与消费，它可以在不同市场主体之间流转，实现绿电的环境价值和经济价值的分离与交易。而带补贴或平价的绿色电能则是直接以电能的形式在市场中进行交易，其价格通常包含了可再生能源发电的成本以及可能的绿色溢价。

（三）交易方式

绿电交易主要采用双边协商、挂牌、集中竞价等交易方式。双边协商是指买卖双方直接就绿电交易的电量、价格、交易时间等条款进行协商并达成交易协议；挂牌是指卖方将绿电产品的相关信息在交易平台上挂牌公示，买方根据挂牌信息进行摘牌成交；集中竞价则是通过交易平台组织多个卖方和买方在特定时间内进行集中报价，按照价格优先、时间优先等原则确定交易成交结果。

（四）价格形成机制

绿电交易的价格形成受到多种因素的影响，包括可再生能源发电的成本（如建设成本、运营维护成本、燃料成本等）、绿电的环境价值、市场供需关系、政策补贴情况以及电力用户的绿色消费意愿等。在有补贴的情况下，绿电价格可能相对较低，因为部分成本由补贴承担；而在平价上网阶段，绿电价格则主要由市场供需和发电成本决定，同时，电力用户为了实现自身的绿色目标，可能愿意支付一定的绿色溢价，从而推动绿电价格上升。

三、国外绿电交易典型案例分析

（一）美国得克萨斯州绿电交易案例

1.交易模式

得克萨斯州拥有独立的电力市场运营体系，绿电交易在其电力可靠性委员会（ERCOT）组织的电力市场中进行。该州的绿电交易主要以绿证交易为主，可再生能源发电企业在向电网输送绿色电力后，可向相关机构申请绿证，并将绿证在市场上出售。电力用户可以通过购买绿证来证明其使用的电力为绿色电力，实现自身的绿色采购目标。

2.市场主体参与情况

众多可再生能源发电企业积极参与绿证的申请与交易，其中包括大型风力发电开发商和太阳能发电企业。在电力用户方面，一些大型企业，如科技公司、零售企业等，出于企业社会责任和品牌形象的考虑，积极购买绿证，以实现其运营过程中的碳中和目标。同时，还有一些绿证交易中介机构和经纪人在市场中发挥着信息传递和交易撮合的作用，提高了绿证交易的效率。

3.价格形成机制

得克萨斯州绿证的价格主要由市场供需关系决定。由于该州可再生能源发电规模较大，绿证供应相对充足，在一定程度上抑制了绿证价格的大幅上涨。然而，随着越来越多的企业和机构对绿电的需求增加，特别是在一些企业制定了雄心勃勃的可再生能源采购计划后，绿证价格呈现出逐渐上升的趋势。此外，绿证价格还受到可再生能源发电成本变化、政策环境（如可再生能源配额制度的严格程度）等因素的影响。

4.成效与挑战

成效方面，得克萨斯州的绿电交易模式有效地促进了可再生能源的发展，该州的风力发电装机容量和太阳能发电装机容量在过去十年中持续增长，在满足本州电力需求的同时，还向其他地区输出绿色电力。绿电交易也推动了企业的绿色转型，提高了企业的环保意识和社会责任感。然而，该模式也面临一些挑战，例如绿证的真实性和唯一性认证存在一定难度，市场上曾出现过绿证重复销售的情况，影响了市场的信任度；此外，绿电交易与电力市场的协调机制还需要进一步完善，以避免绿电交易对电力系统稳定性产生负面影响。

（二）荷兰绿电交易案例

1. 交易模式

荷兰的绿电交易采用了多种模式相结合的方式，除了绿证交易外，还开展了社区能源项目下的绿电直接交易。在社区能源项目中，当地的居民、企业和社会组织共同投资建设可再生能源发电设施，如小型风力发电机、屋顶太阳能光伏板等，所产生的绿色电力优先供应给社区内的成员，剩余电力则通过绿电交易平台出售给其他电力用户。这种模式强调了社区的参与和本地能源的自给自足，同时也促进了绿电在更大范围内的交易流通。

2. 市场主体参与情况

社区成员在社区能源项目中既是投资者，也是绿电的生产者和消费者，他们积极参与项目的规划、建设和运营管理。可再生能源发电企业在荷兰绿电交易中也扮演着重要角色，除了大型商业发电企业外，一些小型的分布式能源发电企业也活跃在市场中。电力用户方面，除了社区内的成员外，越来越多的大型工业企业和商业机构开始关注并参与荷兰的绿电交易，以满足其可持续发展战略的要求。此外，荷兰的能源合作社在绿电交易中发挥了独特的作用，它们作为社区能源项目的组织者和推动者，协调各方利益，促进绿电交易的顺利进行。

3. 价格形成机制

社区能源项目下的绿电直接交易价格通常基于成本加成的原则确定，即考虑可再生能源发电的建设成本、运营维护成本以及合理的利润空间来确定价格。对于通过绿电交易平台出售的绿电，其价格则受到市场供需关系、绿电的环境价值以及政策补贴等因素的综合影响。荷兰政府为了鼓励可再生能源发展和绿电交易，出台了一系列补贴政策，这些补贴在一定程度上影响了绿电的价格水平，使得绿电在市场上具有一定的竞争力。

4. 成效与挑战

荷兰的绿电交易模式在促进社区发展和可再生能源普及方面取得了显著成效。社区能源项目增强了社区的凝聚力和可持续发展能力，提高了居民对可再生能源的认识和接受度。绿电交易也促进了荷兰可再生能源产业的多元化发展，分布式能源发电得到了快速发展。然而，该模式面临的挑战包括社区能源项目的融资难度较大，由于项目规模相对较小且风险较高，吸引外部投资存在一定困难；此外，绿电交易的市场监管难度较大，需要协调不同类型市场主体之间的关系，确保交易的公平、公正和透明。

四、国内绿电交易典型案例分析

（一）上海绿电交易案例

1. 交易模式

上海积极探索绿电交易模式创新，在国家绿电交易政策的框架下，开展了多种形式的绿电交易试点。其中包括组织本地可再生能源发电企业与大型工业企业进行双边协商交易，根据企业的用电需求和发电企业的发电计划，协商确定绿电交易的电量、价格和交易时间等关键条款。同时，上海还建立了绿电交易平台，推动绿电的挂牌交易和集中竞价交易，提高绿电交易的市场化程度和交易效率。

2. 市场主体参与情况

本地的风力发电企业和太阳能发电企业积极参与上海的绿电交易,将其生产的绿色电力推向市场。在电力用户方面,上海的一些大型工业企业,如汽车制造企业、电子信息企业等,为了响应国家的"双碳"目标,积极采购绿电,成为绿电交易的重要买方。此外,电网企业在上海绿电交易中承担着重要的输电和配电任务,保障绿电的安全可靠输送。上海的能源服务公司和交易中介机构也在绿电交易中发挥着积极作用,为市场主体提供交易咨询、合同管理、绿电认证等服务。

3. 价格形成机制

上海绿电交易的价格形成综合考虑了多种因素。在有补贴的情况下,绿电价格相对较低,但随着平价上网的推进,绿电价格逐渐向市场化方向转变。电力用户的绿色消费意愿对价格形成有较大影响,一些具有较高环保要求的企业愿意支付一定的绿色溢价购买绿电。此外,上海的能源资源稀缺性和电力市场供需关系也在一定程度上影响绿电价格,例如在用电高峰时期,绿电价格可能会因需求增加而有所上升。

4. 成效与挑战

上海的绿电交易试点取得了一定的成效,推动了本地可再生能源的消纳,提高了工业企业的绿色能源占比,有助于上海实现碳减排目标。同时,绿电交易试点也促进了上海绿色金融的发展,为绿电项目的融资和投资提供了新的机遇。然而,该模式面临的挑战包括绿电供应的稳定性有待提高,由于可再生能源发电的间歇性和波动性,可能影响电力用户的正常用电需求;此外,绿电交易的市场规则和监管制度还需要进一步完善,以适应绿电交易规模不断扩大的需求。

(二) 江苏绿电交易案例

1. 交易模式

江苏在绿电交易中注重与能源结构调整和产业升级相结合,采用了"绿电＋能效提升"的交易模式。即电力用户在购买绿电的同时,与能源服务提供商合作开展能效提升项目,通过优化用电设备、改进生产工艺等方式,降低单位产值能耗。这种模式将绿电交易与节能减排目标紧密结合,实现了能源的绿色化和高效化利用。

2. 市场主体参与情况

江苏的可再生能源发电企业积极参与绿电交易,为市场提供绿色电力资源。电力用户方面,众多工业企业尤其是高耗能行业企业,如钢铁、化工、建材等,积极响应"绿电＋能效提升"模式,通过购买绿电和实施能效提升项目,降低企业的碳排放和能源成本。能源服务提供商在该模式中发挥着关键作用,它们为电力用户提供能效诊断、方案设计、项目实施和运行管理等一站式服务,促进了绿电与能效提升的协同发展。此外,电网企业也积极配合绿电交易和能效提升项目的实施,提供电力保障和技术支持。

3. 价格形成机制

"绿电＋能效提升"模式下的绿电价格形成较为复杂。一方面,绿电价格本身受到可再生能源发电成本、市场供需关系和政策补贴等因素的影响;另一方面,能效提升项目的成本和效益也会间接影响绿电价格,如果能效提升项目能够带来显著的节能效益和成本降低,电力用户可能会对绿电价格有更高的承受能力,从而推动绿电价格的合理上升。此外，政府的节能减排政策和补贴措施也会对绿电与能效提升项目的综合成本和收益产生影响，进而影响绿电价格的形成。

4. 成效与挑战

江苏的"绿电＋能效提升"交易模式取得了显著的成效。在促进可再生能源消纳的同时，有效推动了工业企业的节能减排和产业升级，提高了企业的能源利用效率和市场竞争力。该模式也得到了政府部门的大力支持和推广，为全国绿电交易模式创新提供了有益的借鉴。然而，该模式面临的挑战包括能效提升项目的实施难度较大，需要企业投入大量的资金和技术资源，且项目实施周期较长，短期内难以见到明显成效；此外，绿电与能效提升项目的协同管理和评估机制还需要进一步完善，以确保项目的顺利实施和预期目标的实现。

五、结论

通过对国内外绿电交易典型案例的分析，可以看出绿电交易商业模式在不同国家和地区呈现出多样化的特点。这些案例在交易模式、市场主体参与、价格形成机制等方面各有创新与特色，并且都在一定程度上促进了可再生能源的发展和能源结构的转型。然而，绿电交易商业模式在实践中也面临着诸多挑战，如绿电供应的稳定性、市场规则与监管制度的完善、交易成本的降低、市场主体的激励机制等。为了进一步推动绿电交易的发展，需要政府、企业和社会各方共同努力。政府应加强政策支持与引导，完善绿电交易的市场规则和监管体系，建立健全绿电认证和计量标准；企业应积极创新交易模式，提高可再生能源发电的稳定性和可靠性，加强与其他市场主体的合作与协同；社会应加强对绿电交易的宣传与教育，提高公众的绿色消费意识和对绿电的接受度。只有通过各方的合力协作，才能不断优化绿电交易商业模式，实现绿色电力市场的健康、可持续发展，为全球应对气候变化和实现碳中和目标做出积极贡献。

第二节　VPP 商 业 模 式

随着能源转型的加速和电力系统灵活性需求的提升，VPP 作为一种创新的电力资源整合与优化运营模式，应运而生。本节深入剖析 VPP 的商业模式，详细阐述其核心要素，并通过国内外多个典型案例，包括其技术架构与资源整合、市场参与策略与运营管理，以及经济社会效益等方面的分析，揭示 VPP 在不同应用场景下的发展现状与潜力。同时，探讨 VPP 商业模式面临的挑战，为电力行业从业者、投资者及政策制定者提供全面的参考，以推动 VPP 在全球电力市场的广泛应用与可持续发展。

一、基本概念

VPP 是一种通过先进的信息技术和智能控制手段，将分布式能源资源（如分布式光伏、风电、储能、可控负荷等）聚合起来，形成一个具有类似于传统电厂发电、调节和控制能力的虚拟实体，如图 4-1 所示。它能够在电力市场中灵活地参与电能交易、提供辅助服务，有效提高电力系统的可靠性、灵活性和经济性，是应对能源转型和电力系统变革的关键技术之一。

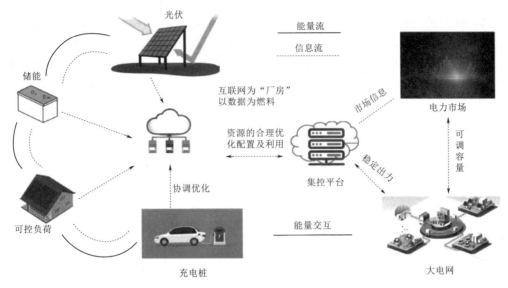

图 4-1　VPP 示意图

二、VPP 商业模式的核心要素

(一) 资源聚合与整合

VPP 首先需要对各类分布式能源资源进行广泛的聚合与整合。通过建立智能通信网络和数据采集系统，实现对分布式电源、储能设备和可控负荷的实时监测与数据获取。例如，在一个城市区域内，将众多分散的屋顶光伏发电系统、小型风力发电机、居民用户侧的储能电池以及具备可调节能力的商业用电负荷（如空调系统、电热水器等）连接到统一的 VPP 平台上，形成一个庞大的分布式能源资源库。

(二) 智能控制与优化调度

基于大数据分析、人工智能算法和优化模型，VPP 对聚合的资源进行智能控制与优化调度。根据电力市场的价格信号、电网的运行状态以及用户的用电需求，制订最优的发电计划、储能充放电策略和负荷调节方案。例如，在用电低谷且电价较低时，控制储能设备充电，同时适当减少分布式发电的出力；在用电高峰且电价较高时，调度储能放电，增加分布式发电的输出，并通过调节可控负荷削减部分用电需求，以实现电力资源的最大化利用和经济效益的最大化。

(三) 市场交易与价值创造

VPP 作为一个独立的市场主体，积极参与电力市场交易，包括电能现货市场、辅助服务市场（如调频、调压、备用等）以及容量市场等，通过在不同市场中灵活交易获取经济收益。例如，在调频辅助服务市场中，凭借其快速的响应能力和精准的控制手段，为电网提供调频服务，按照调频里程或调频容量获得相应的补偿费用；在电能现货市场中，根据实时电价波动，优化发电和用电组合，实现电能的购销差价盈利。

（四）用户互动与需求响应

VPP 注重与用户的互动与合作，通过激励机制引导用户参与需求响应。例如，为用户提供电价优惠、节能补贴或其他形式的奖励，鼓励用户在特定时段调整用电行为，如将部分可中断负荷在高峰时段暂停使用。这种用户侧的灵活调节能力不仅有助于 VPP 更好地应对电力系统的供需变化，还能为用户带来实际的经济利益，提高用户参与的积极性和主动性。

三、国外 VPP 典型案例分析

（一）德国 Next Kraftwerke VPP 案例

1. 技术架构与资源聚合

Next Kraftwerke 构建了一个高度集成化的 VPP 平台，其技术架构涵盖了分布式能源资源的广泛接入与深度融合，通过与德国各地的分布式光伏电站、风电场、工业储能设施以及大量的商业和居民可控负荷建立通信连接，实现了对数千个分布式能源单元的实时监控与数据采集。该平台采用了先进的物联网技术，确保数据传输的高效性与准确性，为后续的智能决策与优化调度提供了坚实的数据基础。

2. 市场参与策略与运营管理

在市场参与方面，Next Kraftwerke 积极投身于德国的电力批发市场和辅助服务市场。在批发市场中，利用其精准的负荷预测和发电资源优化配置能力，根据市场价格信号灵活调整分布式能源的发电与用电计划，通过低买高卖获取电能交易差价收益。在辅助服务市场，尤其是调频市场表现突出。凭借其分布式资源的快速响应特性，能够在电网频率波动时迅速做出反应，提供调频服务并按照调频性能指标获得相应补偿。在运营管理上，采用了自动化与人工干预相结合的模式。其智能控制系统根据预设的优化算法自动生成调度指令，同时，专业的运营团队实时监测系统运行状态，对特殊情况进行人工决策与调整，确保 VPP 运营的可靠性与稳定性。

3. 经济社会效益与面临挑战

从经济社会效益来看，Next Kraftwerke 的 VPP 模式显著提高了德国分布式能源的整体利用效率，促进了可再生能源的消纳。通过参与辅助服务市场，增强了电网的稳定性和灵活性，降低了电网运营商的运营成本，间接为全体电力用户带来了福利。同时，该模式也为分布式能源资产所有者提供了额外的收入来源，激发了社会各界投资分布式能源的积极性。然而，该模式面临的挑战也不容忽视。随着 VPP 规模的不断扩大，数据安全与隐私保护问题日益凸显，如何确保海量分布式能源数据不被泄露和恶意利用成为关键问题。此外，在与传统能源企业和电网运营商的利益协调方面，仍存在一定的矛盾与冲突，需要进一步探索合理的合作机制与市场规则。

（二）美国特斯拉 VPP 案例

1. 技术架构与资源聚合

特斯拉凭借其在电动汽车、电池储能和智能控制技术方面的优势，构建了具有创新性的 VPP 技术架构。其核心是将大量的特斯拉家用储能电池以及部分商业储能系统与分布式太阳能发电系统进行整合。通过特斯拉的智能 EMS 系统实现了对这些分布式能源资源的远程监控、协调控制和优化调度。该EMS系统利用云计算技术和机器学习算法，对储能电池的充放电状态、太阳能发电的功率预测以及用户的用电需求进行实时分析与决策，为VPP的高效运行提供了强大的技术支撑。

2. 市场参与策略与运营管理

在市场参与策略上，特斯拉VPP主要聚焦于美国的分布式能源市场和用户侧需求响应市场。在分布式能源市场，特斯拉通过销售其集成的VPP解决方案，为家庭和商业用户提供清洁、可靠的电力供应服务。用户不仅可以利用太阳能发电满足自身部分用电需求，还可以通过储能电池存储多余电能并在需要时使用，实现电力的自给自足和削峰填谷。在需求响应市场，特斯拉与当地的电力公用事业公司合作，组织用户参与需求响应项目。当电网面临高峰负荷压力时，通过控制储能电池放电和调节用户用电负荷，为电网提供紧急电力支持，并获得相应的经济补偿。在运营管理方面，特斯拉采用了高度自动化的运营模式，用户只需通过手机应用程序即可方便地监控和管理自己的分布式能源系统，而特斯拉则在后台对整个VPP网络进行统一的调度与优化。

3. 经济社会效益与面临挑战

从经济社会效益角度看，特斯拉VPP有力地推动了美国分布式能源的普及与发展，提高了用户对可再生能源的接受度和使用比例，在应对电网高峰负荷和提升电力系统可靠性方面发挥了积极作用，减少了因电力短缺导致的经济损失。此外，特斯拉的VPP模式还带动了相关产业链的发展，如储能电池制造、智能EMS系统开发等产业的繁荣。然而，该模式面临的挑战主要体现在两个方面：一是储能成本仍然相对较高，尽管特斯拉在电池技术上不断创新，但储能设备的初始投资和长期维护成本依然限制了VPP模式的大规模推广；二是市场准入与政策监管方面的不确定性，不同地区的电力市场规则和政策对VPP的支持程度存在差异，需要特斯拉在不同市场环境下不断调整其商业模式和运营策略。

四、国内VPP典型案例分析

(一)广东深圳VPP案例

1. 技术架构与资源聚合

深圳VPP项目依托先进的信息通信技术和智能电网基础设施，构建了一个涵盖城市多种分布式能源资源的综合性平台。在资源聚合方面，将分布式光伏电站、用户侧储能设施、商业楼宇的中央空调系统以及工业企业的可中断负荷等纳入VPP的管控范围。通过在各类分布式能源设备上安装智能电表、智能控制器和通信模块，实现了与VPP中央控制系统的双向通信与数据交互。该平台采用了分层分布式的技术架构，确保了数据采集、传输与处理的高效性和可靠性，能够实时掌握分布式能源资源的运行状态和电力市场的动态变化。

2. 市场参与策略与运营管理

在市场参与策略上，深圳VPP积极参与南方电网区域内的电力市场交易。在电能现货市场中，根据电网负荷预测和实时电价波动，优化分布式发电的出力和储能的充放电策略，实现电能的经济调度与交易。在辅助服务市场，重点参与调频和调压服务。通过协调分布式能源资源的快速响应能力，为深圳电网提供稳定的频率和电压支持，并按照辅助服务市场的规则获得相应报酬。在运营管理方面，建立了一套完善的 VPP 运营管理体系，包括资源调度中心、市场交易中心和客户服务中心等多个职能部门。资源调度中心负责制定分布式能源资源的优化调度方案；市场交易中心负责参与电力市场交易活动并进行交易结算；客户服务中心则负责与分布式能源资源所有者和电力用户进行沟通协调，处理各类咨询与投诉事务。

3. 经济社会效益与面临挑战

深圳 VPP 项目取得了显著的经济社会效益。在经济效益方面，通过参与电力市场交易和提供辅助服务，为分布式能源资产所有者创造了额外的经济收益，提高了分布式能源投资的回报率。同时，也为电网企业降低了运营成本，提高了电网的运行效率和可靠性，间接促进了深圳地区的经济发展。在社会效益方面，有助于推动深圳的能源转型和节能减排目标的实现，提高城市能源供应的安全性和可持续性。然而，该项目也面临一些挑战。例如，分布式能源资源的多样性和复杂性导致其接入和整合难度较大，需要不断完善技术标准和接口规范。此外，VPP 与现有电力市场机制的衔接还不够顺畅，在市场交易规则、价格形成机制和结算方式等方面需要进一步优化与创新。

（二）浙江杭州 VPP 案例

1. 技术架构与资源聚合

杭州 VPP 项目基于大数据、云计算和物联网技术构建了智能化的 VPP 平台。在资源聚合上，广泛整合了城市中的分布式能源资源，包括分布式光伏发电、风力发电、电动汽车充电桩、居民用户的智能家电以及商业综合体的可调节负荷等。通过与能源企业、充电桩运营商、家电制造商等各方合作，建立了广泛的数据共享与合作机制，实现了对各类分布式能源资源的全面接入与深度融合。该平台采用了开放式的架构设计，便于后续新的分布式能源资源和智能设备的接入与扩展，为 VPP 的长期发展奠定了坚实基础。

2. 市场参与策略与运营管理

在市场参与策略方面，杭州 VPP 积极探索多种市场交易模式。除了参与常规的电能现货市场和辅助服务市场外，还结合杭州地区的数字经济优势，开展了与能源互联网平台和电力需求侧管理平台的合作创新。例如，通过与能源互联网平台合作，实现了 VPP 与分布式能源资源之间的精准匹配与优化调度，提高了能源利用效率。在需求侧管理方面，利用电力需求侧管理平台组织用户参与有序用电和需求响应项目，通过智能家电的远程控制和用户用电行为的引导，实现了削峰填谷和负荷平衡的目标。在运营管理上，采用了智能化的运营管理模式，利用人工智能算法和大数据分析技术对 VPP 的运行数据进行实时分析与预测，提前制定应对策略，确保 VPP 在不同工况下的稳定运行。

3. 经济社会效益与面临挑战

杭州 VPP 项目带来了显著的经济社会效益。在经济效益上，通过创新的市场交易模式和高效的运营管理，提高了 VPP 的盈利能力，为参与各方带来了实际的经济利益。同时，也促进了杭州地区数字经济与能源产业的深度融合，带动了相关产业的创新发展。在社会效益方面，提高了城市能源管理的智能化水平，增强了电力系统应对极端天气和突发情况的能力，保障了城市居民的用电安全和生活质量。然而，该项目也面临着一些挑战。例如，数据共享与安全问题面临较大压力，由于涉及多方数据合作，如何确保数据的合法合规使用和安全存储是一个亟待解决的问题。此外，用户对 VPP 的认知度和参与度有待进一步提高，需要加强市场宣传与教育，增强用户对 VPP 模式的信任与支持。

五、结论

通过对国内外 VPP 典型案例的深入分析，可以看出 VPP 商业模式在不同国家和地区都展现出了巨大的发展潜力和应用价值。其核心要素包括资源聚合与整合、智能控制与优化调度、市场交易与价值创造以及用户互动与需求响应等方面，通过这些要素的协同作用，VPP 能够有效提高电力系统的灵活性、可靠性和经济性，促进可再生能源的消纳与能源转型。然而，VPP 商业模式在实践过程中也面临着诸多挑战，如数据安全与隐私保护、储能成本高昂、市场准入与政策监管不确定性、分布式能源资源整合难度大以及用户认知度和参与度不足等问题。为了推动 VPP 的广泛应用与可持续发展，需要政府、企业和社会各方共同努力。政府应加强政策支持与引导，完善相关法律法规和市场监管机制，制定有利于 VPP 发展的政策措施，如补贴政策、市场准入规则和价格机制等；企业应加大技术研发投入，提升 VPP 的技术水平和创新能力，降低运营成本，加强与各方的合作与协同，共同探索适合不同场景的 VPP 商业模式；社会应加强对 VPP 的宣传与教育，提高公众对 VPP 的认知度和接受度，鼓励用户积极参与 VPP 的建设与运营。只有通过各方的合力协作，才能充分发挥 VPP 在未来电力系统中的重要作用，为全球能源可持续发展做出积极贡献。

第三节　储 能 商 业 模 式

储能技术是新型电力系统的重要支撑，也是商业模式创新的重要方向。在"双碳"目标下，可再生能源发展持续加速，新能源装机爆发式的增长和送出形态的多样性给电网安全稳定运行带来了较大的挑战。为促进大规模新能源并网消纳，抽水蓄能、压缩空气储能、电化学储能等灵活性调节资源的支撑作用日趋重要。

一、基本概念

储能作为一种能够实现电能的存储与释放的技术手段，对于提升电力系统的灵活性、稳定性和可靠性具有关键作用。在新能源大规模接入、电力需求多样化以及电力市场改革深化的背景下，储能的商业模式不断创新与发展，涵盖了电力系统的多个环节与领域。本节通过对比分析传统储能和共享储能运行方式差异，详细分析了共享储能商业模式，并提出相关建议。

二、共享储能运行方式及汇聚潜力

（一）传统储能和共享储能的区别

储能能够显著提高风、光等可再生能源的消纳水平，促进能源生产消费开放共享和灵活交易，实现多能协同，是推动主体能源由化石能源向可再生能源更替的关键技术，是构建能源互联网、推动电力体制改革和促进能源新业态发展的核心基础。因此，近年来储能技术及其相关应用在国家的大力扶持下得到了长足的发展。

随着一批储能项目的落地，储能系统面临缺乏协同统一调配、容量利用不充分等问题。共享经济概念的引入可以很好地解决储能发展面临的应用瓶颈，共享储能作为能源互联网背景下产生的新一代储能理念，具有分布广泛、应用灵活的优点，可以有效提升高渗透率下电网的稳定性和对新能源的消纳能力。国家及地方多次发布共享储能政策以促进共享储能发展，加强新能源、电网与共享储能的互动互联，促进能源高效利用。

传统储能运营模式如图 4-2（a）所示，配套的储能项目往往仅服务于单一个体，各个电站的储能装置彼此没有直接的联系，商业模式简单，经济性较差。而共享储能借鉴共享经济概念，可将发电侧、电网侧、用户侧的储能电站视为一个整体，通过不同层级的电力装置相互联系、协调控制、整体管控，共同为区域内的新能源电站和电网提供电力辅助服务，如图 4-2（b）所示。因此，共享储能能满足多主体对储能的互补性与替代性需求，大大降低储能的投入成本，提高现有储能设备的利用率，实现储能装置的经济效益最大化，促进大规模清洁能源的并网消纳，为电网提供坚强支撑。

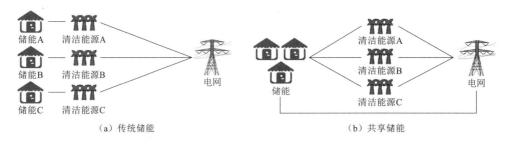

图 4-2　传统储能与共享储能示意图

（二）共享储能与源—网—荷互动互联过程

电源侧，风能和太阳能发电间歇性、波动性的特点对电网系统的稳定性和安全性带来较大的负面影响，截至 2022 年年底，河北南网新能源（风力发电和光伏发电）装机容量 2943.47 万 kW，其中风电装机 407.52 万 kW，同比增长 3.7%；光伏装机 2535.95 万 kW（集中式 992.38 万 kW、分布式 1543.57 万 kW），同比增长 25.6%。共享储能可以快速响应电网系统对新能源出力的要求，实现功率动态调节，减少外部影响，有效实现新能源发电的调幅调频、平滑输出和计划跟踪，提高电网对新能源发电的消纳能力，有效解决弃风弃光问题。

电网侧，保证潮流不越限且电压维持在额定范围内对电力系统安全稳定运行具有重要意义。接入储能可以有效缓解负荷高峰时期的供电紧张，同时通过选择合适的储能接入地点，可辅助实现系统调峰调频、改善线路电压分布并降低电网损耗。但电网对储能的需求仅在部分时段存在，若建设专用储能电站，大部分时间段内会存在闲置容量，经济性较差。而随着国家对储能产业的支持及储能技术的不断进步，共享储能的利用率不断提高，共享储能电站可更好地提高电网经济性。

用户侧，分时电价情况下各类工业、商业与居民用户的电力需求将随价格波动变化，若短期价格上涨，电力需求会相应下降。但一方面电能成本对大多数工业和居民用户而言仅占生产/生活成本中很小一部分；另一方面由于电能具有"使用方便，容易获取"的特性，生产生活中对电能的依赖性较强，工业、商业与居民用户电力需求价格弹性较低。相较于在电价上升时减少用电需求，电力用户更倾向于在电价高时租用共享储能（图4-3），通过峰谷价差套利服务提升用能经济性。

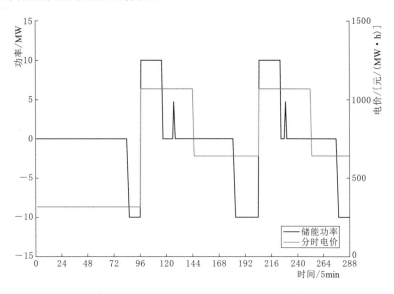

图4-3 储能充放电曲线及分时电价曲线

（三）配网侧储能资源汇聚潜力

配网作为电力输送和分配的末端载体，承担了重要的输、配电工作，是共享储能建设应用的主要场景。目前，配网侧可利用的储能资源主要包括台区储能设备、移动电源车、便携式应急电源设备、电动汽车和数据中心等用户的备用电源等。现阶段配电侧储能装机容量不断增长，储能资源可能存在闲置情况，可将已建成的闲置储能资源汇聚共享，也可新建共享储能电站，整体布局，做到整个区域协调发展，提高系统运行效率。

以配网中电动汽车的车载电池和分布式光伏发电侧配置的分布式储能系统为例，在这两种应用场景中，储能系统均具有"闲余时段"或"闲余容量"来参与电网的汇聚应用，具备一定的汇聚潜力。电动汽车中，通勤车辆使用规律性较强、储能汇聚潜力高，由于行程时间普遍集中在早上5—8时和晚上5—7时，通常早于午晚负荷高峰时段，可在非高峰时储能。而分布式光伏配置的储能系统在昼间需要平抑光伏出力波动或平衡光伏发电与用户负荷间的功率差额，仅在夜间分布式光伏系统无出力时段具有汇聚潜力。

若将分布式储能通过某种聚拢技术进行联合调控，存储局部电网调节余量，打破传统各个储能系统之间的壁垒，有助于电网和发电行业进行联合运行调控，提高电能品质和储能系统利用率，如图4-4所示。例如电动汽车聚合商将可利用的电动汽车电池资源汇聚共享，新能源运营商将可利用的新能源配置储能汇聚共享，以分布式储能汇聚共享为辅，建设集散式共享储能电站为主，响应电力体制改革下电力辅助服务市场建设，实现用户需求侧管理，通过用户用电行为的互补性，降低电网所需储能规模，提升储能系统经济性。

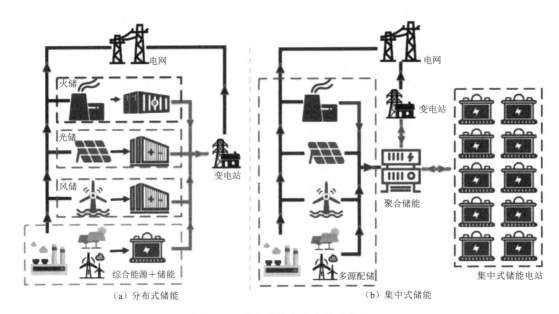

图 4-4　分布式储能和集散式储能

三、共享储能商业模式案例

（一）多主体用户共享储能商业模式

根据投资主体的不同，共享储能技术的商业运营模式主要分为四类，分别为发电侧投资运营模式、电网侧投资运营模式、用户侧投资运营模式和第三方投资运营模式。前三种投资模式均从投资主体自身利益出发、收益来源单一，而第三方投资者建设储能装置可供多方同时使用、共同收益，并根据"谁收益，谁付费"的原则收取相应服务费用。结合储能电站的多种应用场景以及共享储能理念下各利益方同储能电站投资方间的利益关系，从储能电站发挥最大经济价值的角度考虑，可以建立一种第三方投资运营模式（图 4-5），投资方收益来源于政府方、设备方、常规机组方、电网方、新能源方以及用户方等多个方面。

目前储能电站典型商业模式主要有合同能源管理模式和两部制电价模式两种，例如河南电网百兆瓦级电池储能项目为合同能源管理模式，大连全钒液流电站则采用两部制电价模式。这两种商业模式虽然在一定条件下可以保证储能电站项目的收益，但由于利益方主体较少，难以实现储能多应用场景套利。考虑到共享储能系统在支撑电网安全稳定方面的特殊作用，可以各参与方"利益共享、风险共担"为原则，建立一种租赁＋电利益分享商业模式，并通过交易中心建设运营、信息通信网统筹管理实现基于能源互联的共享储能规模化应用。

面向多主体用户的共享储能商业模式主要有以下特点：一是共享储能通过消纳弃风弃光、低充高放协调多主体用户需求、提供调峰辅助服务、延缓设备投资、降低电网损耗、节约火电燃煤成本、政策补贴等方式创造价值；二是共享储能费用依据提供者对储能设备的投资和运维成本决定，定价形式多样，可通过按容量、按放电电量和按服务套餐等方式

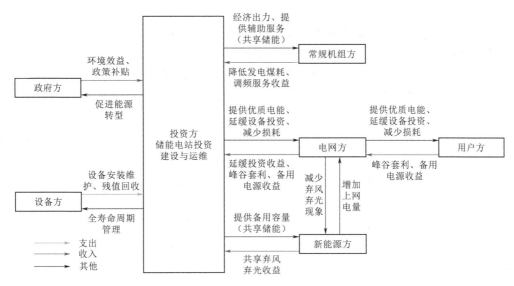

图 4 - 5　第三方投资运营模式示意图

收取，其中按服务套餐定价方式可以更好地运用价格杠杆，针对不同用户对储能服务提供时间和可靠性的不同要求，最大限度共享使用分布式储能资源、降低用能成本。

（二）提升安全性和经济性的共享储能交易机制构建

根据多主体用户参与的共享储能商业模式，可构建相适应的交易机制：共享储能供给方组织闲置储能资源构成储能资源供给池，需求方发布储能资源需求信息构成储能资源需求池，利用平台进行价格匹配，供给方通过电力网络向需求方提供点对点服务。其中，共享储能供给池主要包括共享储能厂站、新能源厂站配置储能的闲置容量、电动汽车电池闲置容量、其他储能等，共享储能购买方主要指需要减少弃风弃光的新能源厂站、需要调峰调频的电网、需要峰谷套利的工商业用户等。产消者通过点对点交易可以直接参与市场，实现能源共享和局部供需平衡，提高产消者参与市场的主动性，相较于将过剩的电能通过第三方直接输送给主网，这种方式可以更有效地提高用户侧资源的灵活性和经济性。

提升安全性方面，当前电力交易大部分是通过交易中心实现全过程的管控，管控过度中心化特性导致参与交易主体信息不对称，难以保证各主体参与交易的公平性。同时因中心机构掌控所有用户交易资料、数据，中心数据库一旦遭受恶意攻击和篡改，将造成用户隐私泄露等严重问题。因此，共享储能交易可利用交易平台存储交易信息，交易平台根据交易双方提交的购售电信息进行撮合，成功撮合的购电方与售电方签订合同，交易过程无需通过中心机构撮合，中心机构仅负责安全校核与阻塞管理，从而极大地提升交易的安全性。

提升经济性方面，一是改进支付机制，在实际电力交割后，通过将智能电表数据实时上传至交易平台来保障计量的准确性，验证通过后执行交易价值清算、完成资金转移；二是引入惩罚机制，对各方违约行为进行惩罚，如果共享储能违约将扣除部分保证金，如果购电方违约将通过扣减信用分值以及追加信用惩罚费用进行惩罚，如果交易双方出现了违约情况，无法按合同完成电量转移、消纳，可向第三方发起仲裁申请，维护自身合法权益。

（三）共享储能实时交易平台建设架构

实时交易平台是共享储能商业模式建设的核心，为实现储能资源的多主体高效共享，实时交易平台需要满足注册登录、市场报价、购电售电和查询管理四大使用需求。需求导向下共享储能交易平台自下而上可分为五层，底层为基础层，包括硬件设施和通信设备；第二层为网络层，主要是用于共享储能交易在网络上的实际执行；第三层是合约层，通过智能合约的形式实现逻辑功能；第四层是信息层，用于在服务层和合约层之间实现信息交互；第五层是服务层，实现用户管理、电能交易、支付管理、账户管理四个模块的功能。

其中，合约层是实现共享储能实时交易的逻辑核心，是交易平台上进行交易的最终决策规则。用户在平台上进行购售电交易过程中，通过网络绑定智能电表、读取电表数据，通过调用合约函数来实现能源交易和转移的逻辑功能。按照交易平台用户参与交易的阶段，设计报价函数、交易撮合函数、数据处理函数、交易结算函数、奖惩激励函数五个功能函数来实现兼具安全性和经济性的共享储能实时交易，如图 4-6 所示。

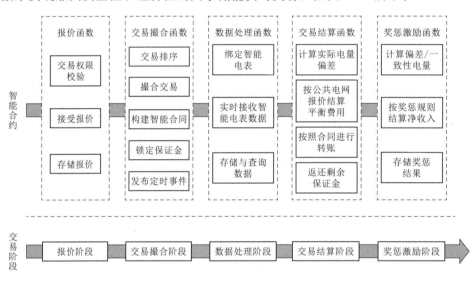

图 4-6　智能合约内部逻辑设计

四、共享储能商业模式建议

（一）健全市场化运营机制

（1）出台储能项目价格政策。抓紧出台储能电价政策，明确储能项目放电、充电时作为发电、用电市场主体参与中长期交易规则，明确充电时各时段充电电量享受分时电价政策，明确独立储能电站向电网送电时，输配电价和政府性基金及附加的优惠政策。支持独立储能项目参与电力辅助服务市场，可优先出清，调峰补偿价格可最大限度优惠；储能设施充电可执行谷段电价政策，明确谷段充电电价按平段电价的比例。

（2）优化调度运行机制。鼓励提高独立储能项目调度频次，明确年度调用完全充放电最低次数；电力供应紧张等特殊时段，给予适当补偿。

（3）建立集中调控、分层响应的共享储能运营机制。新型电力系统的特质是多节点、小容量电源间歇性发电与广大用户波动性负荷共存，源荷不匹配的问题不仅体现在大电网的峰谷差加大，更集中体现为分区电网的正反向潮流交替。以平抑大电网的峰谷波动为目标，集中调控储能设备充放电功率是必然要求，而在响应层面，需要根据区域电网的实际运行情况，以当地不同时刻的源荷平衡为目标控制储能设备的实际运行，从而形成集中调控、分层分区响应的运营机制。

（4）加大财政支持力度。出台配建储能设施建设补贴政策，促进社会化资本投资建设。

（二）加快新型储能产业发展和技术创新

（1）促进新型储能产业协同发展。引进培育具有自主知识产权和核心竞争力的储能骨干企业，推动"材料—电池—终端—检测—回收"全产业链协同发展。

（2）试点分区平衡、群体响应的区域电网自治模式。分层响应的运营模式需要以区域电网的内部平衡和主动支撑为基础，如何实现区域电网内部源网荷储的实时平衡和对上级电网的灵活互动，从而实现大电网的柔性可控，需要通过典型场景的试点运行来验证并提升。

（三）确立以成效为核心的共享储能定价机制

共享储能不同于常规电力设备，其存在的基础是源荷随机波动导致的电力系统不平衡，其最终实现的目标是抑制峰谷波动，保障电网安全，促进新能源消纳并尽可能降低电网冗余建设，节省电网投资。在统一的电量和容需量电价之外，共享储能电价还应该体现不同储能设施对电力系统实际支撑能力的差异性。如相同充放电量时，高电压层级的大规模集散式储能对电网输送能力的依赖性较强，而低电压层级的小容量分布式储能可以实现就地平衡，并且切实促进本地新能源的消纳能力，平抑电网传输功率，有效延缓电网投资，因此在储能定价时，应该充分考虑其成效和意义，促进低压用户储能配置积极性。

（四）研究共享储能运营成本的合理疏导机制

在传统以火电为主体的电力系统中，源荷平衡主要依靠电厂出力调节，在长期的实践中，电价机制能够体现电厂、电网和用户之间的实际利益关系。在新型电力系统下，共享储能成为系统内重要的一环，但系统的整体定价机制依然以煤电标杆电价为基础，新能源发电成本、新能源并网导致的电网峰谷波动问题以及由此带来的共享储能配置和运行调度需求没有形成独立的价格机制，导致新能源并网电价脱离其实际成本，而治理新能源间歇性、波动性问题的共享储能运营成本没有形成合理有效的疏导机制。当前，无论储能如何定价以及如何参与市场交易，标杆电价和用电侧电价的确定性都无法匹配储能交易电价的不确定性，源、网、荷都对储能有需求，但在当前电价机制下都无法且无责承担共享储能运营成本，因此明确共享储能的成本疏导机制是当务之急。

（五）构建云储能共享储能模式

搭建云储能平台，可综合利用集散式的储能设施或聚合分布式的储能资源为用户提供储能服务，将分散在用户侧的储能设施集中到云端，并交由电网统一协调，共享储能通过双方协商、双边竞价及单边调用等模式参与电力交易，云端的虚拟储能容量使用户直观感受储能充放电，从而增加用户参与程度。通过这种模式，把不同类型储能资源进行整合，开展协同优化运行控制，实现储能资源的灵活调动和合理利用，同时可以充分利用用户的储能使用需求在时间上的互补性，降低储能设施的总容量，节约投资成本。

五、结论

共享储能是在新型电力系统下源网荷实时平衡的重要技术手段，但不同于已经形成的电力系统运行模式，储能的建设、运营、市场交易等具有显著的特殊性和独立性，因此，在厂网分开的基础上，进一步明确储能作为第三方独立运营的机制，实现电力系统内部发、输、储、用（售电）各个环节的独立运营，并在此基础上建立科学合理的市场运营机制，有利于促进权责明晰、主体明确、互惠共赢，为新型电力系统发展建设明确方向。

第四节 碳交易商业模式

随着全球对气候变化的关注度日益提升，碳交易作为一种基于市场机制的减排手段应运而生。本节详细阐述了基于配额、基于项目以及碳金融衍生产品等不同类型的碳交易商业模式，通过案例剖析，阐述了碳交易市场的运作机制、市场主体参与策略、价格形成机制以及成效与挑战，旨在为碳交易市场的进一步发展和完善提供有益的参考与借鉴。

一、引言

全球气候变化问题已成为当今世界面临的重大挑战之一，减少温室气体排放成为各国的共同责任。碳交易作为一种创新的环境经济政策工具，通过市场机制激励企业降低碳排放，在全球范围内得到了广泛应用与发展。它不仅为企业提供了灵活的减排途径，也为投资者创造了新的金融机遇，同时推动了绿色技术的创新与推广。

二、碳交易概述

（一）碳交易的基本原理

碳交易基于"总量控制与交易"原则，政府或监管机构首先确定一个碳排放总量上限，并将其分配或拍卖给各个排放企业。企业获得的碳排放配额代表其在特定时期内被允许排放的温室气体数量。若企业实际排放量低于其配额，可将多余配额在碳市场上出售；反之，若排放量超过配额，则需在市场上购买额外配额以满足合规要求。这种机制通过市场价格信号引导企业采取减排措施，使得减排成本较低的企业有动力进一步降低排放，并通过出售多余配额获利，而减排成本较高的企业则可选择购买配额，从而以最低的社会总成本实现既定的减排目标。

（二）碳交易市场主体

碳交易市场涉及多个主体，包括碳排放企业、投资者、碳交易平台、第三方核查机构、金融机构以及政府监管部门等。碳排放企业是碳交易的核心主体，它们既是配额的持有者和使用者，也是减排行动的主要实施者。投资者则看到了碳市场的投资潜力，通过参与碳配额和碳信用的买卖，追求资本增值。碳交易平台为交易双方提供了公开、透明的交易场所和相关服务，确保交易的顺利进行。第三方核查机构负责对企业的碳排放数据进行监测、报告和核查，保证数据的真实性和可靠性，为碳交易提供数据基础。金融机构在碳交易中发挥着重要作用，如提供碳金融产品和服务，包括碳融资、碳保险等，促进资金在碳市场中的流动。政府监管部门则负责制定碳交易政策、规则和监管框架，监督市场运行，维护市场秩序，确保碳交易市场的公平、公正与透明。

（三）碳交易产品与方式

碳交易的主要产品包括碳排放配额和碳信用。碳排放配额是政府分配给企业的碳排放许可额度，具有明确的法律约束力和市场价值。碳信用则通常源于特定的减排项目，如可再生能源项目、林业碳汇项目等，这些项目通过减少或吸收温室气体排放而获得相应的碳信用额度，可在碳市场上进行交易。碳交易方式主要有现货交易、期货交易、期权交易以及场外交易（OTC）等。现货交易是指买卖双方在达成交易协议后，即时或在较短时间内进行配额或碳信用的交割。期货交易则是双方约定在未来某个特定时间以约定价格买卖碳产品的合约，期货交易有助于企业提前锁定碳价，规避价格波动风险。期权交易赋予买方在未来特定时间以约定价格购买或出售碳产品的权利，但并非义务，为市场参与者提供了更多的风险管理工具。场外交易则是在交易平台之外，由买卖双方直接协商进行的碳交易，其灵活性较高，但交易透明度相对较低，通常适用于大宗交易或特定客户之间的交易。

三、碳交易商业模式分类及分析

（一）基于配额的碳交易商业模式

1. 模式运作机制

在基于配额的碳交易商业模式中，政府或监管机构根据国家或地区的减排目标，确定碳排放总量上限，并按照一定的分配方法将配额分配给纳入碳交易体系的企业。企业根据自身的生产计划和排放预测管理其碳排放配额。如果企业通过技术改进、能源效率提升或生产工艺优化等措施，使其实际排放量低于所分配的配额，就可以将多余的配额在碳市场上出售，获得经济收益。反之，如果企业的实际排放量超过配额，则需要在市场上购买额外的配额以满足合规要求，否则将面临相应的处罚。例如，在欧盟排放交易体系（EU ETS）中，电力、工业等行业的企业被分配了一定数量的碳排放配额，企业需要定期监测和报告其碳排放数据，并根据配额情况参与市场交易。一些大型能源企业通过投资建设可再生能源发电设施，减少了对化石燃料的依赖，从而降低了碳排放，拥有了多余的配额并在市场上出售，获得了可观的利润；而一些减排难度较大的企业则不得不购买配额，以维持其正常的生产运营。

2. 优势

（1）明确的减排目标导向。基于配额的交易模式能够直接与国家或地区的减排目标相挂钩，通过设定总量上限，确保了碳排放总量的可控性，为实现温室气体减排目标提供了有力保障。

（2）市场机制激励减排。这种模式充分发挥了市场的价格机制作用，给予企业自主选择减排方式的灵活性。减排成本低的企业有强烈的经济动机去进一步降低排放，以获取更多的配额出售收益；而减排成本高的企业则可以通过购买配额来满足合规要求，避免了因强制减排而可能导致的过高成本或生产中断，从而实现了全社会减排成本的最小化。

（3）促进企业创新与竞争力提升。为了在碳交易市场中获取竞争优势，企业有动力加大对节能减排技术研发和创新的投入，改进生产工艺，提高能源利用效率，这不仅有助于企业降低碳排放，还能提升企业的整体技术水平和市场竞争力，推动行业的绿色转型与升级。

3. 挑战

（1）配额分配的公平性与合理性。配额分配是基于配额的碳交易商业模式的关键环节，但在实践中，如何确保配额分配的公平性和合理性一直是一个难题。如果配额分配过于宽松，可能导致碳市场供过于求，碳价过低，无法有效激励企业减排；反之，如果配额分配过于严格，可能会对部分企业的生产经营造成过大压力，影响企业的生存与发展，甚至引发行业的不稳定。此外，不同行业、企业之间的差异性较大，如何制定科学合理的配额分配方法，充分考虑企业的历史排放水平、生产工艺特点、发展潜力等因素，是需要深入研究和解决的问题。

（2）碳泄漏风险。在全球化背景下，基于配额的碳交易商业模式可能会导致碳泄漏现象的发生。所谓碳泄漏，是指由于实施严格的碳减排政策，使得一些高排放企业将生产活动转移到碳减排政策较为宽松的国家或地区，从而导致全球温室气体排放总量并未真正减少。例如，一些欧盟国家的高耗能企业可能会将工厂迁至碳排放管制较弱的东欧或亚洲国家，以避免在欧盟碳市场中购买高价配额，这不仅削弱了碳交易体系的减排效果，还可能对相关国家的产业结构和经济发展产生不利影响。为了应对碳泄漏风险，需要加强国际间的合作与协调，建立全球性的碳交易框架或采取边境调节措施等，但这些措施的实施面临着诸多政治、经济和技术方面的挑战。

（3）市场波动与价格不确定性。碳市场的价格受到多种因素的综合影响，如宏观经济形势、能源价格波动、气候变化政策调整、突发事件（如自然灾害、金融危机等）等，这使得碳价具有较大的波动性和不确定性。对于企业来说，难以准确预测碳价走势，增加了企业减排投资决策的难度和风险。例如，在经济衰退时期，工业生产活动放缓，碳排放需求下降，可能导致碳价暴跌；而在可再生能源政策大力推动或极端气候事件引发对减排紧迫性的高度关注时，碳价又可能大幅上涨。这种价格的不确定性可能会影响企业参与碳交易的积极性，也不利于碳市场的稳定健康发展。

（二）基于项目的碳交易商业模式

1. 模式运作机制

基于项目的碳交易商业模式主要围绕特定的减排项目展开。这些项目通常涉及可再生能源开发（如风力发电、太阳能发电、水力发电等）、能源效率提升（如工业余热回收利用、建筑节能改造等）、林业碳汇（如植树造林、森林保护与管理等）以及其他温室气体减排技术应用［如碳捕获与封存技术（CCS）、垃圾填埋气回收利用等］等领域。项目开发者通过实施减排项目，减少或吸收了一定量的温室气体排放，从而获得相应的碳信用额度。这些碳信用额度可以在碳市场上进行交易，出售给有碳排放配额需求的企业或其他市场主体，以获取经济收益。例如，一个风力发电项目在建设和运营过程中，相比传统的化石燃料发电方式，减少了大量的 CO_2 排放。项目开发者可以根据相关的碳交易规则和标准，对该项目的减排量进行量化和认证，获得相应的碳信用额度，并将其在碳市场上出售给电力企业或其他工业企业，这些企业购买碳信用额度后，可以用于抵消其自身的碳排放配额缺口，以满足合规要求。

2. 优势

（1）促进减排项目投资与发展。基于项目的碳交易商业模式为减排项目提供了额外的经济激励和资金来源。由于项目开发者可以通过出售碳信用额度获得收益，这在一定程度上弥补了项目建设和运营过程中的成本，提高了项目的经济可行性和投资回报率，从而吸引了更多的社会资本和企业投资参与减排项目的开发与建设，有力地推动了可再生能源、能源效率提升、林业碳汇等领域的发展，加速了全球温室气体减排进程。

（2）灵活性与多样性。这种模式涵盖了多种类型的减排项目，具有很强的灵活性和多样性。不同类型的项目可以根据自身的特点和优势，在不同的地区和环境条件下实施，适应了全球范围内不同国家、地区和行业的减排需求和资源禀赋。例如，在一些风能资源丰富的地区，可以大力发展风力发电项目；在森林资源丰富的地区，则可以重点推进林业碳汇项目。这种多样性有助于充分挖掘和利用各种减排潜力，形成全社会共同参与减排的良好局面。

（3）技术创新与推广。基于项目的碳交易商业模式鼓励企业和项目开发者积极探索和应用新的减排技术和方法。为了获得更多的碳信用额度，项目开发者往往会不断寻求更高效、更先进的减排技术，这促进了减排技术的创新与研发，并加速了新技术在市场中的推广与应用。例如，CCS 技术虽然目前成本较高，但在碳交易的激励下，一些企业开始尝试将其应用于大型发电厂或工业设施中，随着技术的不断发展和成熟，有望在未来大规模降低温室气体排放。

3. 挑战

（1）项目开发与认证的复杂性。基于项目的碳交易商业模式涉及复杂的项目开发、监测、报告和认证流程。首先，项目开发者需要确保项目符合相关的碳交易标准和方法学要求，这需要专业的技术知识和经验；其次，在项目实施过程中，需要建立严格的监测系统，准确测量和记录项目的减排量，这对监测设备和技术的要求较高；最后，项目的减排量认证需要由独立的第三方机构进行审核和验证，这一过程通常较为繁琐且耗时较长，增加了项目开发的成本和时间成本。例如，一个林业碳汇项目，从造林规划、树木种植到后期的森林养护和监测，需要长期的数据收集和分析，并且要按照国际或国内认可的林业碳汇方法学进行减排量计算和认证，整个过程需要投入大量的人力、物力和财力资源。

（2）碳信用的质量与可信度。由于不同的减排项目在技术水平、实施条件、监测方法等方面存在差异，导致所产生的碳信用质量参差不齐。一些低质量的碳信用可能存在减排量虚报、高估或项目可持续性不足等问题，这给碳市场带来了信用风险，影响了市场参与者对碳信用的信任度。例如，一些小型的、管理不规范的可再生能源项目可能在减排量监测过程中存在误差或故意夸大减排量的情况，当这些碳信用进入市场交易后，可能会损害购买方的利益，破坏碳市场的正常秩序。为了确保碳信用的质量和可信度，需要建立健全严格的碳信用认证标准和监管机制，但在实际操作中，由于不同国家和地区的标准存在差异，以及国际协调机制的不完善，这一目标的实现面临较大困难。

（3）市场需求与价格波动。基于项目的碳信用市场需求受到多种因素的影响，如碳排放配额的分配情况、企业的减排策略和成本、宏观经济形势等。当碳排放配额分配较为宽松或企业自身减排能力较强时，对碳信用的市场需求可能会相对较低，导致碳信用价格下跌；反之，当配额紧张或企业减排压力较大时，市场需求会增加，价格可能上涨。这种市场需求的不确定性和价格波动给项目开发者带来了较大的经营风险。例如，在某些地区的碳交易市场初期，由于配额分配不合理，导致碳信用市场供过于求，价格暴跌，许多减排项目开发者面临亏损，严重影响了其积极性和后续项目的开发。

（三）碳金融衍生产品的碳交易商业模式

1. 模式运作机制

碳金融衍生产品的碳交易商业模式是在碳交易市场基础上发展起来的一种更为复杂和高级的交易模式。它主要涉及碳期货、碳期权、碳远期合约、碳掉期等金融衍生产品的交易。这些金融衍生产品以碳排放配额或碳信用为基础资产，通过金融工程技术进行设计和创新，旨在满足不同市场参与者的风险管理、投机套利和投资需求。以碳期货为例，其交易双方在期货交易所签订合约，约定在未来某个特定时间以约定价格买卖一定数量的碳排放配额或碳信用。通过碳期货交易，企业可以提前锁定碳价，规避未来碳价波动带来的风险。例如，一家电力企业预计未来几个月内碳价可能上涨，为了控制成本，它可以在期货市场上买入碳期货合约，如果未来碳价真的上涨，该企业可以通过卖出期货合约获利，从而抵消在现货市场上购买碳排放配额的高价成本；反之，如果碳价下跌，虽然期货合约会亏损，但企业在现货市场上购买配额的成本也会降低，从而实现了风险的对冲。碳期权则赋予买方在未来特定时间以约定价格购买或出售碳产品的权利，但买方可以根据市场情况选择是否行使该权利，这为投资者提供了更为灵活的风险管理和投机工具。碳远期合约和碳掉期则主要用于企业之间或金融机构之间的碳资产交易和风险管理，通过约定未来的交易条件，实现碳资产的跨期配置和风险转移。

2. 优势

（1）风险管理功能强大。碳金融衍生产品为碳市场参与者提供了丰富多样的风险管理工具。无论是碳排放企业面临的碳价波动风险，还是投资者在碳市场投资过程中的价格风险、信用风险等，都可以通过相应的碳金融衍生产品进行有效的对冲和管理。例如，企业可以利用碳期货、碳期权等工具锁定碳价，降低因碳价大幅波动而导致的成本不确定性；金融机构可以通过碳掉期等产品管理其碳资产组合的利率风险、汇率风险等，提高碳资产的风险管理水平和运营效率。

（2）提高市场流动性与效率。碳金融衍生产品的交易丰富了碳交易市场的交易品种和交易策略，吸引了更多的金融机构、投资者和企业参与碳市场交易，大大提高了碳市场的流动性和交易活跃度。同时，碳金融衍生产品的价格发现功能能够更加准确地反映市场参与者对未来碳价走势的预期和市场供需关系，从而提高了整个碳市场的资源配置效率。例如，碳期货市场的价格波动往往会对现货市场产生引导作用，促使现货市场价格更加合理地调整，使碳市场能够更好地发挥其在温室气体减排中的市场机制作用。

（3）拓展碳市场深度与广度。碳金融衍生产品的碳交易商业模式的发展将碳交易市场从传统的现货交易领域拓展到了金融领域，使碳市场与金融市场深度融合。这不仅为碳市场带来了更多的资金流入，促进了碳市场规模的扩大，还为金融机构创新金融产品和服务提供了新的机遇和领域。例如，银行可以开发基于碳资产的信贷产品、理财产品等，基金公司可以设立碳基金，投资于碳市场相关资产，从而进一步推动了碳市场与金融市场的协同发展，拓展了碳市场的深度与广度。

3. 挑战

（1）金融风险与市场监管难度大。碳金融衍生产品交易涉及复杂的金融交易机制和高杠杆率操作，容易引发各种金融风险，如市场风险、信用风险、操作风险、流动性风险等。例如，在碳期货交易中，如果市场参与者对碳价走势判断失误或市场出现极端波动，可能会导致投资者遭受巨大损失，甚至引发连锁反应，影响整个碳市场的稳定。同时，由于碳金融衍生产品交易的创新性和复杂性，对市场监管提出了更高的要求。目前，碳金融市场的监管体系尚不完善，不同国家和地区的监管标准存在差异，国际间的监管协调难度较大，这给碳金融衍生产品交易带来了潜在的风险隐患，容易出现市场操纵、内幕交易等违法违规行为，破坏碳市场的公平公正秩序。

（2）对专业人才与技术要求高。碳金融衍生产品交易需要具备深厚的金融知识、碳交易专业知识以及熟练的金融技术分析和交易操作技能的专业人才。无论是金融机构的交易员、风险管理师，还是企业的碳资产管理团队，都需要熟悉碳金融衍生产品的设计原理、交易规则、风险特征以及相关的法律法规政策。然而，目前这类复合型专业人才相对匮乏，人才培养体系也不够完善，这在一定程度上限制了碳金融衍生产品交易商业模式的发展。此外，碳金融衍生产品交易还依赖于先进的金融信息技术平台，包括交易系统、风险管理系统、数据处理与分析系统等，这些技术平台的建设和维护需要投入大量的资金和技术力量。

四、碳交易典型案例分析

（一）美国区域温室气体倡议（RGGI）

1. 市场概述与特点

RGGI是美国东北部和大西洋中部地区的跨州碳交易合作项目，自2009年启动以来，专注于电力行业的碳排放控制。其特点是采用基于市场的灵活机制，与区域内各州的能源政策紧密结合，强调减排目标的区域性协同与合作。

2. 运作机制

（1）配额设定与分配。根据各州的电力行业排放情况与减排目标，设定区域内的碳排放总量上限，并将配额分配给各电力企业。配额分配方式包括免费分配和拍卖，其中拍卖比例逐渐提高，以增强市场的价格发现功能。

（2）市场监管与执法。建立了严格的市场监管机制，由各州的环境监管部门组成联合监管团队，对企业的碳排放数据监测、报告与配额交易进行监督检查。对于违规企业实施严厉的处罚措施，包括罚款、配额扣减等，确保市场秩序与规则的严格执行。

（3）与其他政策的协同。RGGI与区域内的可再生能源发展政策、能源效率提升计划等紧密协同。例如，通过设立专项基金，将碳交易收入用于支持可再生能源项目建设、能源效率改造项目等，形成了促进减排的政策合力。

3. 市场主体参与策略

（1）电力企业的应对策略。电力企业在RGGI下积极调整经营策略。一方面，加大对清洁能源发电的投资，如建设风电场、太阳能电站等，以减少碳排放；另一方面，通过优化发电调度，提高发电效率，降低单位发电量的碳排放。在碳市场交易方面，电力企业根据自身的排放情况与配额持有量，合理制定交易策略，参与拍卖与二级市场交易，控制碳成本。

（2）投资者与环保组织的作用。投资者对 RGGI 市场表现出浓厚兴趣，尤其是一些专注于绿色投资的基金和机构投资者。他们通过参与碳配额交易和投资减排项目，获取经济回报的同时，也推动了碳市场的发展与完善。环保组织则在市场监督与公众宣传方面发挥重要作用，促使 RGGI 更加注重减排效果与环境效益的平衡。

4. 价格形成机制

RGGI 的碳价主要由市场供需关系决定。由于其覆盖范围主要为电力行业，碳价相对较为稳定，但也受到能源价格、天气变化、政策调整等因素的影响。例如，在冬季取暖需求旺盛时，电力需求增加，碳排放相应上升，若配额供应不变，则碳价可能上升；而当可再生能源发电比例大幅提高，电力行业碳排放需求减少时，碳价可能下降。

5. 成效与挑战

（1）减排成效与经济影响。RGGI 在促进区域电力行业减排方面取得了良好成效，有效降低了电力行业的碳排放强度，推动了区域内清洁能源的发展与能源结构优化。同时，通过碳交易收入的合理利用，为区域经济发展带来了积极影响，如创造了就业机会、促进了相关产业的发展。

（2）面临挑战。然而，RGGI 也面临一些挑战。其覆盖范围相对较窄，仅局限于电力行业，对其他高排放行业的减排带动作用有限。此外，随着美国联邦层面气候变化政策的不确定性，RGGI 的长期发展面临一定的政策风险。

（二）中国碳排放权交易市场试点

1. 试点市场概述与发展情况

中国自 2011 年起在北京、天津、上海等七省（直辖市）启动了碳排放权交易市场试点工作，各试点地区根据自身的产业结构与经济发展特点，探索建立了具有地方特色的碳交易市场体系。

2. 运作机制

（1）配额分配方法。各试点地区采用了多种配额分配方法，包括历史排放法、行业基准法等。例如，上海对电力、钢铁等行业采用行业基准法，根据行业先进排放水平确定企业配额，鼓励企业提高能效与减排水平；而北京则综合运用历史排放法与行业基准法，对不同行业进行差异化配额分配。

（2）交易平台建设。建立了本地化的碳交易平台，如上海环境能源交易所、北京环境交易所等，为企业提供碳排放配额及相关产品的交易场所。交易平台具备完善的交易系统、信息发布系统与结算系统，确保交易的高效、安全与便捷。

（3）碳排放的量化与数据质量保证的过程（MRV）体系与政策保障。各试点地区逐步建立了适合本地的 MRV 体系，加强对企业碳排放数据的监测、报告与核查。同时，出台了一系列配套政策法规，包括碳排放权交易管理办法、违规处罚规定等，为碳交易市场的有序运行提供了政策保障。

3. 市场主体参与策略

（1）企业参与情况与策略。在试点地区，众多企业积极参与碳交易市场。一些大型企业（如能源企业和制造业企业）通过开展节能减排项目，降低碳排放，将多余配额在市场上出售获取经济收益。例如，宝山钢铁股份有限公司在上海碳交易市场中，通过实施一系列节能改造措施，减少了自身碳排放，在碳市场上表现活跃。同时，也有部分企业由于减排压力较大，需要在市场上购买配额以满足合规要求，这将促使企业加强内部管理，探索减排新技术与新途径。

（2）金融机构与中介服务机构的参与。金融机构在中国碳交易试点市场中逐渐崭露头角。银行开始探索碳金融业务，如为企业减排项目提供绿色信贷支持，开发碳资产质押贷款等创新产品。碳资产管理公司、咨询公司等中介服务机构也应运而生，为企业提供碳市场咨询、碳资产管理、减排项目开发等专业服务，促进了碳交易市场的专业化与规范化发展。

4. 价格形成机制

中国碳排放权交易试点市场的碳价受到多种因素影响。在初期，由于市场规模较小、流动性不足，碳价波动较大。随着市场的发展与完善，碳价逐渐趋于稳定。配额分配总量、企业减排成本、市场预期、政策导向等因素对碳价产生重要影响。例如，当试点地区收紧配额分配总量时，市场供应减少，碳价可能上升；而当企业减排成本降低，市场供应增加时，碳价可能下降。

5. 成效与挑战

（1）试点成效。中国碳排放权交易试点市场在推动试点地区温室气体减排方面取得了一定成效，提高了企业的减排意识与能力，促进了相关政策法规的完善与创新，为全国碳交易市场的建设积累了宝贵经验。

（2）面临挑战。各试点地区市场规则存在差异，导致市场分割，影响了市场的流动性与有效性。碳价形成机制尚不完善，价格信号未能充分反映市场供需关系与减排成本。此外，市场监管体系仍需进一步加强，以防范市场操纵与违规交易行为。

（三）企业层面碳交易案例——微软

1. 企业碳战略与目标

微软作为全球科技巨头，制定了雄心勃勃的碳减排战略与目标。其致力于在2030年前实现碳负排放，并在2050年前消除自公司成立以来的所有碳排放历史累积量。为实现这一目标，微软积极参与碳交易市场，将其作为实现碳减排目标的重要工具之一。

2. 碳交易策略与实践

（1）内部碳定价机制。微软在公司内部建立了碳定价机制，对各业务部门的碳排放进行量化评估，并根据碳价计算碳排放成本，将其纳入业务部门的绩效考核体系。这促使各业务部门积极采取减排措施，减少碳排放。

（2）碳交易市场实践。微软积极参与全球碳交易市场，购买高质量的碳抵消项目，如可再生能源项目、森林碳汇项目等，以抵消公司自身难以避免的碳排放。同时，微软也在探索利用自身的技术优势与数据资源，开发碳市场相关的技术解决方案与服务，如碳足迹监测与管理软件等，为碳交易市场的发展贡献力量。

3. 成效与示范意义

微软的碳交易实践取得了显著成效,不仅推动了公司自身的碳减排进程,也为其他企业树立了良好的榜样。其内部碳定价机制与碳市场交易策略为企业应对气候变化提供了创新思路与实践经验,有助于提高企业在碳交易市场中的参与度与影响力,促进全球碳减排目标的实现。

(四) 村级电网实施碳交易模式探索实例 (以河北南网为例)

1. 面临问题

整县屋顶分布式光伏开发是落实"双碳"目标,推动乡村振兴发展的有力措施。然而,农村电网建设标准低,电网新能源承载能力差,分布式光伏接入及消纳困难;农村屋顶资源掌握在广大村民手中,开发商租赁屋顶需要面对大量分散用户,导致协调周期长,建设规模难以确定;光伏投资成本高,回收周期长,村民自主开发意愿差,合作开发又难以甄别各类开发商提供的众多模式,导致建设积极性差;电网公司难以及时获得分布式光伏开发的确切信息,导致配套电网工程立项困难,难以满足分布式光伏集中并网要求,进一步增加了开发商建设成本,导致收益率不足,项目推进缓慢。

总体而言,分布式光伏大规模开发存在电网消纳困难、信息沟通不畅的技术问题和投资开发模式不适应市场需求的问题,如图4-7所示,亟须在技术层面优化并网消纳模式,开发信息交互平台,在商业层面创新投资开发合作模式,有效保障投资商、农户、电网公司等各方利益,从而推动分布式光伏开发利用,促进"双碳"目标落实。

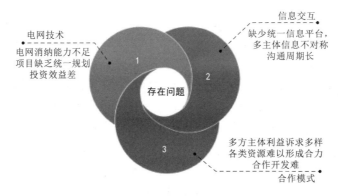

图4-7   分布式光伏开发现状问题

2. 解决方案

针对分布式光伏大规模开发存在的现实问题,探索以分布式光伏直发直储直用为核心的村级分布式智能电网(图4-8)典型建设模式,自主研制了适用于多台区低压柔性互联的固态无缝负荷切换装置,开发了以多端口电能路由器为基础的多层级电网协同稳定控制平台,实现了村级电网内部功率实时调节和对上级电网的主动功率支撑,促进了分布式光伏跨台区消纳,提升了电网接入能力,降低了配套电网建设规模,并提出进一步扩展信息收集交互功能,促进分布式光伏合作开发的思路。

(1) 村级分布式智能电网建设模式。随着分布式光伏、电动汽车充电桩、空气源热泵、变频空调、电池储能等直流属性的源荷储设备大量接入电网,直流电网的优势逐渐显

图 4-8　村级分布式智能电网示意图

现。交直流混联电网以多端口电能路由器为核心，可以实现源网荷储多元设备的灵活接入和功率实时控制，并实现多配变台区柔性互联，从而共享配变容量，提升分布式光伏接入容量。

　　针对屋顶分布式光伏开发，提出了以村为单位，以交直流混联、多配变低压柔性互联为特征的村级分布式智能电网建设方案。通过制定电网建设方案，研制配变低压柔性互联的 AC/DC/AC 电能路由器装置，在饶阳同岳供电所建成了示范工程，打造了村级分布式电网典型模式（图 4-9、图 4-10）。

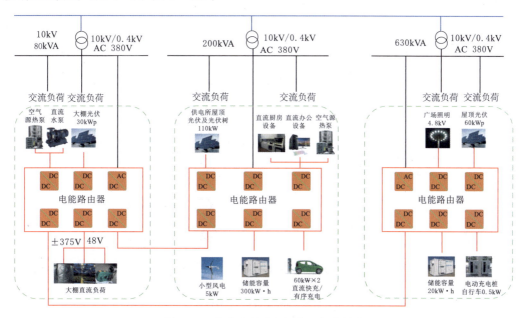

图 4-9　交直流混联电网典型拓扑结构

　　（2）分布式智能电网协同稳定控制平台开发。村级分布式智能电网实现了多台区低压柔性互联和源网荷储多元设备灵活接入，每个村级电网包含多个以电能路由器为核心的子微网，多个村级电网共同接入上级电网，各层级电网之间、多子微网之间、子微网内各种设备之间的功率协同控制成为制约系统运行经济性、灵活性、可靠性的关键。

　　基于边缘计算的分布式智能电网协同运行控制平台（图 4-11～图 4-13），实现了电网分层分区协同控制。以乡镇级配电网（一般包含 1～2 座 35kV/110kV 变电站）为统一单元，对上联接传统配网，并实现主动功率支撑和相应调度控制指令，对下统筹多个村级分布式电网，实现内部各子单元之间的协同控制。

图 4-10   多台区低压柔性互联电网结构

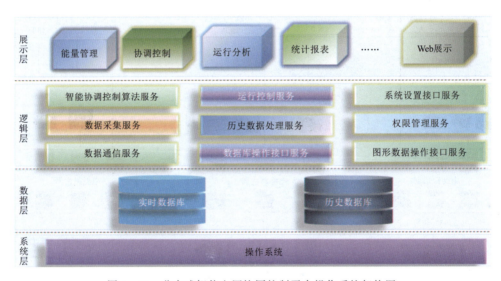

图 4-11   分布式智能电网协同控制平台操作系统架构图

（3）分布式光伏合作开发模式及信息交互平台。通过技术创新，解决了分布式光伏大规模开发的接入问题，提升了就近消纳能力，有利于光伏发电企业（个人）节省投资成本，提高发电收益，从而促进分布式光伏发展。然而，光伏建设资金、屋顶资源、电网资源及相关信息由不同主体掌握，且相关主体数量大、层次多，各类资源信息沟通不顺畅，难以实现分布式光伏有序开发和配套电网项目及时跟进。

依托电网企业在信息、技术、客户资源等方面的优势，打造面向多主体的分布式光伏合作开发云服务平台（图 4-14），利用电网公司用户服务信息系统联接各类用户，获取电网资源、用户屋顶资源、投资商投资计划及经营业绩等分布式光伏开发全要素信息，并开发电网可开放容量分析计算模块、分布式光伏投资成本差异化分析模块、规模化开发投

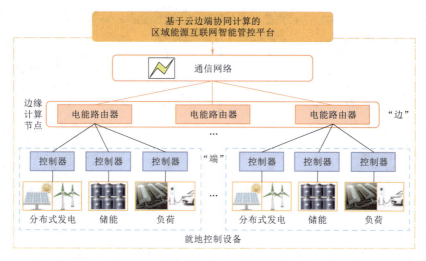

图 4-12 分布式智能电网协同控制拓扑图

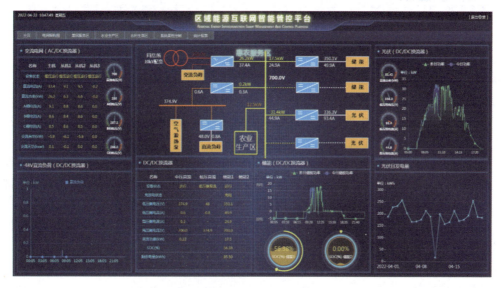

图 4-13 分布式智能电网协同控制平台展示界面

资效益分析模块及以村级分布式电网为基础的典型方案设计模块,实时反映系统内分布式光伏待开发容量、电网接入条件及投资成本估算,引导投资方优先开发电网接入条件好、屋顶资源集中的区域,并对收益及分配计算提供初步依据。

五、结论

通过对 RGGI、中国碳排放权交易市场试点、河北南网村级电网碳交易模式等碳交易市场商业模式典型案例的分析,可以看出碳交易市场在不同国家和地区以及企业层面呈现出多样化的发展模式与特点。这些案例在运作机制、市场主体参与策略、价格形成机制等方面各有创新与优劣,在推动温室气体减排、促进绿色技术创新与投资、实现经济可持续

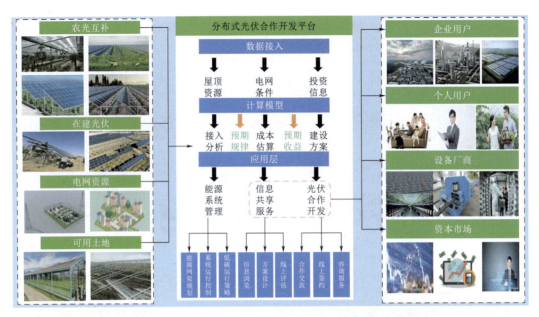

图 4 - 14　分布式光伏合作开发云服务平台功能

发展等方面都取得了一定的成效。然而，碳交易市场在发展过程中也面临着诸多挑战，如配额分配的公平性与合理性、市场分割、碳价波动、监管体系不完善等问题。为了进一步推动碳交易市场的发展与完善，需要各国政府、国际组织、企业和社会各界共同努力。政府应加强政策协调与监管力度，完善市场规则与配额分配机制，促进市场的统一与稳定；企业应积极履行社会责任，制定科学合理的碳战略与目标，加强内部管理与技术创新，提高在碳交易市场中的参与度与竞争力；国际组织应加强合作与交流，分享碳交易市场建设与管理经验，共同应对全球气候变化挑战。只有通过各方的合力协作，才能充分发挥碳交易市场在全球温室气体减排中的重要作用，实现经济发展与环境保护的双赢目标。

　　能源电力首先是基础性服务性设施，坚持能源电力系统的基础服务属性，村级电网建设以服务为本，以低碳低价为目标，减少中间交易环节，提升村级微网建设的系统性、整体性，探索电网与村民共建、村级微网整体参与电碳交易、系统降本电价补偿的建设模式，是核心商业模式。

　　农村地区在新能源大规模开发的时代具备一定的优势，当前风光发电的成本优势逐步显现，合理适量配储＋大电网互动的模式也基本能实现总体成本低于现状供电电价，农村地区以新能源为支撑的低成本用电时代即将到来；当前以资本盈利为核心的市场机制、交易机制均不符合农村基本现实和能源基础设施属性，多主体、多环节市场化运作的模式必然要求各主体、各环节都能盈利，但发电的基础成本是一定的，多环节分配利益只能从最终电价中来，即使将来能在维持现状电价的基础上实现各方盈利，也必然难以让广大农民受益；回归农村地区电力系统基础服务属性，简化运营环节，减少投资主体，以系统降本用电降价为根本目标，将新型电力系统发展的红利留在农村，普惠亿万农民，为乡村未来农业、新兴产业发展提供支撑，助力乡村振兴发展，助力农村实现中国式现代化，比市场化商业化更有意义，更符合社会主义全面发展普惠发展的总体要求，更符合党和国家的利益。

　　以基础服务属性看待并建设农村地区新型电力系统，以整村甚至整乡为边界，以全系统竞价整体成本压降为核心，允许电网企业、发电企业、售电企业以及社会资本共同参与，简化多主体多环节商业化架构，将更有利于新型电力系统发展，有利于存量电网资源效率提升，降低农网投资压力，并最终实现全电力供应体系能效提升、价格下降，为中国式现代化建设提供强大的能源电力支撑。

第五章
新型电力系统与产业融合发展的未来前景

新型电力系统的快速发展将引导新一轮产业革命,技术创新与多产业融合相互作用。

首先,新型能源体系自身将成为未来产业的最核心组成部分。太阳能、风能、生物质能、水能的开发利用以及新型电化学储能的创新应用,推动新能源产业变革发展,为各行各业提供充足的能源保障,并与生产生活的各个方面相互融合,成为一体。

其次,新能源产业以技术创新为引导,带动上下游产业共同发展。产业链上游,光伏、风电机组、储能电池等产业蓬勃发展;产业链下游,新能源汽车、可再生能源制氢及氢能储存传输利用的全链条、电取暖、电加热、电蓄冷等新兴产业发展方兴未艾;直流供用电系统及上下游设备形成新的智慧能源产业生态圈,充满着勃勃生机和无限潜力。

再次,依托新能源电力系统的创新发展,绿色电力供应的便利性、充足性和稳定性为5G通信技术、电动汽车充电技术、电力牵引技术、大规模数据存储和计算技术、人工智能技术等提供了可靠保障,加之可再生能源基地大范围传输的特高压输电技术,共同引领新基建的发展,新型电力系统无疑是新基建的核心。新基建七大领域如图 5-1 所示。

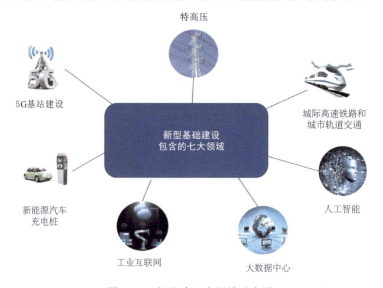

图 5-1　新基建七大领域示意图

最后，新型电力系统还是新质生产力的核心推动力。以新型电力系统为核心的技术创新将与未来交通运输、城市建设、农业生产、电商服务、研学旅游、生态治理等领域相融合，促进智慧交通、智慧城市、体验式农业、融入式电商、交互式旅游产业发展，并利用自循环技术实现不受地理环境限制的全天候农业生产，利用廉价海上风电实现海水淡化等，极大地改变人们生产生活各方面的习惯，扩展人们活动的空间，最终实现物质的极大丰富。

第一节 新能源产业变革发展的前景与挑战

新能源产业主要包括光伏发电、光热发电及光热利用产业，陆上风电、海上风电产业，常规水电、抽水蓄能产业，生物质发电、生物液体燃料产业，新型电化学储能、蓄冷储热产业等。

新能源产业具有资源可再生性和可持续性、分布广泛性与分散性、技术资金密集型等特点。主要生产元素是自然界可再生的风、光、水以及生物质资源，从长远来看可以无限供应，具有"免费"的属性；但从实际利用来看，可再生能源面临分散性、间歇性问题，需要通过大规模集成和系统性优化解决，在利用过程中的技术和资金投入是新型能源体系的主要成本组成部分，技术升级和更新换代的速度将远超传统能源体系，对系统化、数字化、智能化的要求更高，清洁低碳、灵活便捷、智能互动、形态多样是新型能源体系的必然要求。

一、新能源产业发展现状

在全球范围内，新能源产业已逐步成为推动经济增长的重要引擎。如图 5-2 所示，全球近 10 年风电、光伏及新型储能装机容量快速增长，光伏装机增长尤其明显，新型储能在 2020 年以后显著加速。

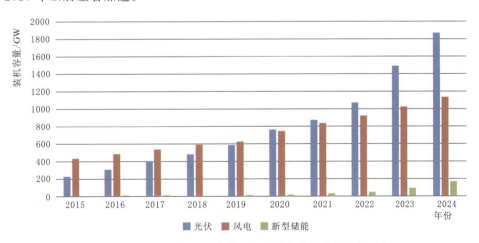

图 5-2 全球近 10 年风电光伏及新型储能装机容量统计示意图

目前，全球新能源装机容量持续增长，截至 2024 年年底超过 3000GW，其中风电、光伏装机分别达到 1133GW、1865GW，同比分别增长 11% 和 32%。新型储能快速发展，截至 2024 年年底全球新型储能累计装机规模达 166GW，较 2023 年年底的 91GW 增长 82％，其中锂离子电池储能装机占比超过 90％，仍然占据绝对主导地位，压缩空气、液流电池、钠离子电池等技术加速发展。

中国作为全球新能源产业的重要参与者和推动者，新能源产业规模持续扩大，技术水平显著提升。在风电、光伏、新型储能等领域取得举世瞩目的成就。风电、光伏装机规模近 10 年一直保持世界首位，新型储能装机占比接近全球的 50％，成为世界新能源产业发展的重要引导力量。中国近 10 年风电、光伏、新型储能装机容量如图 5-3 所示。

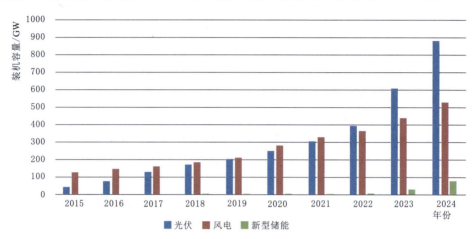

图 5-3　中国近 10 年风电、光伏、新型储能装机容量统计示意图

截至 2024 年年底，中国光伏累计装机突破 880GW，占全球光伏总装机的近 40％，其中 2024 年新增装机容量 277.6GW，同比增长 28.3％，创历史新高。光伏占全国总装机容量比重上升至 24.8％，超过风电及水电装机规模，成为我国仅次于煤电的第二大电源，其中分布式光伏占比 42％，工商业项目增长显著。未来，随着新能源消纳能力提升和政策优化，光伏在能源结构中的地位将继续增强。

截至 2024 年年底，全国风电累计装机容量突破 530GW，占全球装机容量近一半，已成为世界风电产业的重要力量。风电装机占全国总装机容量的 16％，仅次于煤电、光伏装机占比。陆上风电装机 480GW，占风电总装机的 90.6％，海上风电装机 41.27GW，同比增长约 30％。2024 年全国风电新增装机容量 88GW，同比增长 9.6％，风电装机以陆上风电为主，但海上风电装机增速加快。

截至 2024 年年底，全国新型储能累计装机规模达到 78.3GW/(184.2GW·h)，首次超过抽水蓄能，占国内电力储能总装机容量的 56.78％，占全球新型储能市场的 47％。多种新型储能技术不断突破，如 300 兆瓦等级压缩空气储能项目、兆瓦级飞轮储能项目、大型锂离子电池储能电站相继开工建设，重力储能、液态空气储能、CO_2 储能等新技术也加速落地。

新能源产业的发展为我国能源转型提供了更强劲的动力。过去十多年，得益于技术创新，新能源发电度电成本降幅超过 90％，得以与传统火电竞争，推动我国提前进入新能源平价上网无补贴发展阶段，实现从政策引领到市场需求驱动的转变。在此基础上，新能源开发进一步加快，以沙漠、戈壁、荒漠地区为重点的大型风电、光伏基地建设和屋顶分布式光伏开发建设提速，分布式光伏、分散式风电市场竞争激烈，新能源投资明显加快，为全球能源转型和未来实现"碳中和"提供了支撑。

二、新能源产业发展趋势

（一）能源结构变化

随着全球对可持续发展的重视，非化石能源供给提速，消费比重不断提高，发电装机容量历史性超过火电，能源结构正发生着深刻变化。"十四五"以来，我国能源结构更"绿"，非化石能源供给增速明显，推动非化石能源消费比重年均提高 0.7 个百分点。随着新型工业化、城镇化深入推进，我国能源需求仍将保持刚性增长，以可再生能源绿色电力证书核发和交易为抓手，促进绿电消费规模持续扩大，助力实现"双碳"目标。

（二）技术突破方向

在新能源领域，高效转换与存储技术不断进步，为能源的可持续发展提供了有力支撑。

太阳能电池光电转换效率提高，新型太阳能电池材料和结构的研发，如钙钛矿太阳能电池等，有望进一步提升太阳能的利用效率。新型电池研发应用提升储能系统性能，提高电芯能量密度和使用寿命，同时从整体上降低电芯成本。新型电池材料技术应用越来越广泛，锂离子电池、钠离子电池、固态电池等多点开花。

（三）多能互补融合

不同能源之间互补性强，多种能源相互配合协作，促使能源更加稳定发展。

多能互补有面向终端用户和面向综合能源基地两种模式。我国从 20 世纪 80 年代初便开始制订能源政策，不断提升新能源和可再生能源的比重。2021 年 3 月，国家发展改革委和国家能源局共同发布《关于推进电力源网荷储一体化和多能互补发展的指导意见》（发改能源规〔2021〕280 号），以及之后发布的多项行业政策，旨在为各个地区提供高品质清洁能源，积极构建电、热、冷、气等多能高效互补的社会用能结构。

2018—2023 年我国多能互补项目规模呈现较大幅度的上涨。多能互补产业链上游为能源供应端，主要由传统化石能源生产以及可再生能源设备制造和能源生产组成；中游多能互补系统是以电力系统为基础，包括多个子系统，综合能源服务商作为新型市场主体，可从电网公司买卖电能，也可从多能互补系统内直接或间接地获得能源；下游为多能互补系统应用场景，包括居民住宅、农业生产以及工商业领域。

三、新能源产业发展的政策导向

（一）2024 两会政策聚焦

2024 年两会期间，新能源议题成为关注焦点。政府工作报告强调发展绿色低碳经济，推进能源结构转型，加快建设新型能源体系。在"加快发展新质生产力"的号召下，新能源产业作为新质生产力的重要组成部分，受到了广泛关注。两会期间，代表委员们围绕新型能源体系建设、车网互动、低空经济等热点问题积极建言献策。

（二）具体发展方向

1. 煤电向保障性、支撑性能源转变

在构建新型能源体系和新型电力系统中，煤电虽比重逐步降低，但仍将发挥"兜底"保障和灵活调节作用。以科技创新推动清洁高效发展，明确煤电发展定位和产业发展方向。在逐步由基础保障性电源向系统调节性电源转型基础上，推进高效灵活煤电技术研发，加大煤电机组灵活性改造力度，适应新型电力系统建设需要。完善 CO_2 捕获与利用（CCUS）技术体系，部署煤电掺烧"生物质＋CCUS"研究和试点，促进能源系统零碳、负碳发展，推进"煤电＋"耦合发电。

统筹减排控排与电力电量，推动煤电沿着"补容保量、控容减量、减容减量、保容控量"路径发展。统筹发展与安全，确定煤电机组深调幅度，开展多能联供、辅助服务、综合能源服务，实现"低能耗、低排放、高能效"与"弹性出力"、安全可靠有机统一。统筹煤价、电价等要素，调控燃料市场，落实好煤电价格浮动机制，完善辅助服务市场，探索建立容量市场，优化煤电可持续发展环境。

围绕负荷中心、风光电外送基地、新能源调峰需求以及煤炭资源状况，合理布局清洁高效煤电，承担能源保供与促进新能源消纳作用，分区域推进煤电结构调整和布局优化。

2. 新能源大基地综合化、系统化、一体化发展

加强大型风电光伏基地建设和外送通道建设。自 2021 年以来，国家发展改革委、国家能源局下发了三批"沙戈荒"大型风电、光伏基地指标，首批约 97GW 风电、光伏基地已建成并网。2024 年两会政府工作报告表示，加强大型风电、光伏基地基建设，表明第二批、第三批大型风光基地将加快建设，集中式光伏装机主力将带动光伏装机需求保持强劲态势。同时，加大外送通道建设，解决消纳问题，提高发展空间。

3. 工商业分布式光伏与储能融合发展加速推进

我国坚持集中式与分布式光伏协同发展路径，其中工商业分布式光伏依托用户侧电价机制优势和负荷消纳能力，成为分布式能源体系的核心增长极。针对工商业用户高电价、高用电稳定性需求，推动"光伏＋储能"一体化应用，通过储能系统平抑光伏出力波动、优化用电曲线，实现"自发自用、余电存储"，显著提升能源利用效率和用户收益。

政策层面，各地正逐步完善峰谷电价机制、储能容量补偿机制，鼓励工商业用户配置 $10\%\sim30\%$ 比例储能系统，支持"分布式光伏＋储能"项目参与电力市场交易和需求响应。技术上，推动模块化储能设备与光伏系统集成设计，探索"光储充一体化""光储网荷"协同等场景应用，降低系统建设成本。同时中央财政持续加大户用光伏补贴力度，推动户用光伏从"扶贫工具"升级为"乡村振兴战略实施的重要引擎"。未来，随着"千乡万村驭风行动""光伏富民工程"深化落地，户用光伏将与分散式风电、生物质能等形成互补，构建以农户为单元的"微型能源生态"，为实现共同富裕注入绿色动能。

四、新能源产业发展面临的挑战与前景展望

（一）面临的挑战

（1）技术瓶颈。尽管新能源产业取得了显著进展，但在技术层面仍面临诸多困境。太阳能发电、风力发电转换效率较低，出力间歇性和随机波动性问题有待解决，难以支撑作

为主要能源供应方式的技术要求。新型储能电池在能量密度、充放电效率、使用寿命以及成本等方面均难以满足大规模建设需求。

（2）市场风险。新能源市场竞争激烈，企业面临着巨大的市场风险。随着新能源产业的快速发展，越来越多的企业涌入该领域，市场竞争日益白热化。据统计，过去十年间，太阳能电池价格下降了约 90%，新建项目成本降低促进了新型电力系统的发展，但对于早期建设的项目来说，投资效益还没有收回就要面对降价的风险，导致投资回报前景不明确，市场风险较高。

（3）政策困境。我国新能源产业政策缺乏长期性和统筹性，使得企业难以形成稳定的政策预期，在投资决策时往往犹豫不决，担心政策调整带来的风险，从而影响了企业对新能源产业的长期投入和技术创新的积极性。政策的统筹协调性不足，新能源产业涉及多个领域和部门，如能源、环保、科技、财政等，各部门之间的政策缺乏有效衔接和协同配合，导致政策执行过程中出现诸多问题，降低了政策的实施效果。我国新能源产业法规体系不健全，使得新能源产业在发展过程中面临诸多法律风险和不确定性，容易引发市场乱象和纠纷。

（4）人才短缺。新能源产业的快速发展对专业人才提出了巨大需求，人才短缺问题已成为制约产业发展的重要瓶颈。新能源产业是一个涉及多学科、多领域的综合性产业，需要大量既懂技术又懂管理的复合型人才。随着产业规模的不断扩大，对新能源专业人才的需求呈爆发式增长。目前我国新能源产业人才尤其是高端创新型人才和具有实践经验的专业技术人才匮乏，导致企业在技术研发、项目管理等关键岗位上缺乏足够的专业人才支持，影响了企业的创新能力和市场竞争力。我国新能源人才培养体系尚不完善，高校新能源专业设置相对滞后，课程体系与产业实际需求脱节，实践教学环节薄弱。职业教育在新能源人才培养方面的作用未能充分发挥，缺乏针对新能源产业需求的高质量职业培训项目。这使得人才培养与产业发展之间的衔接不顺畅，人才供给无法及时满足产业发展的需求。

（5）并网难题。新能源发电并网面临着诸多技术难题。新能源电力具有间歇性、波动性和随机性等特点，给电网的调度和控制带来了极大挑战，容易导致电网电压、频率等参数不稳定，影响电网的安全运行。我国新能源电力的供给地区与需求地区存在严重的不匹配，供需失衡使得新能源电力需要进行远距离传输，但我国现有的电网设施在输电能力、电网架构等方面难以满足大规模新能源电力的跨区域输送需求。我国电网结构相对单一，灵活性和智能化程度较低，难以适应新能源电力的大规模接入。

（6）基础设施滞后。智能电网作为新能源电力的重要载体，建设进展相对缓慢。智能电网能够实现对新能源电力的实时监测、调度和优化配置，提高电网的运行效率和可靠性。然而，我国智能电网技术尚处于发展阶段，相关设备和系统的研发、应用还存在诸多问题，如智能电表普及率不高、电网通信网络覆盖不足、电力储能设施缺乏等，难以满足新能源电力大规模接入和高效利用的需求。

（二）新能源产业发展前景展望

尽管新能源产业面临诸多挑战，但随着全球对清洁能源的需求不断增加以及技术创新的持续推进，其发展前景依然十分广阔。在技术突破方面，各国正加大对新能源技术研发的投入，致力于提高太阳能、风能等新能源的转换效率和储能技术水平。随着相关技术的不断成熟与产业化应用，新能源的发电成本将进一步降低，其在能源市场中的竞争力也将显著提升。市场拓展方面，新能源汽车、分布式能源系统等新兴应用领域的快速发展，将为新能源产业带来更为广阔的市场空间。政策支持上，各国政府将继续出台鼓励新能源发展的政策措施，为产业发展提供有力保障。IEA 预测，到 2030 年，全球新能源在能源消费结构中的占比将大幅提高，新能源产业将成为全球经济增长的重要引擎。中国新能源产业凭借其在技术、市场和政策等方面的优势，有望在全球能源转型中发挥更为重要的引领作用，为实现全球"碳中和"目标做出卓越贡献。

第二节　新能源上下游产业及其未来发展前景

新能源上下游产业包括光伏发电、风力发电、生物质发电等能源生产端，以及各种形式储能的装备制造产业、电动汽车及其充电设施、直流供用电设备制造等新能源消费端的下游产业。

随着新型能源体系建设，新能源相关装备制造产业和新型用能技术、设备、设施快速发展，形成了新的产业链、生态圈，不断改变着人类社会的产业结构，形成新的经济增长引擎，为社会发展注入了活力。

一、新能源设备制造产业发展现状及前景

（一）产业现状：规模增长与挑战并存

在新能源设备制造产业中，主要的产品类型涵盖了太阳能、风能、生物质能、地热能、海洋能等多个领域，各类型设备在不同的应用场景中发挥着关键作用。近年来，新能源设备制造产业在全球范围内得到了迅猛发展，中国作为"碳达峰、碳中和"理念的重要践行者，国内形成了完整的光伏、风机及新型储能产业链，在全球市场中均处于领先地位，其中光伏、风机相关产品的全球占有率均超过 80%。新能源设备制造产业的快速崛起得益于多方面的因素，尤其是政策的大力扶持、技术创新的持续推动以及市场的逐步拓展。

在政策层面，各国政府为了应对环境污染和能源危机，纷纷出台了一系列支持新能源设备制造产业发展的政策，中国政府更是将新能源产业视为推动经济转型升级、实现可持续发展的关键领域，制定了《中华人民共和国新能源法》等法律法规，明确了新能源产业的战略地位，并通过财政补贴、税收优惠等手段，鼓励企业加大研发投入，提升技术水平。这些政策的实施，为新能源设备制造企业提供了良好的发展环境，降低了企业的运营成本，激发了企业的创新活力。

在技术层面，技术创新是新能源设备制造产业发展的核心驱动力。在风能领域，风力发电机组的单机容量不断增大，从过去的小功率机组逐渐发展到如今的数兆瓦甚至十几兆瓦的大型机组，效率也得到了显著提高。在太阳能领域，光伏板的光电转换效率逐年提升，成本不断降低，推动了光伏产业的发展。储能技术装备等领域也在不断创新和突破，解决了新能源发电的间歇性和波动性问题，使得新能源电力能够更加稳定地接入电网，为

新能源行业的发展提供了有力支撑。

在产业体系构成方面，新能源设备制造产业已形成了较为完整的产业链，涵盖了原材料供应、设备制造、系统集成、运营维护等多个环节。从上游的原材料供应商提供金属、塑料、稀土元素等基础材料，到中游的设备制造商生产各种新能源设备，如风电机组、光伏电池组件、储能设备等，再到下游的系统集成商将设备和系统进行整合和安装，以及运营维护服务商提供设备的维护和保养服务，各个环节相互协作，共同推动了产业的发展。

市场规模方面，新能源设备制造产业的市场规模持续扩大。据深圳市中研普华产业研究院有限公司研究报告《2024—2029 年中国新能源装备行业市场深度调研与趋势预测研究报告》分析，全球新能源装备市场规模已从 2010 年的数千亿元增长至 2023 年的数万亿元，其中太阳能、风能、电动汽车及电池等领域的市场规模增长尤为突出。在中国，新能源装备市场规模在过去十年间实现了几何级数的增长，已成为全球最大的新能源装备市场之一。这一增长趋势在未来几年仍将持续，预计随着全球新能源产业的持续发展，新能源装备市场规模将继续保持高速增长，特别是在新兴市场国家的需求推动下，市场规模有望进一步扩大。

（二）面临的挑战

尽管新能源设备制造产业取得了显著的发展成就，但也面临着诸多挑战，这些挑战主要来自技术研发、市场竞争和政策法规等方面。

技术研发方面，虽然新能源技术在近年来取得了长足的进步，但仍存在一些关键技术瓶颈尚未突破。在光伏发电领域，尽管光伏电池的光电转换效率有所提升，但与理论极限仍有较大差距，进一步提高转换效率面临着材料、工艺等多方面的挑战。钙钛矿等新型光伏材料的研发虽然具有很大的潜力，但目前仍处于实验室阶段或小规模试验阶段，尚未实现大规模商业化应用。在风力发电领域，风电机组的可靠性和稳定性仍有待提高，特别是在复杂气候条件和高海拔地区的适应性问题尚未得到彻底解决。大容量风电机组的关键零部件（如主轴轴承、齿轮箱等）仍依赖进口，自主研发生产能力不足，这不仅增加了企业的生产成本，还影响了产业的供应链安全。储能技术也是新能源产业发展的重要支撑，但目前储能电池的能量密度、充放电效率、使用寿命等方面仍存在不足，限制了储能技术在新能源领域的大规模应用。此外，新能源与传统能源的融合技术、智能电网技术等也需要进一步发展和完善，以实现新能源的高效消纳和稳定传输。

市场竞争方面，随着新能源设备制造产业市场前景的日益广阔，越来越多的企业进入该领域，导致市场竞争愈发激烈。在全球范围内，欧洲和北美地区在新能源设备制造领域具有较强的技术优势和市场份额，中国虽然已成为全球最大的新能源设备制造国之一，但在高端装备制造和核心技术方面仍面临着来自国际巨头的竞争压力。在国内，新能源设备制造企业数量众多，行业集中度较低，激烈的市场竞争使得企业的利润空间受到挤压，企业为了争夺市场份额，往往不得不降低产品价格，从而影响了企业的盈利能力和研发投入能力。此外，国际市场上的贸易保护主义抬头，也给中国新能源设备制造企业的出口带来了一定的挑战，一些国家通过设置贸易壁垒、提高关税等手段，限制中国新能源产品的进口，这对中国新能源设备制造产业的国际化发展造成了一定的阻碍。

政策法规方面，虽然各国政府出台了一系列支持新能源设备制造产业发展的政策，但这些政策在实施过程中仍存在一些问题。政策的稳定性和持续性不足，部分政策在制定和实施过程中缺乏长远的统筹规划，导致政策频繁调整，企业难以形成稳定的预期，影响了企业的长期投资决策。政策的协调性不够，新能源设备制造产业涉及多个部门和领域，不同部门之间的政策缺乏有效的协调和衔接，容易出现政策冲突和监管空白。此外，政策在支持新能源设备制造产业技术创新方面的力度还需进一步加强，虽然政府设立了一些研发专项资金和创新补贴，但与产业发展的实际需求相比仍有差距，企业在技术研发过程中仍面临着资金短缺、人才不足等问题。

（三）产业前景：机遇与突破

随着全球对环境保护和可持续发展的关注度不断提升，新能源设备制造产业正站在时代发展的前沿，面临着前所未有的广阔前景和众多突破性机遇。

从市场需求的角度来看，未来新能源设备的市场需求将呈现出持续增长的强劲态势。在全球范围内，随着各国对传统化石能源的依赖逐渐降低，以及对清洁能源的需求日益迫切，新能源设备作为实现能源转型的关键手段，其市场空间将不断拓展。在可再生能源发电领域，太阳能和风能设备的需求将继续保持高速增长。据 IEA 预测，到 2030 年，全球光伏发电装机容量将比 2024 年增加两倍以上，风力发电装机容量也将大幅增长。这主要归因于太阳能和风能资源的丰富性、广泛性以及其在减少碳排放方面的显著优势。在新能源汽车领域，随着消费者环保意识的增强和各国政府对新能源汽车产业的大力扶持，电动汽车的市场需求将持续井喷式增长。不仅如此，新能源汽车的普及还将带动电池、电机、电控等关键零部件设备制造产业的协同发展，形成一个庞大而完整的产业链生态系统，为新能源设备制造企业提供了多元化的市场切入点和增长引擎。

政策导向在新能源设备制造产业的未来发展中将继续发挥不可或缺的引领作用。各国政府为了应对气候变化、实现"碳中和"目标，纷纷制定了更为严格和雄心勃勃的新能源发展战略和政策框架。如欧盟的"绿色新政"，明确提出了加大对可再生能源的投资力度，提高新能源在能源消费结构中的比重，并制定了一系列具体的目标和行动计划。美国也推出了多项鼓励新能源发展的政策措施，包括税收抵免、补贴政策以及对新能源研发的资金支持等，旨在推动本国新能源设备制造产业的技术创新和市场拓展。在中国，"双碳"目标的提出为新能源设备制造产业带来了前所未有的政策红利。政府持续加大对新能源产业的扶持力度，通过财政补贴、税收优惠、产业基金等多种方式，鼓励企业加大研发投入，提升技术水平，扩大生产规模。这些政策的实施将有效降低新能源设备的生产成本，提高其市场竞争力，加速新能源设备制造产业的规模化发展和技术迭代升级。

技术创新无疑是新能源设备制造产业未来发展的核心驱动力和关键突破口。在新能源技术领域，目前仍存在诸多关键技术难题亟待攻克，如提高太阳能光伏电池的光电转换效率、提升风力发电机组的可靠性和稳定性、突破储能电池的能量密度和充放电效率瓶颈等。随着科技的不断进步和创新投入的持续增加，这些技术难题有望在未来取得重大突破。在光伏发电领域，钙钛矿等新型材料的研发正展现出巨大的潜力，其光电转换效率有望突破现有极限，实现质的飞跃。一旦钙钛矿电池技术实现商业化大规模应用，将彻底改变光伏发电产业的格局，大幅降低光伏发电成本，提高太阳能在全球能源结构中的地位。

在风力发电领域，新型风电机组设计技术、智能控制技术以及大容量海上风电技术的不断创新和突破，将显著提升风电机组的性能和效率，降低运维成本，推动海上风电产业的快速发展。储能技术作为新能源产业发展的重要支撑，也将迎来革命性的突破。新型储能电池技术，如固态电池、钠离子电池等的研发进展迅速，其能量密度、充放电效率、使用寿命和安全性等方面都有望得到显著改善。储能技术的突破将有效解决新能源发电的间歇性和波动性问题，实现新能源电力的稳定供应和高效消纳，为新能源设备制造产业的发展创造更加有利的条件。

国际合作与竞争态势在新能源设备制造产业的未来发展中也将呈现出新的特点和趋势。在国际合作方面，随着全球能源转型成为共同的目标和挑战，各国之间在新能源设备制造领域的合作将日益紧密和深入。跨国企业之间将通过技术共享、联合研发、合资合作等多种形式，共同攻克技术难题，开拓国际市场。国际组织和多边机构也将在促进新能源设备制造产业的国际合作方面发挥更加积极的作用，如 IRENA 通过组织国际会议、制定技术标准、推动政策协调等方式，为各国在新能源设备制造领域的合作搭建平台，提供支持和保障。在国际竞争方面，全球新能源设备制造市场的竞争将愈发激烈。一方面，传统能源设备制造强国，如美国、欧洲国家和日本等，将凭借其在技术研发、品牌影响力和高端制造方面的优势，努力巩固和拓展其在全球市场的份额。另一方面，中国等新兴经济体在新能源设备制造领域的崛起也将对全球竞争格局产生深远影响。中国企业通过持续的技术创新、成本控制和市场拓展，已在全球新能源设备制造市场中占据了重要地位，并将继续在国际竞争中发挥重要作用。这种激烈的国际竞争将促使各国企业不断加大研发投入，提升技术水平和产品质量，推动新能源设备制造产业的全球化发展和技术进步。

见表 5-1～表 5-3，近 10 年光伏、风机及新型储能设备主要技术路线发生显著变革，发电转化效率不断提升，度电成本显著下降，有力推动了新能源产业的快速发展。

表 5-1　　　　　　　　　　　近 10 年光伏技术变革

技术指标	2015 年主流	2024 年主流	进步幅度
电池效率	多晶硅 17%～18%	TOPCon 25%+	效率提升 7 个百分点
硅片尺寸	156mm（M2）	210mm（G12）	面积增加 81%
组件功率	250～280W	600～700W	功率翻倍
度电成本/［美元/(kW·h)］	0.13～0.15	0.03～0.05	成本下降 70%+

表 5-2　　　　　　　　　　　近 10 年风力发电技术变革

技术指标	2015 年主流	2024 年主流	进步幅度
单机容量/MW	陆风 2～3/海风 4～6	陆风 6～8/海风 15～20+	陆风提升 3 倍，海风 4 倍
叶片长度/m	50～60（2MW 机型）	80～120（8MW+机型）	长度翻倍，扫风面积增 4 倍
塔筒高度/m	80～100	160～200（柔塔技术）	高度翻倍，捕获高风速
度电成本/［美元/(kW·h)］	陆风 0.08/海风 0.15	陆风 0.03/海风 0.07	成本下降 60%～70%

表5-3　　　　　　　　　　　近10年新型储能产能及技术变革

年份	全球储能电池产能 /（GW·h）	中国占比	主要技术路线
2015	~10	30%	锂电池主导，铅酸电池仍占较大份额
2018	~50	50%	磷酸铁锂（LFP）崛起，液流电池试点
2020	~150	65%	储能型LFP电池规模化生产
2022	~400	75%	钠离子电池中试，压缩空气储能商业化
2024	>1100	85%+	TOPCon储能电池、钠电量产

二、基于新能源制氢的氢能产业链发展现状及前景

（一）氢能产业链发展现状

1. 制氢领域：可再生能源绿电制氢成为当前热点话题

目前主要的制氢方式包括化石能源制氢、工业副产氢以及可再生能源电解水制氢等。

化石能源制氢是较为传统的制氢方式，生产过程中会产生大量CO_2排放，与当前全球倡导的低碳发展理念相悖，在"双碳"目标下，其发展面临着碳减排的巨大压力。

工业副产氢是指在化工、钢铁、焦化等工业生产过程中产生的氢气，我国工业副产氢资源丰富，占氢气总产量的约19%。工业副产氢具有成本相对较低、氢气纯度较高等优点，且能实现资源的综合利用，减少氢气作为工业废气的排放，具有一定的减排效益。但工业副产氢的产量受限于上游工业生产规模和工艺，供应稳定性较差，难以成为大规模、稳定的氢能供应来源。

可再生能源电解水制氢是利用太阳能、风能、水能等可再生能源产生的电能，电解水制取氢气，其过程中只产生氢气和氧气，不产生CO_2等温室气体排放，是真正意义上的"零碳"制氢方式，所产氢气被称为"绿氢"（其他方式所产氢气被称为"蓝氢"）。近年来，随着可再生能源发电成本的下降以及电解水技术的进步，电解水制氢规模逐渐扩大。从技术类型来看，主要包括碱性电解水制氢（AWE）、质子交换膜电解水制氢（PEM）和固体氧化物电解水制氢（SOEC）。碱性电解水制氢技术产业化时间较长，较为成熟，但存在能量转化效率相对较低、产气需脱碱等问题；质子交换膜电解水制氢具有电流密度大、电解效率高、响应速度快等优势，与可再生能源发电的波动性和间歇性匹配性较好，不过其核心部件质子交换膜成本较高，限制了大规模应用；固体氧化物电解水制氢工作温度高，目前尚未实现商业化。当前，电解水制氢成本仍较高，电费在成本中占比达60%以上，当电价为0.4元/（kW·h）时，制氢成本约30元/kg。但随着可再生能源电价的持续下降以及电解槽技术的进步与成本降低，绿氢成本有望大幅降低，与化石能源制氢成本趋近，实现平价上网。据预测，当可再生能源电价降至0.15元/（kW·h）时，绿氢成本可降至16元/kg左右，与蓝氢成本相当。

2. 储运环节：瓶颈与突破的博弈

储运环节是连接氢能生产与应用的关键纽带，目前氢能的储运主要有气态、液态和固态三种方式，以及管道运输。

高压气态储氢是现阶段应用最广泛的储氢方式，它是将氢气压缩到高压容器中进行储

存和运输。常用的高压容器有长管拖车和储氢瓶等。长管拖车可运输大量氢气，适用于短距离、小规模的氢气运输。例如，在一些城市的加氢站，常采用长管拖车从制氢厂运输氢气。然而，高压气态储氢面临着成本高、能量密度低的问题。随着压力的升高，储氢容器的重量和成本大幅增加，且氢气的能量密度相对较低，导致运输效率不高。据测算，20MPa长管拖车在氢源距离为100km时，储运成本约7.79元/kg，且成本随运输距离增加而显著上升，运输半径一般在200km以内较为经济。

低温液态储氢是将氢气冷却至−253℃使其液化，然后储存在绝热容器中进行运输。液氢具有较高的能量密度，单位体积储氢量远大于气态氢，适用于大规模、长距离的氢气储运，如航天领域常用液氢作为燃料。但液氢的制备需要消耗大量能量，液化过程能耗高，且液氢储存和运输对设备要求极高，投资成本大，同时存在蒸发损耗等问题。目前，我国民用液氢运输案例较少，主要受制于技术和成本因素。在国外，如美国、日本等国家，液氢技术相对成熟，在氢燃料电池汽车的大规模应用场景中，液氢储运也发挥着重要作用。

固态储氢是利用金属氢化物、碳材料等对氢气进行吸附或化学反应，将氢气以固态形式储存。固态储氢具有储氢密度高、安全性好等优点，例如某些金属氢化物储氢材料的储氢体积密度可超过液氢。但目前固态储氢技术仍处于研发和示范阶段，存在储氢材料成本高、吸放氢动力学性能有待提高等问题，尚未实现大规模商业化应用。不过，随着材料科学的不断发展，固态储氢技术有望在未来取得突破，为氢能储运提供新的解决方案。

管道运输是长距离、大规模运输氢气的理想方式，具有运输成本低、连续性强、能耗小等优势。例如，美国拥有较为发达的氢气管道网络，其氢气管道总长度约占全球的一半以上，主要用于向炼油厂和化工厂输送氢气。然而，氢气管道建设面临着初期投资大、建设周期长、审批难度高等问题。在我国，氢气管道建设相对滞后，目前总里程较短，且主要分布在少数地区。此外，氢气在管道中运输时还存在氢脆、泄漏和腐蚀等安全隐患，需要采用特殊的材料和技术加以解决。目前，我国正在积极开展氢气管道相关技术的研究和试点项目，如天然气管道掺氢运输技术的研究，以探索氢气管道运输的可行性和安全性，逐步推动氢气管道运输的发展。

3. 应用领域：多元拓展与局限并存

氢能的应用领域广泛，涵盖了氢燃料电池汽车、轨道交通、工业、储能等多个方面，展现出巨大的发展潜力，但在商业化进程中也面临着诸多挑战。

氢燃料电池汽车是氢能应用的重要领域之一，近年来发展迅速。氢燃料电池汽车以氢气为燃料，通过燃料电池将氢气和氧气的化学能转化为电能，驱动汽车行驶。与传统燃油汽车相比，氢燃料电池汽车具有零排放、能量转化效率高、加氢时间短等优点，续航里程可达500~800km甚至更高，与燃油汽车相当，在商用车领域尤其是重载、长途运输方面具有明显优势。2024年1—7月，我国氢燃料电池汽车产量3673辆，销量3422辆，产销量分别同比增加28%和25.5%。然而，氢燃料电池汽车的发展也面临着成本高昂、加氢站基础设施不完善等问题。氢燃料电池系统成本较高，导致整车价格居高不下，如丰田Mirai氢燃料电池汽车的售价远高于同级别燃油汽车。此外，加氢站建设成本高、数量少，截至2023年年底，我国共建成加氢站428座，难以满足氢燃料电池汽车大规模推广的需求，加氢站的分布不均衡也限制了氢燃料电池汽车的应用范围。

在轨道交通领域，氢能也有着积极的应用探索。氢燃料电池列车以其零排放、低噪声、高效率等特点，成为城市轨道交通的一种新型动力选择。例如，国外一些城市已经率先开展了氢燃料电池列车的示范运营项目，如德国的氢燃料电池列车在特定线路上运行，取得了良好的效果。在国内，部分城市也在积极推进氢能源有轨电车的研发和应用，佛山高明有轨电车作为国内较早商业运营的氢能源有轨电车，运营情况表现出色，为氢能在轨道交通领域的应用提供了有益的实践经验。不过，氢燃料电池列车的推广面临着技术集成难度大、车辆购置成本高、加氢设施配套困难等问题，需要在技术研发、产业协同和政策支持等方面进一步加大力度，以促进其大规模应用。

工业领域是氢能的传统应用领域，氢气在石油化工、冶金等行业中被广泛用作原料或还原剂。在石油炼制过程中，氢气用于加氢裂化、加氢精制等工艺，可以提高油品质量、降低硫含量；在冶金工业中，氢气可用于钢铁生产中的直接还原铁工艺，替代传统的焦炭，减少碳排放。据统计，全球范围内90%以上的氢气被用于工业领域。但目前工业用氢主要依赖化石能源制氢，随着氢能产业的发展，工业领域对氢气的纯度、供应稳定性等要求也在不断提高，急需向清洁、低碳的制氢方式转型，这对氢能产业链的整体发展提出了新的挑战，包括如何保障大规模、低成本的清洁氢供应，以及如何优化工业用氢的配送和存储等环节。

储能领域是氢能应用的新兴方向，具有重要的战略意义。氢能储能可以解决可再生能源的间歇性和波动性问题，将多余的电能通过电解水制氢储存起来，在能源需求高峰时再通过燃料电池发电或燃烧氢气产生热能等方式释放能量。例如，在一些可再生能源发电基地，利用弃风、弃光等电能电解水制氢，将氢气储存后用于调峰调频，提高能源系统的稳定性和可靠性。然而，氢能储能目前还面临着技术经济性差、储能效率有待提高等问题。电解水制氢和燃料电池的能量转化效率仍有较大提升空间，且整个氢能储能系统的建设和运营成本较高，限制了其在大规模储能领域的商业化应用。未来，需要通过技术创新、成本降低以及政策支持等多方面措施，推动氢能储能技术的发展和应用。

（二）氢能产业链未来发展前景展望

1. 政策东风：助力氢能产业腾飞

政策在氢能产业的发展进程中扮演着极为关键的引领与规范角色。从国家层面来看，《氢能产业发展中长期规划2021—2035》明确了到2035年形成氢能产业体系的战略目标，这一规划为氢能产业的长远发展绘制了清晰的蓝图，指引着各方力量朝着构建涵盖交通、储能、工业等多领域的氢能应用生态迈进，其中特别强调了可再生能源制氢在终端能源消费中的比重提升，凸显了对清洁能源转型的重视与支持。而2024年政府工作报告中，更是将氢能产业提升到了国家新兴产业发展的重要高度，表明了政府对氢能产业发展的持续关注与积极推动态度。即将于2025年1月1日施行的《中华人民共和国能源法》将氢能正式纳入能源范畴进行管理，这一里程碑式的举措，不仅是在法律层面上对氢能作为能源地位的认可，更是为氢能产业的规范化、规模化发展奠定了坚实的法律基石，有助于消除以往在氢能产业发展过程中因法律界定模糊而产生的诸多限制与不确定性，促进氢能在制氢、加氢站建设、储运等环节的有序发展，加速氢能应用的落地进程。

地方层面，众多省市纷纷出台氢能产业支持政策，形成了全方位、多层次的政策支持体系。例如，广东作为氢能产业发展的前沿阵地，近年来持续加大政策扶持力度，陆续发布了《氢能产业发展中长期规划（2021—2035年）》《广东省能源发展"十四五"规划》等一系列政策文件。这些政策不仅在宏观上为产业发展指明了方向，还在微观层面针对加氢站建设及运营、氢燃料电池车辆运营等关键环节给予了明确的补贴标准与支持措施。广州市对加氢站按氢气实际销售量给予补贴，对氢燃料电池车辆依行驶里程给予运营补贴，通过这种精准的补贴策略，有效降低了加氢站运营成本与氢燃料电池车辆的使用成本，提高了企业与消费者参与氢能产业的积极性。

在这些政策的引导下，氢能产业将呈现出蓬勃发展的趋势。制氢环节，可再生能源制氢项目将迎来大规模建设热潮，电解水制氢技术与装备制造水平将不断提升，成本持续下降。储运环节，氢气管道建设有望加速推进，高压气态储氢、低温液态储氢、固态储氢等技术将在不同应用场景下得到更广泛的应用与发展，储运效率提高，成本降低。应用环节，氢燃料电池汽车的推广速度将显著加快，不仅在公交、物流等商用车领域实现更大规模的应用，还将逐步拓展到乘用车领域；氢能在轨道交通、工业、储能等领域的应用也将不断深入，形成多元化的氢能应用格局，推动能源结构的深度调整与产业升级。

2. 技术创新：开启氢能新篇

技术创新是推动氢能产业发展的核心驱动力，在制氢、储运、应用等环节的技术突破将为氢能产业带来全新的发展机遇与变革。

制氢环节，新型制氢技术的研发成为焦点。其中，可再生能源电解水制氢技术不断取得进展，质子交换膜电解水制氢技术因具有电流密度大、电解效率高、响应速度快等优势而成为研究热点。随着材料科学的发展，新型质子交换膜材料的研发有望降低质子交换膜成本，提高其耐久性与稳定性，从而推动质子交换膜电解水制氢技术的大规模应用。固体氧化物电解水制氢技术虽然目前尚未实现商业化，但因其在高温下工作可利用余热、提高系统效率的潜力，吸引了众多科研力量投入研发，未来有望在高温制氢领域取得突破，实现产业化应用。此外，光催化制氢、生物制氢等新兴制氢技术也在探索之中，光催化制氢利用太阳能将水分解为氢气和氧气，具有清洁、可持续的特点，一旦技术成熟，可实现大规模、低成本的氢气生产；生物制氢则利用微生物发酵或光合作用等生物过程产生氢气，其原料来源广泛，包括生物质、有机废水等，在实现废物资源化利用的同时制取氢气，具有良好的环境与经济效益。

储运环节，高效储运技术的创新至关重要。在气态储运方面，高压气态储氢技术正朝着轻量化、高压化、低成本方向发展。新型碳纤维复合材料等轻质高强度材料在储氢瓶制造中的应用逐渐增多，可显著减轻储氢容器重量，提高储氢压力，增加氢气储存量。同时，氢气压缩机技术不断创新，提高压缩效率，降低能耗与成本，提升气态储氢的经济性与安全性。液态储运方面，液氢技术的研发重点在于降低液化能耗、提高液氢储存与运输的安全性与效率。新型绝热材料的开发可减少液氢蒸发损耗，提高储存时间；高效液氢泵等设备的研制有助于提高液氢装卸与输送效率。固态储运领域，储氢材料的研究取得了一定成果，一些金属氢化物储氢材料的储氢性能不断提升，通过优化材料配方与制备工艺，降低材料成本，提高吸放氢动力学性能，推动固态储氢技术逐步走向实用化。此外，管道运输技术也在不断创新，针对氢气管道建设中的氢脆、泄漏和腐蚀等问题，研发特殊的管道材料与防护技术，提高管道的耐压、耐氢脆与耐腐蚀性能。同时，优化管道设计与施工工艺，降低建设成本与建设周期，提高氢气管道运输的安全性与经济性，为大规模、长距离氢气输送提供可靠保障。

应用环节，氢燃料电池技术的突破对氢能产业的发展影响深远。氢燃料电池的关键材料与部件的研发取得了显著进展，催化剂方面，非贵金属催化剂的研究成为热点，旨在降低对昂贵的铂等贵金属的依赖，通过纳米技术、材料复合等手段，提高非贵金属催化剂的活性与稳定性，降低成本，推动氢燃料电池的商业化普及。膜电极作为燃料电池的核心部件，其制备技术不断优化，通过改进膜材料、电极结构与制备工艺，提高膜电极的功率密度、耐久性与抗中毒能力。双极板的研究注重提高其导电性、耐腐蚀性与轻量化程度，采用新型金属材料或复合材料，优化流场设计，提高双极板的性能与可靠性。在燃料电池系统集成方面，通过优化系统设计与控制策略，提高燃料电池系统的整体效率与可靠性，降低系统成本。此外，氢燃料电池在不同应用领域的技术适配性研究也在深入开展，针对交通运输领域的氢燃料电池汽车，研发高效的动力系统集成技术、快速加氢技术与氢电混合技术，提高车辆的续航里程、加氢速度与动力性能；在分布式发电领域，研究燃料电池与其他能源系统的耦合技术，实现多能互补与协同优化，提高能源利用效率与供电稳定性；在储能领域，探索氢储能与其他储能技术的联合应用模式，充分发挥氢储能容量大、存储时间长的优势，结合其他储能技术快速响应的特点，构建高效、灵活的储能体系，为可再生能源的大规模消纳与电力系统的稳定运行提供有力支持。

3. 市场前景：氢能产业的星辰大海

随着全球对清洁能源的需求日益增长以及各国能源转型战略的推进，氢能产业在全球能源市场中展现出了广阔的市场前景与巨大的发展潜力，有望成为未来能源领域的重要支柱产业。

从全球能源转型的宏观视角来看，氢能作为一种清洁、高效、可持续的二次能源，在实现全球碳减排与能源结构调整目标中扮演着举足轻重的角色。IEA 预测，到 2050 年全球氢能需求将超过 5 亿 t，其中发电、天然气掺氢和交通领域的燃油替代需求占比将超过 60%。这一预测充分显示了氢能在未来能源体系中的重要地位与广泛应用前景。在发电领域，氢能可用于燃料电池发电，其具有高效、灵活、低排放等优点，可实现分布式发电与热电联产，有效提高能源利用效率并减少碳排放。与传统火力发电相比，氢燃料电池发电过程中不产生 CO_2 等温室气体排放，且发电效率可高达 60% 以上，在满足电力需求的同时，有助于构建清洁低碳的电力供应体系。在天然气掺氢领域，将氢气掺入天然气管道中进行输送与燃烧，不仅可充分利用现有的庞大天然气管道基础设施，降低氢能储运成本，还能减少天然气燃烧过程中的碳排放。据相关测算，掺氢 10% 和 20% 时，可分别直接降低碳排放 3.8% 和 7.6%，实现每年 300 万～600 万 t 绿氢的应用，这一应用模式在欧洲一些国家已经开始试点推广，并取得了良好的节能减排效果。在交通领域，氢燃料电池汽车作为氢能应用的重要突破口，正逐步替代传统燃油汽车，成为未来交通的重要发展方向。氢燃料电池汽车具有零排放、续航里程长、加氢时间短等优势，在商用车，特别是重载、长途运输方面具有明显的竞争力。随着技术的进步与成本的降低，氢燃料电池汽车的市场份额将不断扩大，预计到 2030 年，全球氢燃料电池汽车保有量将达到数百万辆，到 2050 年，有望在全球汽车市场中占据相当比例。

在我国，氢能产业同样迎来了快速发展的黄金时期，市场规模持续扩大。据相关数据显示，2023 年我国氢能源市场规模已达到 800 亿元人民币，预计未来几年将继续保持高速增长态势。在交通领域，氢燃料电池汽车保有量超万辆，已成为全球最大的氢燃料电池商用车生产和应用市场。我国积极推动氢燃料电池汽车在公交、物流、环卫等领域的应用示范，取得了显著成效。例如，北京、上海、广州、深圳等城市陆续开通了氢燃料电池公交车线路，运行情况良好，为城市公共交通提供了清洁、高效的解决方案。在物流领域，氢燃料电池叉车、物流车等也开始逐步应用，在提高物流运输效率的同时降低了碳排放。在工业领域，氢基化工规模化试点落地，氢冶金技术示范项目开启。氢气在石油化工、煤化工、冶金等行业中的应用不断拓展，作为原料或还原剂，可提高产品质量、降低能耗与碳排放。例如，在石油炼制过程中，氢气用于加氢裂化、加氢精制等工艺，可有效降低油品中的硫含量与杂质含量，提高油品质量；在冶金工业中，氢冶金技术可替代传统的焦炭炼铁工艺，减少 CO_2 排放，实现钢铁行业的绿色低碳发展。在能源领域，氢能发电与热电联产完成重点技术试点示范，展示了氢能在能源领域的多元化应用潜力。在建筑领域，全国首个氢能进万家智慧能源示范社区项目在佛山落地，为氢能在分布式能源与家庭能源供应方面的应用提供了有益探索，通过氢气的热电联供，可实现能源的高效利用与供应的稳定性，提高居民生活质量的同时，减少对传统能源的依赖。

三、新能源汽车上下游产业链发展现状及前景

（一）新能源汽车带动上下游产业链发展

新能源汽车的崛起对上下游产业链产生了极为深刻的影响，其中铂族金属行业便是一个典型例子。随着传统燃油车销量的下滑以及新能源汽车市场份额的不断扩大，汽车行业正经历着重大变革。然而，尽管纯电动汽车无需使用铂族金属作为汽车尾气净化催化剂，但混合动力车型和氢燃料电池汽车的发展却推动了铂族金属需求的上升。

混合动力车型方面，当前电动汽车的销量增长放缓，而全球插电式混合动力汽车销量则同比大涨。在中国，插电式混合动力汽车销量增幅尤为显著，美国新的汽车排放法规也提振了混合动力汽车的前景。许多汽车制造商乐于将资源转向混合动力汽车，因为混合动力汽车的利润率往往高于电动汽车。插电式混合动力汽车对铂族金属的需求比汽油车要多，其销量增长或将提振铂族金属的需求。分析人士表示，混合动力汽车的崛起可能会持续到 2030 年或更长时间，从而延长了对铂族金属的需求周期。

氢燃料电池汽车方面，氢气生产及燃料电池行业为铂族金属提供了新的应用场景。在燃料电池方面，铂金是磷酸燃料电池所必需的元素。目前，包括中日韩在内的世界多国都在推进氢燃料电池汽车行业发展，知名车企如丰田、吉利、现代等已推出氢燃料电池汽车。随着氢燃料电池汽车产量的增加，对铂族金属的用量也会越来越多，市场对铂族金属的需求将持续甚至上升。

此外，新能源汽车蓬勃发展产生的"溢出效应"正在传导至上下游行业，不少细分市

场格局正在重塑。例如，混合动力车型、氢燃料电池车型对铂族金属特别是钯金的需求持续增长。在全球减碳的大趋势下，钯金市场正在发生巨大变化，一方面交通电气化正在减少所有铂族金属在汽车催化剂中的使用，另一方面富铂柴油发动机正在被富钯汽油和混合动力发动机所取代。钯金还在快速发展的新能源技术中找到了新的应用，如氢电解和燃料电池的催化剂、硅和过氧化物太阳能电池的涂层以及可持续航空生物燃料的催化剂等。

（二）锂离子电新能源产业生态圈发展趋势

随着全球能源结构转型加速推进，锂电新能源产业正呈现出全产业链协同发展、区域集群化布局、技术创新驱动三大核心趋势。以枣庄高新区为代表的产业集群发展模式，展现出产业链深度整合趋势。该区通过招引欣旺达 50GW·h 动力电池项目形成核心支点，带动正负极材料、隔膜、电解液等上游配套企业集聚，同时向下游延伸布局 PACK 模组、储能系统等应用环节。这种"链主企业＋配套企业"的垂直整合模式，推动产业链本土配套率从 2020 年的 32％提升至 2023 年的 67％，形成"半小时产业协作圈"的典型样本。

全球锂电产业呈现显著的区域集聚特征。宜春依托亚洲最大锂云母矿，形成"资源开采—材料加工—电池制造"一体化基地，形成资源导向型集群；宁德时代总部基地通过临港优势辐射长三角新能源汽车市场，形成市场驱动型集群；我国已形成长三角、珠三角、川渝、中部四大锂电产业集聚区，2022 年产业集群产值规模超 1.2 万亿元，占全球市场份额 58％。

发展趋势表明，锂电新能源产业正从单一制造向"技术研发—智能制造—应用服务—循环再生"的全生态演进。未来五年，随着钠离子电池、氢燃料电池等多元技术路线融合发展，产业生态圈将呈现更强的开放性和协同性，推动全球锂电产业规模突破 2 万亿大关。区域竞争将转向生态体系完整度、技术创新协同度和绿色循环水平的综合比拼。

（三）新能源汽车产业链发展态势分析

新能源汽车产业链可拆解为上中下游多个环节，包括电池原料、电池、整车制造、充电桩等。上游主要是电池材料构成，其中锂、钴等珍贵金属作为基础资源，支撑着电池的电解液、正极材料、负极材料和隔膜。中游聚焦于电池以外的核心组件，如电池系统、电路系统、热管理解决方案和轻量化设计等。下游则是将这些零部件整合形成的汽车产品，包括乘用车和商用车，以及配套的充电设施和后市场服务。

新能源汽车行业发展快速，2012—2019 年，新能源汽车产量增长接近百倍。2019 年全球新能源汽车销量对应渗透率 2.3％，正处行业发展初期，即将迎来黄金增长期。到 2030 年全球产销量或达 3000 万辆，对应 30％ 的渗透率。

在产业链核心环节动力电池方面，我国已基本上全部完成进口替代。从原材料角度来看，包括上游锂、钴等化石能源，隔膜、六氟磷酸锂、电解液、正负极等关键材料均实现了出口。全球动力电池正在加速成为寡头格局，2020 年一季度国内外动力电池行业集中度进一步提升。我国动力电池出货量逐年增长，预计未来十年复合增长率达 20％以上。

新能源汽车产业链的发展历程经历了示范推广、爆发增长、精准扶持、补贴退坡回归市场等阶段。从初期的补贴驱动到现在回归市场化，动力电池价格下降近 70％，能量密度提高了近 50％，产业链实现了降本提质，初步具备了市场化基础。

四、直流发用电及组网设备发展前景

中低压直流发用电设备、直流组网设备及相关技术在新能源领域具有广阔的发展前景。随着新能源产业的不断发展，对高效、稳定的发用电设备和组网技术的需求日益增长。直流发用电设备具有能量传输效率高、控制灵活等优点，能够更好地适应新能源的波动性和间歇性。直流组网设备则可以实现不同能源之间的高效整合和优化配置，提高能源系统的可靠性和稳定性。未来，随着技术的不断进步和成本的降低，中低压直流发用电设备和直流组网设备有望在新能源领域得到更广泛的应用。

（一）低压直流发用电产业发展现状

1.技术现状

低压直流供电技术的发展有着悠久的历史。19世纪80年代，爱迪生电力照明公司利用"巨汉号"直流发电机给上千只白炽灯供电，形成了直流供电技术的雏形。到20世纪末，低压直流配电已成功应用于数据通信中心、航空、舰船和城市轨道交通等对供电质量要求较高的领域。

近年来，随着电力电子技术的发展，直流输配电面临的技术问题得到了逐步解决。其中，直流配网和谐控制技术等关键技术不断发展。例如，直流配网协调控制技术按系统级别可分为单元级、微网级和配网级。在单元级控制中，主要是电力电子变换器的控制，各变换器对电压、电流和功率进行控制，以保证各单元及系统正常工作；微网级控制主要分为母线电压控制和电能质量管理两类；配网级控制研究包括分布式电源发电预测与负荷预测技术、基于直流的多端多电压等级配网运行控制技术等。如图5-4所示为低压直流技术在微电网中的应用场景及交直流混联的新型电力系统示意图。

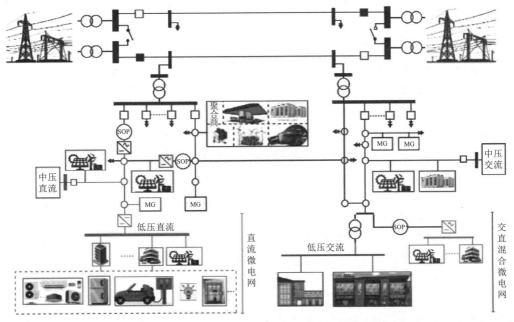

图5-4　低压直流技术在微电网中的应用场景及交直流混联的新型电力系统示意图

同时，直流配网保护技术也面临着诸多挑战。由于接入了多元化的分布式电源、负荷、储能，直流配电系统存在多种不同的运行状态，且在电气特性及测量方式等根本性技术上与交流配网完全不同，没有低成本、可商业应用的大容量直流断路器，相关直流保护技术和装备既缺乏标准，也缺少运行经验。

2. 示范应用

在低压直流技术应用层面，各方积极推动低压直流技术创新，争取政策支持，打造了多样化的低压直流微电网示范应用场景。

河北省在新能源微电网和新型电力系统建设方面持续推进，已形成兆瓦级（平山营里）、十兆瓦级（邯郸涉县）、百兆瓦级（平山西柏坡）的示范工程体系，重点解决新能源消纳、电网稳定性及偏远地区供电问题，各示范项目均在低压电网层级试点应用了直流组网技术；衡水饶阳现代农村地区交直流混联微电网示范工程打造了多配变台区低压直流互联、源网荷储设备低压直流聚合接入的典型场景。山西芮城县率先创建"中国零碳村"，以陌南镇庄上村为试点，建立"分布式光伏＋储能＋直流微电网＋柔性负荷＋智能充电桩"的新型电力系统，在农村发展屋顶光伏发电，农宅、车辆和生产生活设施需求侧响应模式用电。各类试点示范项目不断为能源革命奋勇探路。

3. 产业生态圈企业

目前低压直流发用电产业生态圈有众多企业参与，涵盖了从设备制造到方案提供等多个领域。

全球能效管理巨头施耐德电气依托 EcoStruxure 数字化平台，构建起覆盖直流配电设备、微电网管理系统的完整解决方案。其工业级直流配电系统通过模块化设计实现 30% 能效提升，在雄安新区数据中心项目中，将光伏自发自用率提升至 92%。公司提出的"电力 4.0"战略深度融合数字孪生技术，为建筑、工业场景提供从设备层到应用层的全栈式低碳转型方案。

国内企业致力于应用低压直流技术改善电能质量、提高供电可靠性、消纳新能源、提升用电能效、降低配用电成本，为客户提供完整的解决方案和系列产品。国产化的电力电子变换器、保护测控装置、暂降治理系统、厂站直流系统等新型技术产品被广泛用于多个领域，并沿着"一带一路"踏出国门，走向国际市场。正泰电器作为低压电器行业龙头，突破直流断路器国产化技术壁垒，其昆仑系列产品在杭州亚运村直流微电网实现规模应用，配电投资降低 25%。许继电气研发的 ±10kV 直流变压器效率达 98%，支撑雄安直流配网示范工程新能源消纳比例突破 80%。特变电工在新疆建成全球首个全直流风光储基地，通过 1500V 直流汇流技术使度电成本下降 0.12 元/（kW·h），相关标准已输出至"一带一路"沿线国家。

传统电器制造企业积极研发低压直流用电设备，格力电器将光伏技术与空调技术完美结合，推出了"光伏直驱变频离心机系统"、局域能源互联网系统、光伏未来屋等。2021年，基于光伏技术研究基础的格力"零碳源"空调技术获全球制冷技术创新大奖赛最高奖；华为、小米、正泰等企业在"光储直柔"数据中心、智能配电系统等领域合作，推动能源与数字技术融合，与中国联通共建"5G＋工业互联网"智能工厂，并广泛推广光储充一体化、智能用电解决方案等成套产品，推动低压直流技术应用的同时，优化了能效管理。

当前产业竞争已从单一设备转向"核心技术＋系统集成＋商业生态"综合能力比拼，龙头企业通过技术标准制定、跨界联盟构建持续扩大先发优势，预计 2025 年全球直流配电市场规模将突破 2000 亿元。

（二）低压直流发用电产业技术难点

（1）电力电子变换器的控制。在直流配网中，单元级控制主要是电力电子变换器的控制。根据微网和配网运行要求，各变换器需要对电压、电流和功率进行精确控制，以保证各单元及系统正常工作。然而，这一过程并非易事。

一方面，不同类型的分布式电源、储能设备和负荷具有不同的特性和工作要求，这给电力电子变换器的控制带来了挑战。例如，光伏电池的输出功率受光照强度和温度的影响较大，而储能电池的充放电特性也会随着其剩余电量和工作状态的变化而改变。因此，电力电子变换器需要能够实时适应这些变化，以确保系统的稳定运行。

另一方面，电力电子变换器的控制还需要考虑系统的效率和可靠性。在提高变换器效率的同时，还要保证其在各种工况下的可靠性和稳定性，避免因故障而影响整个系统的运行。这就需要在控制策略的设计中充分考虑各种因素，如开关频率、导通损耗、散热等。

（2）直流微网层面的研究。

1）母线电压控制和电能质量管理。直流配网中微网级控制主要分为母线电压控制和电能质量管理两类。母线电压控制是直流微网稳定运行的关键。由于分布式电源的输出功率波动以及负荷的变化，直流母线电压容易出现波动。为了维持母线电压的稳定，需要采用有效的控制策略，如下垂控制、主从控制等。

电能质量管理也是直流微网面临的重要问题。在直流系统中，电能质量问题主要包括电压波动、谐波污染等。这些问题会影响到电力电子设备的正常运行和使用寿命，甚至会对整个系统的稳定性造成威胁。因此，需要采取相应的措施来提高电能质量，如采用滤波器、有源电力滤波器等设备。

2）分布式电源发电预测与负荷预测技术。配网级控制研究包括分布式电源发电预测与负荷预测技术。分布式电源的输出功率具有不确定性，而负荷的变化也难以准确预测，这给直流配网的运行控制带来了很大的困难。

为了提高系统的稳定性和可靠性，需要采用先进的发电预测和负荷预测技术。例如，可以利用气象数据、历史数据等信息，采用机器学习、神经网络等方法对分布式电源的输出功率进行预测。同时，也可以通过对用户用电行为的分析，对负荷进行预测，以便合理安排发电和储能设备的运行。

3）基于直流的多端多电压等级配网运行控制技术。基于直流的多端多电压等级配网运行控制技术也是低压直流技术发展的难点之一。在多端多电压等级的直流配网中，需要协调各个节点的功率流动，以实现系统的优化运行。这就需要采用先进的控制策略和通信技术，确保各个节点之间的信息交互和协调控制。

4）直流配网保护技术。由于接入了多元化的分布式电源、负荷、储能，直流配电系统存在多种不同的运行状态，且在电气特性及测量方式等根本性技术上跟交流配网完全不同。目前，没有低成本、可商业应用的大容量直流断路器，相关直流保护技术和装备既缺乏标准，也缺少运行经验。

直流配电系统的故障类型复杂多样，除了存在短路、接地故障和绝缘下降不正常运行情况外，还存在交直流混接、直流环网等故障。因此，需要研究新的直流保护技术，如直流主动保护原理和组成。主动保护基于电力电子变换器的拓扑结构和控制原理，将保护动作"融于"变换器控制逻辑，基于多重保护策略，有效利用电力电子变换器的隔离单元和电力电子器件来实现直流配电系统中多种故障的自然隔离和严重故障回路的开断，防止轻微故障发展为严重故障，最大限度保障系统正常运行。

（三）低压直流发用电产业前景

1. 市场规模预测

随着全球能源结构的调整和新能源技术的不断发展，低压直流发用电产业的市场规模呈现出快速增长的趋势。根据现有市场情况及发展趋势，预计到 2030 年，全球低压直流配电市场规模将达到 215 亿元。这一预测是基于多方面因素得出的。

首先，随着城市化进程的加快和能源可持续发展要求的提升，现有城市交流配网系统面临新挑战，而低压直流配电技术能够更好地满足供电可靠性、电能质量、分布式能源消纳、负荷多样性等配电、用电场景要求。近年来，低压直流设备及系统在轨道交通、通信、船用电力、电动汽车充电设施、智能建筑、智能家居等领域的应用越来越广泛，这将极大地推动低压直流发用电产业的市场规模增长。

其次，从全球市场来看，亚太地区是低压直流配电市场的最大市场，约占 44%。随着中国、印度等亚太国家经济的快速发展和对新能源的大力推广，低压直流发用电产业在亚太地区的市场需求将持续增长。欧洲和北美地区分别约占 25% 和 22%，这些地区对能源效率和环保的要求较高，也将推动低压直流发用电产业的发展。

最后，从产品类型来看，直流断路器占低压直流配电市场份额最大，约 68%。随着低压直流配电系统的不断发展和完善，对直流断路器等关键设备的需求将持续增加。同时，随着技术的不断进步，其他产品类型如直流接触器等也将在市场中占据一定份额。

2. 发展趋势

低压直流发用电产业未来呈现出智能化、节能环保、定制化等发展趋势，同时随着新能源的发展，其在不同领域的应用将不断拓展。

（1）智能化。随着科技的不断发展，低压直流发用电产业将越来越智能化。智能化技术将进一步应用于低压直流发用电系统中，实现远程监控、故障诊断、预测性维护等功能，提高设备的可靠性和安全性。例如，智能型低压直流断路器和智能型低压直流接触器将更加注重智能化控制技术的研发和应用，通过集成传感器、通信模块等，实现对设备状态的实时监测和远程控制。

同时，低压直流微网的智能化控制也将成为未来发展的重点。通过采用先进的控制策略和通信技术，实现对分布式电源、储能设备和负荷的协调控制，提高系统的稳定性和可靠性。例如，可以利用机器学习、神经网络等方法对分布式电源的输出功率进行预测，根据预测结果合理安排发电和储能设备的运行，实现系统的优化运行。

（2）节能环保。随着环保意识的提高，低压直流发用电产业将更加注重环保设计，采用环保材料和节能技术，降低能耗和排放。这符合全球对节能减排的要求，也是低压直流发用电产业未来的重要发展方向。

在低压直流发用电系统中，可以采用高效的电力电子变换器和节能型设备，降低系统的能耗。同时，可以利用分布式能源如太阳能、风能等，减少对传统化石能源的依赖，降低碳排放。此外，还可以通过优化系统设计和运行管理，提高能源利用效率，实现节能环保的目标。

（3）定制化。随着消费者需求的多样化，低压直流发用电产业将更加注重个性化定制，满足不同领域和特定应用场景的需求。定制化设计将提高产品的灵活性和扩展性，满足市场的多元化需求。

例如，在智能建筑领域，可以根据不同建筑的特点和需求，定制化设计低压直流发用电系统，实现对建筑内各种设备的高效供电和智能控制。在电动汽车充电设施领域，可以根据不同车型和充电需求，定制化设计直流充电桩，提高充电效率和安全性。

（4）应用拓展。随着新能源的发展，低压直流发用电产业在不同领域的应用将不断拓展。例如，在光伏电站领域，低压直流配电系统可以更好地适应太阳能电池板的输出特性，提高发电效率和系统稳定性。在数据中心领域，低压直流供电可以提高能源利用效率，降低运营成本。在交通运输领域，电动汽车的快速发展将推动低压直流充电设施的建设和应用。

此外，低压直流发用电产业还将在智能微网、VPP等新模式新业态中发挥重要作用。通过与多能互补的清洁能源基地、源网荷储一体化项目等相结合，实现能源的高效利用和智能管理。

第三节　新型能源体系助力新基建与新质生产力发展

一、新型能源体系与新基建的紧密关联

新型能源体系是新基建的重要基石。新基建涵盖5G基站建设、特高压输电、城际高速铁路和城市轨道交通、新能源汽车充电桩、大数据中心、人工智能、工业互联网等领域，这些领域的蓬勃发展均离不开电力系统的强大支持。新型能源体系通过特高压输电技术，能够实现电能的远距离、大容量传输，优化电力资源配置，保障新基建项目的稳定供电；同时，其灵活智能的特性，能够与5G、大数据、人工智能等技术深度融合，为新基建提供高效、可靠、智能的电力服务，促进各领域基础设施的数字化、智能化升级，提升整个社会的运行效率和发展质量，成为新基建不可或缺的基础保障，推动着新型基础设施建设的全面发展与创新突破。

（一）特高压输电：能源互联互通的"高速公路"

特高压输电作为新型电力系统的关键组成部分，以其独特的优势在能源输送领域发挥着至关重要的作用。它能够实现电力的远距离、大容量传输，有效解决能源资源与负荷中心分布不均衡的问题，如同"高速公路"一般，将西部地区丰富的能源高效、稳定地输送到中东部能源需求旺盛的地区，极大地优化了能源资源的配置，保障了新基建项目的能源供应，为新基建的蓬勃发展筑牢了坚实根基，有力地推动了能源的跨区域优化配置，促进

了区域间的能源互联互通与协同发展。

（二）新能源汽车充电桩：出行革命的"能量补给站"

随着新能源汽车产业的迅猛发展，充电桩的建设成为新型电力系统建设中的重要一环。充电桩为新能源汽车提供了必不可少的能源补给，解决了用户的"里程焦虑"问题，是新能源汽车得以广泛普及的关键基础设施。从住宅区、商业区到高速公路服务区，充电桩的广泛布局构建起了便捷的充电网络，有力地推动了新能源汽车的大规模应用，促进了绿色交通体系的构建，进而带动了新能源汽车产业链的发展，为新基建中的新能源汽车产业注入了强劲动力，引领着交通领域的绿色变革与创新发展，推动了交通运输行业的低碳转型与可持续发展。

（三）大数据中心与新型电力系统：数据时代的"共生伙伴"

大数据中心作为新基建的核心领域之一，对电力供应的稳定性和可靠性有着极高的要求。新型电力系统凭借其智能、灵活的特性，能够为大数据中心提供持续、稳定、高质量的电力保障，确保数据中心的设备正常运行，避免因电力中断而导致的数据丢失和业务停滞等问题。同时通过先进的能源管理技术，新型电力系统还能够帮助大数据中心实现能源的高效利用，降低运营成本，提高能源利用效率，与大数据中心形成紧密的"共生"关系，促进了新基建在数字化领域的快速发展，为数字经济的繁荣提供了坚实的支撑，推动了信息技术产业的蓬勃发展与数字社会的建设进程。

二、新型能源体系与新质生产力

新质生产力是近年来中国提出的重要经济概念，指在科技创新驱动下，由技术革命性突破、生产要素创新性配置、产业深度转型升级催生的先进生产力形态，具有高科技、高效能、高质量特征，符合新发展理念。其核心内涵包括：

创新驱动：以原创性、颠覆性科技创新为核心，推动产业升级，如人工智能、量子计算等前沿技术。

生产要素跃升：劳动者（高技能人才）、劳动资料（智能化工具）、劳动对象（数据、新材料）的优化组合。

全要素生产率提升：通过数字化、智能化改造，提高生产效率，摆脱传统粗放增长模式。

产业载体：聚焦战略性新兴产业（如新能源、集成电路）和未来产业（如脑机接口、量子信息）。其中新能源产业既是新质生产力发展的内在要求，也是新质生产力发展的基础支撑，新能源产业数字化、智能化、低碳化转型，新能源汽车、制氢等产业链纵深发展以及新能源产业在多种不同场景的融合发展，是战略新兴产业和未来产业发展的重要组成部分。

在新质生产力的发展进程中，新型电力系统扮演着至关重要的角色。新质生产力强调创新驱动，注重科技含量高、附加值高、资源消耗低、环境污染少的产业发展模式。新型电力系统融合了先进的能源技术、信息技术和智能控制技术，如储能技术的创新应用提升了电力供应的稳定性和可靠性，智能电网的建设实现了电力的精准调配和高效利用，这些技术的突破与应用推动了电力生产和供应方式的根本性变革，为新质生产力的发展提供了稳定、高效、清洁的能源保障，赋能传统产业转型升级，催生新兴产业发展壮大，激发各产业的创新活力和发展潜力，是培育和发展新质生产力的关键要素，为经济社会的高质量发展注入了源源不断的新动力，引领着产业变革与经济发展的新方向。

三、新型能源体系助力新基建及新质生产力发展的多元路径

（一）能源供给革新：清洁高效的动力之源

新型电力系统以新能源大规模并网为核心，深刻重塑了能源供给结构。太阳能、风能等清洁能源发电装机容量持续攀升，逐渐成为电力供应的重要支柱，有效降低了对传统化石能源的依赖，大幅削减了碳排放，引领能源供给朝着绿色、低碳方向稳步迈进。在这一变革进程中，新能源发电技术的持续进步功不可没，以光伏发电为例，其光电转换效率不断提高，成本持续降低，使得光伏发电在能源市场中的竞争力日益增强；风电领域同样成果斐然，风电机组单机容量持续增大，发电效率显著提升，海上风电更是异军突起，展现出广阔的发展前景。这些清洁能源的广泛应用，不仅优化了能源供给结构，更极大地提升了能源利用效率，减少了能源生产过程中的浪费现象，为新质生产力发展提供了清洁、高效、可持续的能源保障，有力地推动了各产业的绿色发展与转型升级，是新质生产力发展的重要基础支撑，为经济社会的可持续发展注入了强大动力。

（二）科技创新驱动：智能电网的智慧引领

智能电网作为新型电力系统的关键载体，融合了物联网、人工智能、大数据等前沿技术，实现了电网的智能化升级。通过在电网设备上部署海量传感器，实现了对电力系统运行状态的全方位、实时监测，犹如为电网赋予了敏锐的"感知神经"，能够精准获取电压、电流、功率等各类参数，为后续的智能决策提供了坚实的数据基础。人工智能技术的应用使得电网具备了强大的"智慧大脑"，能够对海量数据进行快速分析和处理，实现对电网故障的精准预测与快速诊断，提前采取措施进行修复，有效降低了停电时间和损失，极大地提高了电网运行的可靠性和稳定性。大数据技术则助力电网运营企业深入挖掘电力数据的潜在价值，优化电力调度策略，实现电力资源的精细化配置，确保电力供应与需求的精准匹配，避免能源的浪费和不合理分配。智能电网的建设与发展，为新质生产力的提升提供了关键的技术支撑，促进了能源与其他产业的深度融合，催生了智能能源管理、VPP等新兴业态，激发了各产业的创新活力和发展潜力，是新质生产力发展的重要技术驱动力，推动着能源产业和整个社会的智能化变革与创新发展。

（三）产业协同共进：能源产业链的优化升级

新型电力系统的建设带动了新能源产业、储能产业、电力设备制造业等多个相关产业的蓬勃发展，并促进了它们之间的紧密协同，形成了强大的产业集群效应。在新能源产业领域，光伏发电产业和风力发电产业发展迅猛，产业规模持续扩大，技术水平不断提高，不仅满足了国内对清洁能源的巨大需求，还在国际市场上展现出强大的竞争力，推动了我国能源产业在全球能源格局中的地位提升；储能产业随着新型电力系统的发展迎来了黄金发展期，各类储能技术百花齐放，如锂离子电池储能、抽水蓄能、压缩空气储能等，储能系统的大规模应用有效解决了新能源发电的间歇性和波动性问题，提高了电力供应的稳定性和可靠性，为新能源的广泛接入和高效利用提供了坚实保障；电力设备制造业也在新型

电力系统建设的浪潮中加速转型升级，特高压输电设备、智能电网设备等高端电力装备的研发与生产取得了显著突破，不仅满足了国内电力建设的需求，还实现了大量出口，为我国高端装备制造业的发展树立了典范。这些产业之间相互促进、协同发展，形成了完整的产业链条，推动了产业结构的优化升级，提高了产业的整体竞争力和附加值，为新质生产力的发展提供了有力的产业支撑，是新质生产力发展的重要产业依托，促进了经济发展方式的转变和产业结构的优化调整，带动了相关产业的协同创新与高质量发展。

（四）市场机制创新：资源配置的优化杠杆

电力市场改革是新型电力系统建设的重要助推器，通过创新市场机制，如分时电价、现货市场、辅助服务市场等举措，为新型电力系统的发展注入了新的活力，有力地促进了新质生产力的提升。分时电价机制根据不同时段的用电需求和发电成本，灵活调整电价水平，引导用户合理调整用电行为，削峰填谷，优化电力资源的时空配置，提高了电力系统的整体运行效率，降低了电力供应成本；现货市场的建立为电力交易提供了更加灵活、高效的平台，能够实时反映电力的供需关系和市场价格信号，促进电力资源的优化配置，激发市场主体的创新活力和竞争意识，推动电力企业不断提高生产效率和服务质量；辅助服务市场则为保障电力系统的安全稳定运行提供了重要支撑，通过市场化手段激励各类市场主体提供调频、调压、备用等辅助服务，有效应对新能源发电带来的不确定性和波动性挑战，提升了电力系统的可靠性和稳定性。这些市场机制的创新举措，充分发挥了市场在资源配置中的决定性作用，激发了市场活力和创新动力，为新型电力系统建设和新质生产力发展营造了良好的市场环境，是新质生产力发展的重要制度保障，推动了电力行业的市场化改革与创新发展，促进了资源的优化配置和高效利用，为经济社会的高质量发展提供了有力的市场支撑。

四、新型能源体系对未来产业的支撑引导作用

（一）绿色交通

（1）电动汽车。新能源电动汽车产业得到跨越式发展，新技术新产品不断涌现，体积、质量、能效、成本四者的最优组合将继续成为驱动行业创新发展的核心逻辑。

在城市绿色交通中，电动汽车的普及为减少尾气排放、降低环境污染做出了巨大贡献。传统燃油车废气排放问题严重影响着城市空气质量，而电动汽车作为一种零排放的交通工具被广泛认可并逐渐被接受。其使用不仅可以减少尾气排放和噪声污染，更能大幅降低对有限石油资源的依赖性，提高能源利用效率。

电动汽车的动力系统包括电机、电控系统等组成，其充电方式包括家用充电桩、公共充电桩等。目前，电动汽车技术不断提升，新技术不断涌现，消费者环保意识的提升也使得越来越多消费者关注环保，选择电动汽车作为出行方式。同时，政府出台补贴政策、建设充电设施等，为电动汽车的发展提供了有力支持。然而，电动汽车也面临着一些挑战，如充电设施建设不足、电池技术和成本的问题等，需要进一步加强充电设施建设，提高充电便利性，提升电池技术，降低成本，推动电动汽车行业发展。

（2）燃料电池汽车。整体产业处于市场导入期，未来随着成本下降，产销量有望迅速上升。

2024 年我国燃料电池汽车行业发展现状、市场竞争格局、产业链概况显示，我国燃料电池汽车产业链近年来发展迅速，燃料电池电堆及其他核心部件的关键技术现已初步掌握，并投入商业化生产。同时，具有自主知识产权的车用燃料电池技术体系得到确立，膜电极、双极板等电堆重要部件的关键技术指标已接近国际领先水平。

"以奖代补"等政策的落地有望进一步推动产业内企业的技术研发投入，从而尽快实现核心部件和关键原材料国产化替代，推动产业整体的良性发展。我国燃料电池汽车产业尚处于商业化的初期阶段，随着产业政策的不断深化，总体产量规模正在加速发展，但现阶段整车成本仍然高于动力电池汽车和燃油车。

示范应用开展以来，我国已经初步构建起涵盖上游氢能供应、中游零部件及整车研发制造和下游车辆应用的完整产业链。未来，"以奖代补"等政策引导燃料电池关键技术加快国产化突破，控成本、增规模将助力燃料电池商业化发展加速。

（3）绿色船舶。电动船舶已成为航运新风潮，我国大力发展绿色智能船舶，加快新一代绿色智能船舶研制及示范应用。

从远洋到内河，绿色船舶受到青睐。绿色船舶，即采用先进技术或使用新能源清洁能源降低污染和温室气体排放的船舶。其主要特点为：一是环境友好，船舶产生的污染物少或能得到有效处置；二是节能高效，船舶能效水平较高，运营更节能；三是技术先进，通常采用技术手段或清洁能源提升船舶绿色水平。

我国新接船舶订单约半数采用新能源清洁能源。液化天然气（LNG）动力船舶应用已较为广泛，甲醇动力船舶已进入实船应用阶段；锂离子电池动力船舶正处在发展起步期。此外，近 3 年交付船舶中，水动力节能装置使用比例达到 68.8%，并实现关键技术装备自主可控。

绿色船舶的发展对加快老旧船舶淘汰改造，促进港口绿色配套设施建设，以及推动水运设施标准升级等起到了关键作用。以"三峡氢舟 1"号为例，该船为钢铝复合结构，主要采用氢燃料电池动力系统，相比传统燃油动力船舶，预计每年可替代燃油 103.16t，减少 CO_2 排放 343.67t。全国内河已发展 LNG 动力船 460 余艘，上海、江苏、湖北等省（直辖市）出台了相关政策鼓励电动船舶发展。

（二）绿色建筑

绿色建筑采取多种方式构建以储能为中心、多能互补的微循环能源体系，实现人、建筑、自然三者的和谐共生。

新能源在绿色建筑与可持续建筑中的应用与创新表明，新能源技术可以与绿色建筑材料相结合，实现建筑能源的自给自足和节能减排。例如，利用光伏发电系统、风能发电技术、地热能通过地热泵技术为建筑供暖和制冷、生物质能转化为热能或电能等，构建以储能为中心、多能互补的微循环能源体系。这种体系可以降低建筑运行成本，减少对传统能源的依赖，提高建筑品质和使用体验。同时，通过智能化管理系统，对建筑能源进行实时监测和调控，提高能源利用效率，实现人、建筑、自然三者的和谐共生。

在绿色建筑的设计中，可以将太阳能电池板与建筑一体化设计，提高建筑物的太阳能利用效率。例如，在建筑的屋顶、外墙等部位安装太阳能电池板，既可以为建筑提供能源，又可以起到装饰作用。同时，还可以通过智能化管理系统，对太阳能系统进行实时监测和调控，提高太阳能利用效率。

（三）绿色农业

（1）发展风能、太阳能、生物质能等多能源收集利用，推动农业生产与生态保护协调一致。

新能源在农业领域的应用场景日益增多，包括光伏农业、风力发电与农业结合、生物质能利用等。光伏农业通过在农田/大棚上方安装太阳能光伏板，既可以发电，又可以不影响农作物的正常生长，实现"农业＋光伏"的二元利用模式。在适合的地区，可以利用风力资源进行风力发电，风电机组周围可以继续进行农业生产，实现风能资源的充分利用。将农业废弃物如秸秆、畜禽粪便等转化为生物质能源，不仅可以减少环境污染，还可以提供可再生能源。

太阳能、风能、生物质能等新能源技术在农业中的应用可以帮助提高生产效率，减少对环境的污染。例如，在农田和农舍上安装光伏板，可以为农业生产提供清洁能源支持；利用风力泵系统为农田提供灌溉水源，减少对传统电力的依赖；将生物质能转化为生物燃气，提供农场燃气需求，替代传统燃气。

（2）推广绿色低碳农业生产设备，加快农村地区能源结构绿色转型发展步伐。农业机械电动化是新能源在农业中的重要应用之一。新能源动力如电动车、电动农机等，可以在农业生产中替代传统的燃油机械，降低能源消耗和污染排放。与此相对应，还产生了农业机械动力电池的梯次利用与回收产业。

同时，新能源可以为农业物联网设备提供稳定的能源供给，支持农业生产的数据收集与智能管理。利用新能源为农产品加工和储存提供电力，比如使用太阳能冷藏设备来保鲜农产品，不仅为农业产业化发展提供了便利、廉价的能源供应，还能够错峰用电，产生削峰填谷的电力储能效应。

五、新型能源体系推动新基建与新质生产力发展的光明前景

展望未来，新型电力系统的发展前景一片光明，将为能源转型、新基建和新质生产力发展注入源源不断的强大动力，成为推动经济社会可持续发展的关键支撑。在技术创新的驱动下，新能源发电效率将持续提升，成本进一步降低，储能技术将取得重大突破，实现更高的能量密度、更长的使用寿命和更低的成本，从而更好地应对新能源的间歇性和波动性问题，为电力系统的稳定运行提供坚实保障。智能电网将更加智能化、自动化和精细化，实现能源的精准配置和高效利用，通过与物联网、大数据、人工智能等技术的深度融合，电网将具备更强的感知、分析、决策和控制能力，能够快速响应能源供需的变化，优化电力调度和运行管理，提高电网的可靠性和安全性，为用户提供更加优质、可靠的电力服务。

随着新型电力系统的不断完善和发展，其对新基建的支撑作用将更加显著。特高压输电网络将进一步优化和扩展，实现更大范围、更高效率的能源互联互通，促进能源资源在全国乃至全球范围内的优化配置，为新能源的大规模开发和远距离输送提供有力保障；新能源汽车充电桩将实现更加广泛的覆盖，充电速度更快、服务更加便捷，推动新能源汽车产业的蓬勃发展，助力交通领域的绿色变革，减少碳排放，改善空气质量；大数据中心、

人工智能、工业互联网等领域将与新型电力系统深度融合，形成更加高效、智能的数字化基础设施，为数字经济的发展提供强大的能源动力和数据支撑，推动各行业的数字化转型和智能化升级，提高经济社会的运行效率和创新能力。

在新质生产力的培育和发展方面，新型电力系统将发挥更加关键的作用。它将推动能源产业向高端化、智能化、绿色化方向发展，催生更多的新技术、新产业、新模式和新业态，如智能能源管理、虚拟电厂、能源互联网、绿氢经济等，为经济增长创造新的增长点和动力源。同时，新型电力系统的建设和发展将带动相关产业链的协同发展，促进产业结构的优化升级，提高产业的整体竞争力和附加值，推动经济发展方式的转变，实现经济社会的高质量发展和可持续发展。

为了实现这一光明前景，需要政府、企业、科研机构和社会各界共同努力。政府应加强政策引导和支持，加大对新型电力系统建设的投入，完善相关法律法规和标准体系，为新型电力系统的发展营造良好的政策环境和市场环境；企业应发挥创新主体作用，加大研发投入，加强技术创新和管理创新，提高新型电力系统建设和运营的水平和效率；科研机构应加强基础研究和前沿技术研究，为新型电力系统的发展提供坚实的技术支撑和智力支持；社会各界应增强环保意识和能源转型意识，积极参与和支持新型电力系统建设，共同推动能源转型和可持续发展目标的实现。

第四节　新型能源体系与产业融合发展的未来应用场景

新型能源体系与产业融合发展是实现"双碳"目标的重要途径。通过政策引导、技术创新、市场推动和产业整合，我们能够充分发挥新能源的优势，实现产业的绿色转型和可持续发展。

在政策引导方面，国家出台了一系列支持新型能源体系与产业融合发展的政策，并出台了财政补贴、税收优惠、电价优惠等政策，推动新能源产业快速发展。这些政策为新型能源体系与产业融合发展提供了良好的政策环境。

在技术创新方面，随着人工智能、大数据等技术的不断发展，新能源产业将实现智能化和数字化，提高运营效率和管理水平。数字化智能化技术在能源领域的应用有助于提高能源系统的智能化水平，实现更高效、更清洁的能源供应。同时，新能源技术不断创新，为新能源与传统能源产业的深度融合提供了技术支持。

在市场推动方面，随着全球对气候变化和环境保护的重视，市场对新能源的需求不断增长，为产业融合带来了广阔空间，智能化和数字化将成为重要趋势，跨界融合将推动产业创新。新能源与各行业的融合应用不断拓展，如交通运输领域、电力行业、建筑领域、工业领域、农业领域和服务业领域等，为产业融合带来了更多的机遇。

在产业整合方面，通过整合产业链资源，实现产业链上下游的协同发展。加强政策引导与支持，为产业融合发展提供良好的政策环境。推动技术创新，提高产业竞争力。加强人才培养，为产业融合发展提供人才保障。一些地方政府通过有力措施推动产业融合发展，如旧县镇着力壮大特色农业、发展新型工业、探索农旅融合，实现产业融合发展。

新型能源体系与产业融合发展是实现"双碳"目标的必然选择，未来，我们应继续探索更多高效、环保、可持续的产业融合发展新模式，为构建清洁低碳、安全高效的新型能源体系贡献力量。

一、新型能源体系与产业融合的时代背景及必然趋势

（一）时代背景

新型能源体系的崛起是应对全球能源危机和环境挑战的必然选择。随着"双碳"目标的提出，产业融合成为推动新能源发展的关键策略。

产业融合助力未来能源体系构建，是推动新能源发展的关键策略。新型能源体系的发展，离不开各个产业的协同合作。通过产业融合，可以推动能源供给低碳化、能源消费电气化、新能源技术产业化、低碳发展机制化、碳中和责任协同化，实现能源供给侧和消费侧的深度互动，提高能源利用效率，降低能源成本，推动新能源的广泛应用，助力未来能源体系形成。

（二）必然趋势

"双碳"目标下的多产业融合需要传统能源和新能源优化组合，保证我国能源体系"先立后破"，稳步实现双碳目标。同时，需要新能源与工业、建筑、农业等融合，发挥各产业的禀赋和优势，构建稳定、可靠、安全的综合能源系统。

未来产业融合发展首先是新型能源体系自身能源种类维度的融合，以电力为核心加强不同能源种类融合。在新型能源体系中，能源种类维度的融合至关重要。随着电气化水平的不断提高，以电力为核心的各种一次能源、二次能源不同种类之间的融合呈现出规模化、模式多元化的特征。例如，将煤炭转化为气体燃料，提高能源利用效率，如煤炭气化后可利用天然气等气体燃料驱动轮机发电。同时，太阳能、风能等新能源也可以转化为电能，实现清洁能源的利用。通过不同能源种类的融合，可以整合传统能源与新能源各自的禀赋和优势，提升能源整体利用效率。

新型电力系统与其他产业在技术维度的融合，通过新技术提高能源运营效率。技术维度的融合是能源产业融合发展的关键。能源技术与现代信息、新材料、先进制造技术之间深度融合，特别是利用云技术、物联网、人工智能、数字孪生等新技术新手段，融合多源数据，能够极大地提高能源运营效率，优化能源运营模式，促进能源行业转型升级。例如，在新能源组件物流中，远孚物流集团有限公司自主研发的 i - SCP 供应链协同管理平台发挥了重要作用，实现了生产企业、物流企业、司机等多角色的灵活敏捷、高效协同，将线下业务线上化，流程数据化、可溯源，操作简单易用，物流全程可视化。

二、新型能源体系与产业融合的挑战与机遇

（一）挑战

（1）关键技术尚未完全解决，体制机制不够顺畅。在新型能源体系与产业融合的过程中，关键技术的不完善成为一大挑战。例如，风光储能技术能否胜任转型仍存在疑问，核心技术尚未完全解决。目前，虽然新能源产业规模不断扩大，技术也在不断创新，但仍面临着诸多技术难题。如新能源技术对高质量数据的依赖度极高，而我国在高质量中文语

料库、能源行业特定数据等方面存在不足，制约了人工智能技术在能源领域的深度应用。同时，体制机制方面也未完全顺畅，能源产业融合发展保障机制现阶段存在很多问题。

（2）能源转型和融合发展面临产能过剩、价格上涨等风险。能源转型和融合发展过程中面临着较多风险。一方面，产能过剩问题可能出现。在"双碳"目标引领下，众多企业大力投入新能源产业，但在对新能源业务发展挑战认知不充分，且技术、商业模式不够成熟的背景下，过快过早地推动绿色低碳技术产业化，容易面临陷入资产搁浅的风险。另一方面，价格上涨过快也是一个风险。例如，关键矿物的供需缺口可能导致原材料价格大幅上涨，最终推高清洁能源技术和解决方案的价格。此外，收益不及预期、金融风险、贸易摩擦风险、安全风险等也需要特别注意。

（二）机遇

（1）政策支持为产业融合提供良好环境。国家出台了一系列政策支持新型能源体系与产业融合发展。例如，国家能源局发布《加快油气勘探开发与新能源融合发展行动方案（2023—2025 年）》（国能发油气〔2023〕21 号），要求油气勘探开发与新能源融合发展，推动形成油气上游领域与新能源新产业融合、多能互补的发展新格局。同时，政府还出台了财政补贴、税收优惠、电价优惠等政策，推动新能源产业快速发展。此外，国家发展改革委等六部门发布通知，支持内蒙古打造国家新能源与先进高载能产业融合发展集聚区。这些政策为产业融合提供了良好的环境。

（2）技术创新推动新能源与传统能源产业深度融合。技术创新是推动新能源与传统能源产业深度融合的关键。随着人工智能、大数据等技术的不断发展，新能源产业将实现智能化和数字化，提高运营效率和管理水平。例如，林伯强指出，人工智能作为新质生产力的重要组成部分，正在深刻改变能源生产方式和能源产业形态。人工智能在能源领域的应用有助于提高能源系统的智能化水平，实现更高效、更清洁的能源供应。同时，新能源技术的不断创新，如高效太阳能电池技术、风能发电技术创新、储能技术创新等，也为新能源与传统能源产业的深度融合提供了技术支持。

（3）市场需求增长为产业融合带来广阔空间。随着全球对气候变化和环境保护的重视，市场对新能源的需求不断增长，为产业融合带来了广阔空间。一方面，新能源产业市场规模持续扩大，风能、太阳能、生物质能等新能源得到广泛应用。另一方面，新能源在全球能源消费中的占比将不断提高，智能化和数字化将成为重要趋势，跨界融合将推动产业创新。例如，新能源汽车及充电设施技术不断创新，推动了电动汽车市场的快速发展。智能网联技术在新能源汽车领域的应用也日益广泛。同时，新能源与各行业的融合应用也在不断拓展，如交通运输领域、电力行业、建筑领域、工业领域、农业领域和服务业领域等，为产业融合带来了更多的机遇。

三、新型能源体系推动未来产业融合发展的具体场景

（一）新型能源体系改变汽车出行模式促进城市发展进入新时代

在当今社会，新型能源体系正逐步改变着汽车出行模式，为城市发展带来全新的机遇和挑战。随着电动汽车自动充换电技术与无人驾驶技术的完美结合，汽车出行领域正经历

着一场深刻的变革。

一方面，电动汽车的电动化趋势愈发明显。当私密性、便利性问题得到彻底解决后，无人驾驶出租车以其独特的优势成为了大多数人的出行首选。这种出租车具有全方位服务的重要特征，其服务范畴远远超出了传统的交通出行领域，为人们提供了一种更为便捷的生活方式。例如，车载饮品、食品等商业服务，旅途会议、观影等功能性服务，以及配备露营、垂钓、轮滑等个性化多样性特定工具的共享服务将逐渐普及。人们在旅途中可以尽情享受生活、处理工作、开展兴趣活动，极大地丰富了出行体验。

另一方面，无人驾驶电动出租车实现了真正的有序充电和 V2G 双向充放电模式。通过根据剩余电量、电价差异等因素制定就近充放电的智能控制策略，出租车能够实现与电网的协同互动，在低价充电高价放电的过程中提高经济效益。例如，在电价较低的时候充电，在电价较高的时候将多余的电能反馈给电网，获得收益。这种模式不仅提高了能源的利用效率，还为出租车运营者带来了额外的经济收入。

此外，无人驾驶电动出租车大大提高了车辆的利用率，最大限度地减少了闲置。相比私家车，其使用率将提升几倍甚至十几倍。利用率的提高将减少车辆总数的需求，从而大大降低停车位的需求。尤其是在医院、商场、旅游区等车辆时段性聚集程度高的场所，将实现随来随走，大大降低对公共停车空间的需求。这将彻底改变城市整体规划布局，为城市发展释放出更多的空间资源。如图 5-5（a）所示，无人驾驶出租车已经在我国多个城市投放，进入实质运营阶段；如图 5-5（b）所示，未来智慧城市中无人驾驶汽车与行人和谐共生。

（a）乘客在街头搭乘无人驾驶出租车　　　　　（b）无人驾驶下的未来城市交通设想

图 5-5　无人驾驶技术推动未来智慧城市发展

（二）新型能源体系改变交通运输模式促进全电交通快速发展

在交通运输领域，新型能源体系的发展为全电交通带来了巨大的变革。

首先，高速闲散地带风电光伏大规模开发以及风光储充换一体化运营极大地促进了路衍经济的发展。利用高速公路收费站、养护所、服务区、匝道以及沿路隔离带、绿化带建设风电、光伏，并在服务区、收费站内配置储能，发展风光储充换用一体化服务，不仅为电动汽车长途出行、运输解决了续航问题，还提升了出行体验。

其次，充分开发高速封闭区域内的风电、光伏具有多重优势。在上方搭建光伏支架可以扩大光伏建设区域，同时安装全方位照射、光线柔和的补光灯及监控装置。日间光伏遮挡避免阳光刺眼，夜间灯光照射免除车灯干扰，为交通车辆提供良好的可视环境和车道引导，并及时发现事故，定位事故点和满足事故处理的基本需求。中间隔离带及两侧围栏下方安装路面防积雪防结冰防雾气的加热、喷盐、排风装置，利用新能源发电驱动这些装置，为交通出行创造良好的路况。以新型绿色能源自供应为基础，建设半封闭/全封闭的"智慧高速"，实现全年 365 天全天候无间歇通勤，将彻底解决人们在异常天气无法上高速的苦恼。依托光伏支架搭建移动轨道，在沿途站所、匝道配置小型化高速抢险工器具，利用移动轨道输送，可以更方便快捷地处理事故。

在铁路运输领域，现有电铁牵引站均为整流变直流供电，铁路部门独立建设并运维变电站，且一般要求双电源供电。这种模式增加了铁路部门运营管理电铁站的人力、物力、资金成本，且专用牵引站利用率低，对电网来说一方面负荷具有阶段性波动特征，另一方面双电源高可靠供电要求也造成了公用变电站容量冗余配置成本增加、出线间隔及线路廊道资源紧张等问题。铁路牵引站用电负荷具有计划性和间歇性，最大负荷增长具有明确的时间计划，可以说是可控性非常高的时段性负荷。采用储能供电模式，电网公司与铁路部门签订合作协议，储能站可建在变电站内，采用多舱接入、多站供电模式，提高可靠性。电网一体建设运维，成本低；储能用做电网调峰，利用效率高，可以一定程度解决新型电力系统的调峰调压问题。

在船舶运输领域，随着海洋风力发电、光伏发电的大规模开发，船舶电动化也是未来发展的方向。内陆江河湖泊航运、旅游船全电化已有实践案例。对于远洋渡轮来说，将来有可能发展出三种方式：一是以船舶为中心搭建移动式海上风电场、光伏电站，装机容量足够为远洋渡轮提供动力，搭配船体配置的储能电池，可以实现远洋渡轮全电化；二是以固定航道为基础，类似高速公路光伏发电、风力发电开发模式，在航道两侧一定范围内开发风力发电、光伏发电，并设立固定的充换电及物资补给区，实现远洋渡轮全电化；三是电气化铁路的方式，在固定航道两侧建设风力发电、光伏发电的同时，通过海上电缆与船舶导电杆联通供电，储能配置与风力发电、光伏发电布置在一起，实现远洋航运的电气化。

（三）新型能源体系改变农业生产模式促进未来循环农业发展

在农业生产领域，新型能源体系以能源自供应为基础的封闭式农业经济将克服农作物生产的地域性、气候性、季节性问题，实现全天候不限环境的全品类生产，农产品的品质和产量将大大提高。

垂直农场的技术使农业生产摆脱了对土地的依赖，新能源体系为垂直农场的全封闭生产模式提供了坚强可靠且成本低廉的能源保障。传统的农村种植和养殖模式资源利用率低、环境污染高，无益于分布式光伏的就地消纳和"双碳"目标的达成。在此背景下，充分利用农户作为消纳分布式光伏最直接主体的这一特点，将光伏、种植和养殖产业进行整合，开发温湿度等环境条件精准可控、可直接应用于农户的现代农业模式，提高光伏的就地利用率，使得农业生产碳排放可观可控，为破解农村电网光伏反送严重、农业生产碳排放高的困局提供创新解决方案。

图 5-6 为乡村地区新能源自供应的生产生活循环系统示意图。通过集装箱种植和养殖突破了传统农业"靠天吃饭"的局限，通过闭环环境调控与能源自洽供给，使庭院级生产单元具备现代精准农业的标准化能力，重构小农经济生产力模式。在技术发展层面，项

目对庭院式"光种养一体化"供用能系统进行开发，并部署多种类传感器实现温度、湿度、二氧化碳含量等关键数据的全天候监测跟踪，最终通过多目标优化和协同控制达到农业生产成本、碳排放、光伏利用率等指标的综合最优，在技术上对原有的传统农业模式形成突破。

图 5-6　乡村地区新能源自供应的生产生活循环系统示意图

以新能源自供应的封闭舱支撑风光发电—绿电制氢制氧—氢燃料供热—农业生产等环节，实现能量—物质的循环转换，为特定区域提供食品、氧气、热量等适应人类生存环境的必需品，实现极寒地区、离岸岛礁、沙戈山荒等极端环境的饮水、食物、氧气、能量就地供应，支撑极地、高峰等区域的科研考察，边防哨所驻防巡逻以及沙戈山荒、极寒区域的人工开发等，扩展人类活动甚至是日常居住的区域，提升人类世界物质生产能力，为人类发展创造更好的环境。

（四）新型能源体系改变电商旅游模式促进融入式交互式发展

在电商旅游领域，依托电力系统数字化平台，为客户提供融入式电商、体验式旅游服务是数据信息价值挖掘的重要渠道。

依托实时生产信息和可视化、可追溯的在线产品服务，可以为用户提供定制农业产品、远程租种农田、时令性种植养殖劳动体验、季节性景观信息服务等，带动农村电商、旅游进入一种全新的融入式发展模式。这种模式不仅丰富了用户的体验，还为农村经济的发展带来了新的机遇。通过新型能源体系的支持，电商旅游领域可以更好地整合资源，实现可持续发展。

四、小结

新型能源体系作为未来产业发展的重要引领，具有不可替代的关键作用。它不仅是应对全球能源挑战、实现可持续发展的必然选择，更是推动经济增长、提升国家竞争力的强大动力。

首先，新型能源体系对未来产业发展的重要性不言而喻。在保障国家能源安全方面，面对我国化石能源对外依存度较高的现状，新型能源体系以非化石能源为供应主体、化石能源为兜底保障，坚持稳定、多元、因地制宜的改革方向，为国家能源安全提供了坚实屏障。在实现"双碳"目标中，新型能源体系通过推动能源生产减碳节能，提高可再生能源在能源生产中的比重，实现能源产业的战略性、整体性转型，成为基础性工程。其次，新能源在经济可持续发展中展现出诸多优势，为经济增长注入强大动力，如环保可再生、提供多样化能源选择、创造就业岗位、提高能源安全性等。

在不同产业中的应用，新型能源体系也发挥着巨大的引领作用。在新疆，通过加快提升新能源生产消费能力、拓展分布式新能源创新应用、挖掘电氢就近消纳空间、扩大风光电力外送规模、加快推动绿色转型发展、推动新能源全产业链联动发展、加快建设新型电力系统等举措，助力经济高质量发展。在内蒙古锡林郭勒盟，积极探索新能源与高载能产业融合发展之路，以源网荷储一体化项目建设为典范，全力打造绿电＋铁合金产业集群。新型电力系统推动建设新型能源体系，具有重大的现实意义和广阔的发展前景，从"新"意、构建路径、关键技术、新型电力系统的特征和建设方向以及对未来能源产业的影响等方面，展现了其强大的引领作用。

在未来产业发展趋势与新型能源体系的关系中，新型能源体系为新型工业化奠定物质基础，形成新型能源体系建设与现代化产业发展协同发展的新局面，助力产业发展，成为实现"双碳"目标的主力军，引领未来产业发展，如申能（集团）有限公司在电力绿色转型和燃气安全稳定供应方面的实践成果，充分证明了新型能源体系的引领作用。

通过技术创新、政策支持、国际合作、产业融合等路径与策略，新型能源体系不断推动能源产业向高端制造、智能制造转型，提高能源利用效率，降低能源消耗和环境污染，实现能源的可持续发展。技术创新为新型能源体系提供关键支撑，新型储能技术、智能电网技术、新能源汽车技术的创新不断推动能源产业发展。政策支持为新型能源体系发展提供有力保障，国家和地方层面的政策措施促进新型能源产业快速发展。国际合作提升我国在全球能源领域的竞争力，推动跨国项目合作、提高技术标准国际化水平、拓展国际市场。产业融合形成完善的产业生态，推动新能源汽车、新能源发电产业协同发展，促进智能驾驶技术与智能电网技术融合发展，创新智能能源管理体系。

在未来产业发展的具体场景中，新型能源体系改变汽车出行模式，促进城市发展进入新时代；改变交通运输模式，促进全电交通快速发展；改变农业生产模式，促进未来循环农业发展；改变电商旅游模式，促进融入式交互式发展。

持续的政策支持、技术创新和产业升级是新型能源体系持续发展的不竭动力。政策支持能够为新型能源体系的发展提供良好的政策环境和发展机遇，推动新型能源产业的快速发展。技术创新是新型能源体系发展的核心动力，不断推动能源产业向高端制造、智能制造转型，提高能源利用效率，降低能源消耗和环境污染。产业升级是新型能源体系发展的必然趋势，通过推动新能源产业的发展，实现能源的绿色低碳转型，为经济社会的可持续发展提供坚实的能源保障。

展望新型能源体系未来的发展前景，充满希望和挑战。随着技术的不断进步、政策的不断完善、国际合作的不断深化以及产业融合的不断推进，新型能源体系将在未来产业发展中发挥更加重要的引领作用，为实现"双碳"目标、保障国家能源安全、推动经济可持续发展做出更大的贡献。

第六章
衡水现代农村地区新型电力
系统建设实践

近年来，国网衡水供电公司聚焦农村地区新型电力系统建设，联合河北省内知名高校、企业，深入研究现状问题，逐步形成了农村地区新型电力系统转型发展的总体思路，创新突破了新型电力系统规划、调度及控制相关核心技术，并在实践中得到验证，为安平国际零碳示范村新型电力系统建设积累了宝贵的经验。

农村地区风电光伏资源丰富，新能源开发利用既是国家战略要求，也是乡村振兴发展、农村现代化建设的重要产业支柱。然而，农村新能源分散接入、无序运行，导致发用电功率就地就近互补的优势无法发挥，发电功率逐级上送后再重新分配，从而导致发电高峰功率上送、负荷高峰用电困难交替出现的问题，电网运行调控压力大，农村电网对分布式光伏和电动汽车充电桩的源荷双向承载能力均不足，新型电力系统建设陷入困境。如图6-1和图6-2所示，我国分布式光伏装机容量与电动汽车保有量快速发展，源荷双侧的不确定性越来越显著，农村地区同时面临新能源消纳与负荷保供的双重问题。

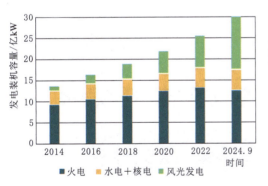

图6-1 全国发电装机容量发展情况

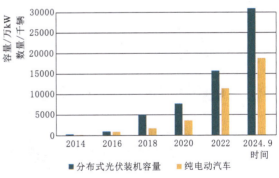

图6-2 分布式光伏及电动汽车发展情况

分布式光伏大规模接入下，衡水面临的形势尤其严峻。受分布式光伏发电午间大出力影响，全市50%以上变电站功率上送，90%以上县域分布式光伏无法接入，电网午间负荷持续下降，2024年春节期间，全市电网功率向省级大电网倒送，常规电厂出力严重受阻，主力供热机组几近逼停，一旦停运，将对民生和舆情造成巨大影响。如图6-3所示，在集中式新能源场站全部停机、小火电最小出力限制的前提下，2024年春节期间衡水电网午间最小负荷−3.16MW，市域电网分布式光伏发电功率总体向省级电网返送，电网调峰压力需要全省分担，分布式光伏出力已经对大电网产生了显著影响。

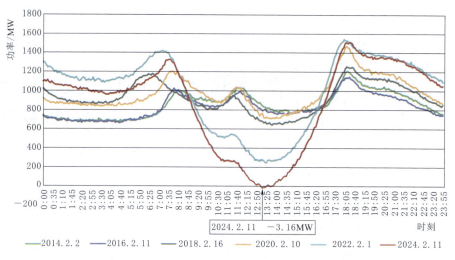

图 6-3   2024 年春节期间衡水电网总体功率向省级大电网倒送

电力系统转型，新旧动能转换，当前面临的各种问题具有内在的联系。分布式资源大规模随机接入、间歇性无序运行，发用电时间差异是导致各层级电网阶段性供需失衡、双向波动的主要原因。单纯增容电网提升电力空间转移能力，将导致低电压、区域性问题逐级向高电压、大电网传导，最终无处纾解。打通源网荷储协同互济的底层渠道，解决发用电时间不同步问题，促进电力电量就地就近平衡，才能实现标本兼治。如图 6-4 和图 6-5 所示，传统电网模式下源荷双向功率时间差异性导致电网双向承载能力不足。

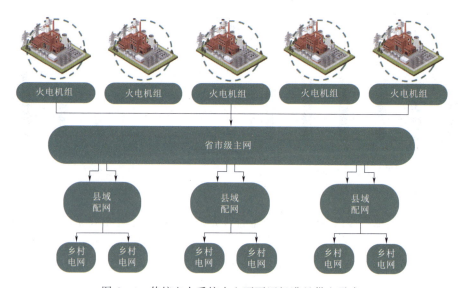

图 6-4   传统电力系统由上而下逐级满足供电需求

如图 6-6 所示，中低压电网源网荷储协同运行是解决传统电网正反向潮流分时段双向重过载问题的有效途径。充分利用分布式光伏、新型储能、电动汽车充电桩以及变频空

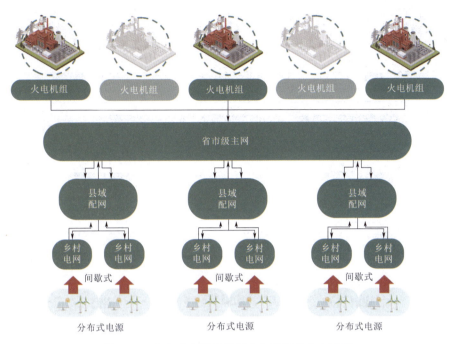

图 6 - 5　分布式电源无序接入和运行的电力系统

调等直流设备功率响应速度快、可控性强的特点，以及直流线路远距离传输损耗小、压降小的优势，提出"分布式源荷储资源低压直流聚合、多配变台区柔直互联组网、配微电网分层级能量适度平衡管理"的总体技术路线，在低压侧源网荷储互动互济就近平衡，减少功率跨电压层级传输，在全系统依托现状电网上传下送逐层适度平衡，在解决发用电时间不同步问题的同时，降低底层微电网建设运营成本。

　　成果揭示了直流电压暂态恢复所遵循的等电量原则，明确了直流微网功率大幅度调节的边界范围，攻克了低压直流微网快速功率调节时的电压稳定控制技术难题，实现了低压直流微网功率实时平滑调节；提出了配网日前高可靠度调度、日内灵活性提升调度与微网集群自治能量平衡控制相结合的调控一体化技术方案，实现了配微电网分层级能量适度平衡管理；构建了基于"单台区直流聚合—多台区柔性互联"电网架构的县域配网灵活性量化评价指标体系，多维度关联互补的源网荷储优化配置方法，提升了分布式资源灵活可控性能。

　　基于理论技术创新，自主开发了新型电力系统规划、调控相关技术支持系统和硬件设备，掌握了低压直流微网成套技术，在国内率先打造了 3 配变台区低压柔性互联组网、源网荷储共直流母线聚合接入、微网功率实时平滑调节的交直流混联电网示范工程，核心区域由河北省科技厅认定为河北省首个清洁能源自供应的近零碳供电所。并初步完成了示范村建设整体实施方案，在已有成果的基础上，进一步提出了以新型电力系统作为农村重要产业支柱，服务乡村未来产业发展，服务国家乡村振兴战略的总体要求，谋划了"电碳数产"四个层面同步推进的建设路径。图 6 - 7 为河北省首个清洁能源自供应的近零碳供电所——衡水饶阳同岳供电所低压交直流混联微网示范项目航拍图。

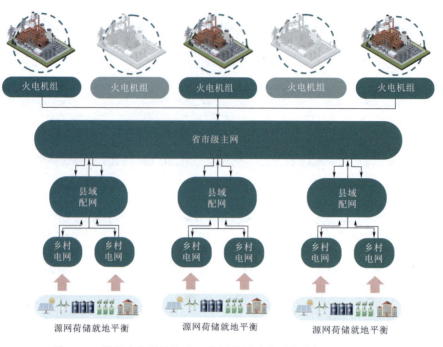

图 6-6　低压直流柔性聚合—电网分层适度平衡的新型电力系统

图 6-7　衡水饶阳同岳供电所低压交直流混联微网示范项目航拍图

第一节　饶阳同岳供电所低压交直流混联
微电网示范工程

一、背景

随着新能源大规模接入及整县屋顶分布式光伏试点落地，农村地区配网面临着提升供电可靠性和保障新能源大规模接入消纳的紧迫任务，采用常规电网建设思路面临着以下三个层面的主要矛盾：一是分布式光伏接入和配网增容导致设备利用率进一步降低；二是电量增速降低引起投资效益和投资能力下降；三是电网建设受限导致难以满足分布式电源及用户供电可靠性需求。

只有从根本上改变电网发展建设和运行管理思路，应用新的电力系统技术和数字化、智能化手段，配置适当容量的储能，构建新型电力系统，提升源网荷储协同运行水平，促进区域配网互联互济，实现区域电网多种能源耦合互补、多元负荷聚合互动，从而提升区域电网内部自平衡能力、供电可靠性和新能源消纳能力，降低对配网的影响，减少新能源大量接入引起的配网建设，提高配网建设投资效益。

国网衡水供电公司立足地区实际情况，以服务"双碳"目标落实、服务能源电力转型、服务乡村振兴发展为指导思想，联合天津大学、华北电力大学、河北工业大学及中国科学院电工研究所，研究适应农村地区的新型电力系统构建思路，探索农业与能源互联网产业融合发展的实现路径，确定了建设现代农村地区新型电力系统的总体目标，初步建成了饶阳同岳供电所现代农村新型电力系统示范区。

二、总体思路及建设目标

1. 总体思路

以河北省重点科技项目——饶阳同岳供电所低压交直流微电网示范工程为依托，以"生态农业、现代农电"为核心理念，以提高农村电网供电可靠性、新能源消纳能力和系统运行效率为目标，打造多分区电网互通互济、多层级电网协同发展、源网荷储多元聚合互动的能源网架体系，建设云边协同控制、负荷精准管控、能源高效利用与农业自动化服务为一体的信息支撑体系，探索供电所新型运营模式，以服务农村、服务农民、服务农业为出发点，扩展电网新兴业务，构建适应新型电力系统建设的价值创造体系。

2. 建设目标

探索配网与微网协同发展的可行模式，打造投资省、效率高、可复制、易推广的现代农村地区新型电力系统典型示范工程，推动农村电网向能源互联网转型升级，助力乡村振兴发展。

技术层面，探索区域电网交直流混联及低压柔性互联组网典型模式，开发能源管控系统智能控制策略，逐步形成标准化、序列化的低压直流组网方案。按照分层分区协同优化的思路，探索以供电所或 35kV/110kV 变电站供电区为单位的区域配网智能调度模式，供电所或变电站作为区域电网和大电网的联接点，对外主动支撑大电网安全稳定运行，既能够按照调度预定的负荷曲线自动调节对外功率，又能够在事故情况下短时提供功率支撑保障重要负荷供电；对内分层级智能控制各 10kV 线路、分支线路及整村级区域电网，实现各级、各分区电网的协同运行。在原有低压交流系统下建设直流供电系统，形成交直流供电并存的混合供电系统，实现跨台区互联互济，提高新能源消纳能力和台区供电能力，为直流负荷提供电源，实现台区经济运行，提高台区低压配网的供电可靠性。

管理层面，按照"三新两型"供电所建设要求，探索现代乡镇供电所综合运营模式，发挥供电所在区域能源互联网建设中的人员、技术、管理优势，以集体业务授权、多方合作开发、项目委托管理、价值开放共享为重点，打造集建设、生产、管理、服务为一体的现代农村综合性供电所。

三、示范工程建设阶段性成果

2021年，选取以同岳供电所"惠农服务区"为核心，以供电所西北300m左右的农业大棚"农业生产区"及供电所以南1200m左右的圣水村"农民生活区"为两翼的典型农村区域，建成了农业要素覆盖全、可靠供电要求高、光伏发电潜力大、源网荷储设备类型丰富的现代农村地区新型电力系统示范区。打造了河北省首个基于"三高"（高供电可靠性、高比例、高渗透率）特性的现代农业农村低压能源互联网，首个"近零碳"供电所，首个融合办公、生产、生活用能的综合性民用交直流混合微网。

如图6-8所示，示范区包含惠农服务区、农业生产区、农村生活区等3个子网，联接3个不同属性配变台区的低压交直流电网。

（一）能源网架体系建设

电源侧，分别建设同岳供电所屋顶光伏110kW、小型风电5kW和农业大棚光伏30kW，并计划接入圣水村整县屋顶分布式光伏60kW；在储能侧，利用变电站退运铅酸电池建设同岳供电所电化学储能380kW·h，移动式磷酸铁锂电池储能20kW·h；在电网侧，建设同岳供电所、农业大棚及圣水村三个低压直流子网，分别与区域配变实现交直流互联，并实现同岳供电所子网—农业大棚子网、农业大棚子网—圣水村子网的低压柔性互联，促进光伏发电在不同区域间的互补消纳；在负荷侧，接入电动汽车充电桩、空气源热泵、办公电脑、厨房电器、农排水泵、农业生产自动化设备、照明等多种交直流设备，实现需求侧负荷管理与分布式电源及上级配电网的智能互动。图6-9为同岳低压交直流混联示范项目的一次系统拓扑图。

图6-8 示范项目所在区域卫星图及电网接线图

（二）信息支撑体系建设

自主设计了云边端协同计算的区域能源互联网智能管控平台，首次实现了对台区内源网荷储设备及台区子网间的分层级实施平滑调节和协同优化控制。如图6-10所示，示范项目采用边缘计算技术，实现区域整体控制与子微网及单体设备的云边协同控制运行。

将示范区电网内部划分为子网—设备两级，多子网组成一个分区电网，根据主站下发的各分区电网控制策略，结合分区电网内部各子网光伏发电、储能、负荷等数据，生成电能路由器协调控制指令，实现多子网之间的功率互济；各子网电能路由器根据控制指令对就地控制设备进行控制，实现台区内部源网荷储设备的协调优化。就地控制设备（端）主要是指分布式光伏换流器、储能电池管理系统和负荷控制装置等。使多台配变容量共享，既减少了交直流转换环节的能量损耗，又促进了跨台区负荷转移和新能源消纳，提高了微

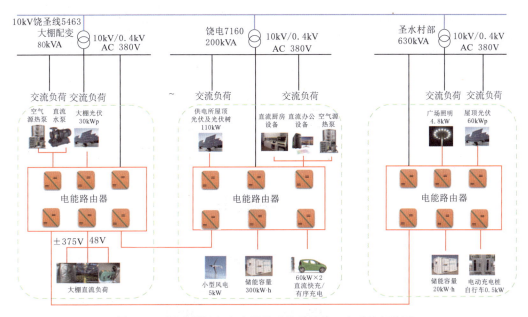

图 6-9 同岳低压交直流混联示范项目的一次系统拓扑图

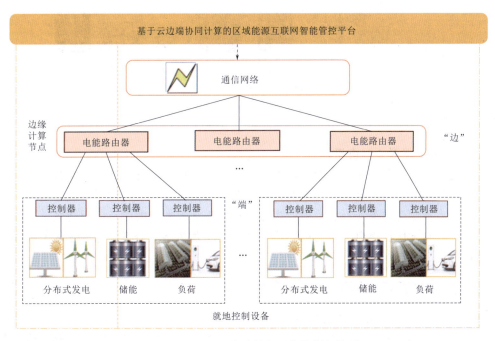

图 6-10 基于边缘计算的系统控制架构图

网供电可靠率和系统运行效率，促进了新能源就地消纳。

信息通信策略：根据信息传输规模、安全性、可靠性、及时性需求及传输距离，制定强简有序、经济合理的信息通信策略。供电所主站通过光纤与上级调度控制系统通信，各分区电网与供电所主站之间、各分区电网之间、分区电网各子电网之间，通过 4G/5G 技术通信，子电网内部通过数据总电力线载波相结合的方式实现通信。如图 6-11 所示，示范项目信息架构为：就地设备层—通信层—能量管理层，信息通信采用光纤（各子微网与控制中心之间）＋总线（子微网内部设备之间）相结合的模式，既保障通信可靠性，又控制了建设运行成本。

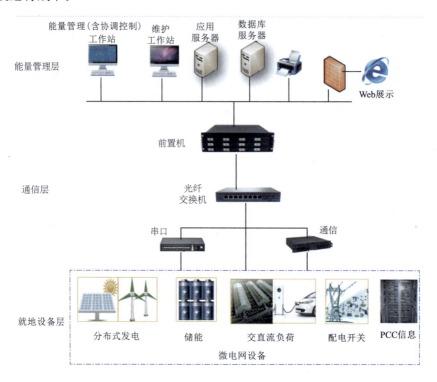

图 6-11 示范项目信息通信架构图

（三）交直流混联电网应用场景

自主完成了空气源热泵、农业大棚卷帘机等用电设备直流化改造，并结合电动汽车充电桩、办公设备、厨房电器、农排水泵、照明等多种直流设备，搭建了丰富的直流用电场景，验证了直流用电在商业办公、农业生产、居民生活等领域的广泛应用前景，形成了工程应用级的农村地区新型电力系统的典型示范，为实现新型电力系统分层分区平衡和主动支撑配网奠定了基础。

四、关键创新技术研究及核心设备研发

（一）多台区配变低压柔性互联电网组网模式研究

以饶阳同岳供电所为核心，建设三台配变低压柔性互联的交直流混联电网，研究多台区低压柔性互联的典型组网模式，通过实际运行积累系统运行参数，为计算短路电流、系统电压等提供实际数据，并通过仿真计算出不同规模配变低压互联的运行参数，得到多台区低压柔性互联的约束条件，寻找最优的组网规模和电源、储能容量配置方案，指导低压柔性互联电网规划建设。

（二）基于级联高频变压器的电网多端口电能路由器研制

采用级联高频变压器新型拓扑结构，开发多端口电能路由器。内部换流器采用一个高

压端口对应 2～3 个低压端口的模式，解决两端口换流器低压侧功率受限的问题，提高实际运行功率，降低使用的换流器数量，减小电能路由器体积，同时提升端口协调性和控制响应性能。保证各端口互相独立，采用移相控制方式，以双有源桥子单元为基本控制单元，实现电能路由器各个端口的灵活平滑控制，提高输出电压稳定性和系统可靠性。

（三）区域能源互联网智能管控系统开发

在多台区低压柔性互联组网模式下，对系统进行分层分区控制，从而使各层级电网在一定区域内形成独立单元，实现在一定功率范围内的实时调节，支撑上级电网安全稳定运行。分析边缘计算架构在电网运行控制中的适用性，研究基于边缘计算的多端口电能路由器协同控制策略、分区电网内多个子网之间的功率互济协调控制策略和子网内部源网荷储设备协同控制策略，实现设备、子网、分区电网的实时平滑控制，解决了当前使用的电能路由器只能在几种特定运行场景下切换控制策略，不能实时调节功率的问题，实现了对配电网的主动支撑。

五、成效

研制了河北省首台满足源网荷储设备交直流混联接入的多端口电能路由器，开发了河北省首套支撑区域电网实时平滑控制的区域能源互联网智能管控系统。通过示范工程建设，解决了 3110 王同岳配变（农排）重载问题，实现了区域电网 3 个台区之间的互联互济，提升了供电可靠性和消纳能力。促进农业大棚与农村能源互联网协同发展，推动"双碳"目标落实，助力乡村振兴发展。

（一）技术指标提升

（1）电网运行指标显著提升。系统涉及的 3 个台区 2020 年户均停电时间 15.36h，供电可靠率 99.82%，其中故障停电时间 6.97h，单次最长故障停电时间 63min。通过多台区低压互联和微网系统配置的大容量储能电池，可以满足系统最大负荷运行 65min，因此原交流系统故障造成的停电问题可以得到有效解决，但考虑到直流系统存在单体设备故障停电的概率，系统供电可靠率提高至 99.999%，满足高品质农业生产对供电可靠性的要求；通过分布式光伏直发直用，减少了交直流转换环节的能量损耗，利用直流电网传输距离远的优点，增加了分布式光伏在低压系统的消纳范围，减少升压消纳的能量损耗，系统电能损耗降低 5%。

（2）新能源消纳能力显著提升。采用相同型号导线传输同样功率时，直流 750V 线路较交流 380V 线路供电距离增加 1.2 倍，极限供电面积增加 4 倍，通过多台区低压直流互联，将农业大棚区域分布式光伏多发的电量转移至供电所台区消纳或存储，实现了分布式光伏发电 100% 低压消纳，远期考虑分布式光伏装机容量和用户负荷增长，基本保障区域新能源 100% 就地消纳。

（3）能源清洁化水平显著提升。供电所分布式光伏发电占总用电量的 95% 以上。系统内光伏、风电机组年发电量预测 25 万 kW·h，其中供电所＋农业大棚光伏、风机年发电量预测 18 万 kW·h，占供电所年用电量的 95%，后期随负荷增长，进一步加大光伏容量，可实现供电所 100% 清洁能源供电，打造河北省首个清洁能源自供应的近零碳供电所。

（二）经济社会效益

（1）服务新型电力系统建设和"双碳"目标落实。随着项目模式的推广，将提升农村能源供应清洁化水平和能源消费电气化水平，加快以新能源为主的新型电力系统建设，助力清洁发展，落实"双碳"目标。系统清洁能源年发电量 25 万 kW·h，折合标准煤 30.75t，减少污染气体排放 80t。

（2）服务现代农业发展和乡村振兴战略实施。项目的推广应用将加快"云农场"模式发展，促进乡村旅游、农业体验、农产品预约生产、农业在线体验等农业生产多样化服务，促进现代农业多样化发展，助力乡村振兴战略落实。助力区域内农业大棚用户年增收 2 万～3 万元。

（3）节约配网改造投资。微网系统实现源网荷储协同运行，促进区域用电负荷的均衡性，其外特性表现为负荷波动变小，从而降低配网尖峰负荷，消除设备短时过载问题，提高配网设备利用率，延缓改造投资，提升投资效益，较常规电网改造投资节省 27.4 万元，节约比例达到 7.9%。

六、方案先进性分析

（一）低压直流系统发展现状及优越性分析

低压直流配电为现代电力系统提供了一种提高用电效率、电能质量和可靠性的可行性方案，20 世纪末已成功应用于数据通信中心、航空、舰船、城市轨道交通等对供电质量要求较高的领域。2000 年以后，风力发电、光伏发电等新能源和节能设备迅速发展，直流电源和负载增多，促进了低压直流系统的研究和发展。电源方面，光伏发电、储能均为直流电源，风电需要经过交—直—交变换才能并网，负载方面，电视、电脑、电话、电磁炉、变频空调、LED 灯等内部均为直流负载。采用直流系统实现新能源发电与直流负荷的直接联网，减少中间交直流变换环节，有利于提高系统效率，提升运行灵活性和供电可靠性。

与交流系统相比，直流系统具有以下显著的优越性：

（1）造价低。输送相同功率时，直流输电所用线材仅为交流输电的 1/2～2/3。直流电流采用两线制，与采用三线制三相交流输电相比，在输电线截面积相同和电流密度相同的条件下，即使不考虑趋肤效应，也可以输送相同的电功率，而输电线和绝缘材料可节约 1/3。如果考虑到趋肤效应和各种损耗（绝缘材料的介质损耗、磁感应的涡流损耗、架空线的电晕损耗等），输送同样功率交流电所用导线截面积大于或等于直流输电所用导线的截面积的 1.33 倍。因此，直流输电所用的线材几乎只有交流输电的一半。同时，直流输电杆塔结构也比同容量的三相交流输电简单，线路走廊占地面积也少。

（2）损耗小。在电缆输电线路中，直流电流没有电容电流产生，而交流输电线路存在电容电流，引起损耗。

（3）故障范围可控。直流系统发生故障的损失比交流输电小。直流系统中，由于采用可控硅装置，电路功率能迅速、方便地进行调节，直流线路上基本上不向发生短路的交流系统输送短路电流，故障侧交流系统的短路电流与没有互联时一样。因此不必更换两侧原有开关及载流设备。

（4）输送距离远。为避免末端低电压问题并减小损耗，常用的 380V 低压交流线路供电距离一般不超过 600m，而低压直流系统可以采用 375V、600V、750V 等多个电压等级，最大供电距离可以达到 1.58km，是交流线路的 2.5 倍。

（二）交直流投资对比分析

1. 农排配变技术参数

参考衡水农业生产地区农排配变容量及使用情况，方案中农排配变容量选取为 50kVA，最大设备容量利用小数 300h，按照农排配变容量的 60%，通过直流互联将村内分布式光伏接入农排配变，扩展农排配变供电能力，并通过农排配变分担光伏并网功率。

2. 线路技术参数

依据农配配变选取结果，为农排配变提供电源的直流子系统最大传输功率需大于 30kW，直流微网运行时，运行损耗可用直流母线线损率来表征，即

$$\delta\% = \frac{2(P_\mathrm{d}/2U_\mathrm{d})^2 rL}{P_\mathrm{d}} \times 100\% \tag{6-1}$$

其中直流微网传输功率及供电半径需满足的约束条件为

$$P_\mathrm{max} \geqslant \frac{0.05 S U_\mathrm{d}^2}{2\rho L} = \frac{0.05 U_\mathrm{d}^2}{2r} \tag{6-2}$$

$$L \leqslant \frac{\Delta U\% \times U_\mathrm{d}^2}{2r P_\mathrm{d}} \tag{6-3}$$

式中：$\Delta U\%$ 为直流子系统允许的电压偏差；P_max 为直流子系统最大传输功率；P_d 为直流子系统额定传输功率；U_d 为直流子系统电压；r 为导线单位长度电阻；L 为直流微网供电距离；S 为导线截面积；ρ 为导线电导率。

不同截面下电缆导体直流电阻参数表见表 6-1。

表 6-1　　　　　　　　不同截面下电缆导体直流电阻参数表

标称截面 /mm²	20℃时导体直流电阻≤ /(Ω/km)		标称截面 /mm²	20℃时导体直流电阻≤ /(Ω/km)	
	铜	铝		铜	铝
35	0.524	0.868	120	0.153	0.253
50	0.387	0.641	150	0.124	0.206
70	0.263	0.443	240	0.0754	0.125
95	0.193	0.320	300	0.0601	0.100

不同截面下 YJV、YJLV 电缆载流量见表 6-2。

表 6-2　　　　　　　不同截面下 YJV、YJLV 电缆载流量

标称截面 /mm²	允许载流量/A				标称截面 /mm²	允许载流量/A			
	空气中敷设		地埋敷设			空气中敷设		地埋敷设	
	铜	铝	铜	铝		铜	铝	铜	铝
35	150	115	180	140	120	335	260	410	315
50	180	140	215	165	150	385	300	460	360
70	230	180	265	205	240	535	414	605	475
95	285	220	360	380	300	620	485	685	545

依照上述参数及公式，衡水农村地区不同供电半径、不同电压等级下，低压直流线路线损率及电压偏差计算结果见表 6 - 3。

表 6 - 3　　　　　　　　　低压直流线路线损率及电压偏差计算结果　　　　　　　　　%

供电半径	导线截面	750V		600V		375V	
		线损率	电压偏差	线损率	电压偏差	线损率	电压偏差
0.5km	YJLV - 35	11.57	4.63	18.08	7.23	46.29	18.52
	YJLV - 50	8.55	3.42	13.35	5.34	34.19	13.67
	YJLV - 70	5.91	2.36	9.23	3.69	23.63	9.45
	YJLV - 95	4.27	1.71	6.67	2.67	17.07	6.83
	YJLV - 120	3.37	1.35	5.27	2.11	13.49	5.40
	YJLV - 150	2.75	1.10	4.29	1.72	10.99	4.39
	YJLV - 240	1.67	0.67	2.60	1.04	6.67	2.67
	YJLV - 300	1.33	0.53	2.08	0.83	5.33	2.13
1km	YJLV - 35	23.15	9.26	36.17	14.47	92.59	37.03
	YJLV - 50	17.09	6.84	26.71	10.68	68.37	27.35
	YJLV - 70	11.81	4.73	18.46	7.38	47.25	18.90
	YJLV - 95	8.53	3.41	13.33	5.33	34.13	13.65
	YJLV - 120	6.75	2.70	10.54	4.22	26.99	10.79
	YJLV - 150	5.49	2.20	8.58	3.43	21.97	8.79
	YJLV - 240	3.33	1.33	5.21	2.08	13.33	5.33
	YJLV - 300	2.67	1.07	4.17	1.67	10.67	4.27
1.2km	YJLV - 35	27.78	11.11	43.40	17.36	111.10	44.44
	YJLV - 50	20.51	8.20	32.05	12.82	82.05	32.82
	YJLV - 70	14.18	5.67	22.15	8.86	56.70	22.68
	YJLV - 95	10.24	4.10	16.00	6.40	40.96	16.38
	YJLV - 120	8.10	3.24	12.65	5.06	32.38	12.95
	YJLV - 150	6.59	2.64	10.30	4.12	26.37	10.55
	YJLV - 240	4.00	1.60	6.25	2.50	16.00	6.40
	YJLV - 300	3.20	1.28	5.00	2.00	12.80	5.12
1.5km	YJLV - 35	34.72	13.89	54.25	21.70	138.88	55.55
	YJLV - 50	25.64	10.26	40.06	16.03	102.56	41.02
	YJLV - 70	17.72	7.09	27.69	11.08	70.88	28.35
	YJLV - 95	12.80	5.12	20.00	8.00	51.20	20.48
	YJLV - 120	10.12	4.05	15.81	6.33	40.48	16.19
	YJLV - 150	8.24	3.30	12.88	5.15	32.96	13.18
	YJLV - 240	5.00	2.00	7.81	3.13	20.00	8.00
	YJLV - 300	4.00	1.60	6.25	2.50	16.00	6.40

依据上述计算结果，从可靠性及经济运行角度考虑，衡水农村地区低压直流微网系统线路截面及电压等级选择结果见表 6-4。

表 6-4　　　　　　　低压直流微网系统线路截面及电压等级选择结果

供电半径/km	优先导线截面/mm²	优先电压等级 600V	
		线损率/%	电压偏差/%
0.5	YJLV-70	9.23	3.69
1	YJLV-120	10.54	4.22
1.2	YJLV-150	10.30	4.12
1.5	YJLV-240	7.81	3.13

衡水地区低压交流线路线损率约为 8%，综合考虑电压偏差率、线损率以及消纳能力，低压直流线路具有较大优势。

3. 经济技术参数

相关低压交直流设备造价清单见表 6-5。

表 6-5　　　　　　　　　　低压交直流设备造价清单

项目名称	电压等级/V	规模	单位工程综合造价	单位	备注
DC/AC 换流器	DC375/AC380	30kW	1.5	万元/台	
DC/AC 换流器	DC375/AC380	100kW	4	万元/台	
直流母线柜	375V	进 2×630A+馈 6×100A 直流	0.8	万元/台	
配电变压器	10	200kVA	8	万元/座	综合造价
电缆线路	600/1000	2×35mm²	1.26	万元/km	YJLV
	600/1000	2×50mm²	1.6	万元/km	YJLV
	600/1000	2×70mm²	2.13	万元/km	YJLV
	600/1000	2×95mm²	3.12	万元/km	YJLV
	600/1000	2×120mm²	3.67	万元/km	YJLV
	600/1000	2×150mm²	4.42	万元/km	YJLV
	600/1000	2×240mm²	6.21	万元/km	YJLV
	600/1000	2×300mm²	7.34	万元/km	YJLV

4. 方案比选

(1) 直流方案。

如图 6-12 所示方案，村内屋顶光伏就近汇流至村内综合变压器，新建由村内综合变压器至机井变压器的 600V 直流导线，并经过换流器与配变联接，实现两台区互供，参照上文导线截面选取结果以及单位造价，不同供电半径下单台配变直流方案的建设费用见表 6-6。

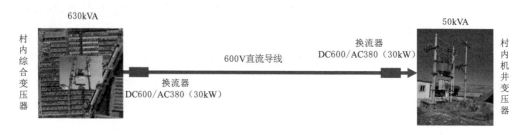

图 6-12   双台区直流互联示意图

表 6-6   不同供电半径下单台配变直流方案的建设费用表

序号	电压等级/V	供电半径/km	优先导线截面/mm²	投资估算/万元
1	600	0.5	YJLV-70	6.87
2	600	1	YJLV-120	9.47
3	600	1.2	YJLV-150	11.10
4	600	1.5	YJLV-240	15.12

（2）交流方案。现行对重过载机井变压器的解决方案以改造为主，依据协议库存以及相关改造原则，变压器只能采购 200kVA 及以上型号变压器，10kV 电源线为架空线路，截面选取 120mm²，因机井均为位于田地周边，与 10kV 主干线路距离较远，方案 10kV 电源线路长度设定为 1km，交流方案建设改造如图 6-13 所示。示范项目交流方案投资估算表见表 6-7。

表 6-7   示范项目交流方案投资估算表

序号	电压等级/kV	长度/km	变压器数量（200kVA）	投资估算/万元
1	10	1	1	23.00

5. 结论建议

在技术特性上，直流方案与交流方案在线路损耗对比上相差不大，但直流线路在同等供电距离下的电压偏差比交流线路更优越；在经济特性分析中，直流方案总体的投资造价上要远远优于交流改造方案。此外，在供电可靠性、新能源消纳等方面直流方案也优于交流方案。

在现状条件下，低压直流系统仍需要与交流电网联接，且系统内部不同电压等级的电气设备供电需要采用电力电子变压器进行变压，此类设备由于没有达到市场化应用的水平，当前造价较高，因此在投资方面没有明显优势。随着直流设备使用范围增加，相关元器件价格市场化价格将显著下降，从而使得直流系统的投资优势更加明显。

（三）直流系统拓扑结构论证

示范区拟采用的拓扑结构为：三个区域的子网之间通过新建两回直流主干联络线实现互联，其中 1 回为同岳供电所与农业大棚直流母线柜之间互联，电压等级 375V；另 1 回为农业大棚与圣水村支部直流母线柜互联，电压等级 600V。

区别于传统的纯交流配网，该拓扑结构基于直流联络线实现了多个子网之间的互联，打破了功率流动的空间壁垒，配合储能实现了功率的时空协同调度，相比其他规划方案显著提升了配网运行经济性、分布式电源消纳能力和供电能力。

子网直流系统采用交流并网型拓扑结构，如图 6-14 所示，在该拓扑中，交流汇流线通过变压器与配网相连，直流汇流线通过联络换流器与交流汇流线相连，风力发电、储能和交流负荷等接入交流汇流线，光伏发电、储能和直流负荷等接入直流汇流线。

交流并网型拓扑的特点是：①通过变压器的磁联系与配网相连，从而形成混合微网与配网间的电气隔离，可有效防止故障传递；②若直流负荷较小，可选择额定容量较小的互联换流器，从而减少占地面积，降低建设成本。

在典型交直流混合微网结构基础上遵循上述四项原则对其进行修改，而且通过扩展微网的规模可形成交直流混合多微网结构，单个交

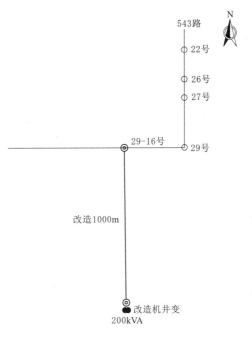

图 6-13 交流方案建设改造

直流混合微网结构不再单独列出。整个混合微网由交流母线通过变压器与配网相连，其本质上为由交流微网的基础上发展而来，核心为交流母线，承担整个系统的连接反馈作用。对于分区原则，光伏发电通过 DC/DC 换流器，储能通过 DC/DC 双向换流器分别接入直流母线，风电、小水电和沼气发电等交流电源均通过 AC/AC 换流器接入交流母线，而直

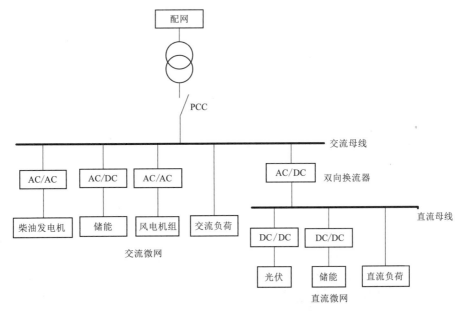

图 6-14 交流并网型拓扑结构

流负荷和交流负荷则分别直接接入相应的母线，交流母线与直流母线通过双向换流器相连，这样大大减少了 AC/DC 换流器和 DC/AC 换流器的使用，从而降低了成本，提高了效率；对于分层原则，应该设置不同水平的电压母线，目前对于直流母线的电压水平没有一定的标准，一般根据换流器和系统要求而设置的电压水平为 12～1000V，本书仅设置低压水平的母线以方便用户的用电。对于能源利用最大化原则，利用风、光、水和生物质等不同可再生能源之间的互补特性组成互补发电系统。对于保证电能质量原则，直流微网中储能可平滑光伏出力波动，维持直流母线的电压稳定。交流微网则通过配网与直流微网的协调保证交流母线的电压与频率稳定。

第二节　安平国际零碳示范村新型电力系统方案

一、背景及示范村现状

（一）背景

随着"双碳"目标落地和新能源大规模开发，"零碳"目标引领下的建设场景成为社会发展的重要趋势，能源系统清洁化发展日新月异。农村地区风光水及生物质资源潜力大，农作物在碳吸附、碳中和方面的功效显著，在零碳场景和新型电力系统建设中具有显著的优势。然而，随着分布式电源、电动汽车等波动性、间接性资源大规模接入，配电系统架构及潮流变化更加复杂多样，系统供需平衡、协同调节、优化运行等方面都发生了深刻变化，各层级电网供需失衡问题日益凸显，新型区域化电力系统内部源网荷储多元设备及配微交直多态电网协同运行的灵活性、可靠性、经济性、稳定性问题面临着全方位挑战。

2023 年，联合国开发计划署和中国农业农村部共同实施《全球环境基金七期中国零碳村镇促进项目》，在全国评选出 10 个村作为首批零碳村建设试点，其中安平县杨屯村和小辛庄村成功入选。安平县政府、衡水供电公司以此为契机，共同建设以杨屯和小辛庄两个村为核心、辐射周边区域的国家级美丽乡村零碳示范工程，探索国际领先、清洁智能的整村级新型电力系统发展路径，打造可复制、易推广的零碳乡村新型电力系统示范标杆，为乡村振兴和现代化农业高质量发展提供经济可靠的绿色能源支撑。

（二）示范村及周边概况

杨屯村和小辛庄村位于安平县东南部冲积平原，分属于安平镇和西两洼乡，两村直线距离约 3km，均属于高新区供电所供电范围。杨屯村东北约 3km 为京安 2MW 沼气发电厂，小辛庄以南约 2km 为安平至臻中学，作为典型的源荷特征纳入本次零碳村试点建设范围，如图 6-15 所示。

1. 经济社会概况

杨屯村面积 3.9km²，户数 708 户，2023 年用电量 288.27 万 kW·h；小辛庄村占地面积 3.19km²，户数 416 户，2023 年用电量 151.55 万 kW·h。两村在产业基础、经济发展水平等方面具有显著差异，代表了北方农村的两种不同类型，其中杨屯村是中国美丽休闲乡村入选村镇，形成了集油菜种植、农产品及丝网加工、观光旅游等一、二、三产业融

图 6-15　示范村地理位置及现状配网地理接线图

合发展的产业基础，是中国未来乡村发展模式的典型代表；小辛庄村以传统农业生产为主，第二产业以少量丝网加工业为主，属于典型的传统农村，具有更普遍的代表性。

2. 资源禀赋概况

安平县年均太阳辐射总量 2422～3027kW·h/m²，年均风速约 5m/s，风功率密度 100～150W/m²，属于太阳能、风能资源三类地区，适合开展光伏发电、风力发电项目。周边农作物秸秆、畜禽粪便等生物质资源丰富，通过生物质沼气直供、发电以及秸秆发电，实现生物质资源有效利用，减少对化石能源的依赖，降低温室气体排放。示范村以北约 3km 的京安 2MW 生物质发电项目为农村新型电力系统建设奠定了基础，年产 3 万 m³ 提纯生物天然气项目可满足两村目前乃至长期发展所需的生物天然气需求。

3. 现状电网概况

杨屯村与小辛庄村分别由 35kV 两洼站、110kV 东里屯站供电，杨屯村内共有公用配变 17 台，容量 2990kVA，小辛庄村内共有公用配变 9 台，容量 2480kVA，新能源接入承载力充足。2024 年以来，安平供电公司积极支持零碳村新型电力系统建设，分别在杨屯村和小辛庄村建设了光储充一体化充电站和台区能量自均衡示范项目，并部署新型量测开关 64 台，为新型电力系统数字化发展奠定了基础。

光储充一体化充电站项目落地在杨屯村万亩油菜花海景区游客中心，建设内容包括 1 台 1000kVA 箱变、720kW 液冷超充系统、5 台充电桩、51kWp 棚顶光伏，配置 1 套 100kW/(215kW·h) 储能系统，打造光储充一体化就地自治平衡、车网互动及景观融合新模式。光伏台区能量自均衡示范项目选取小辛庄综合 1 台区为试点，配置 1 套 100kW/(215kW·h) 台区分布式储能系统、2 台 20kW 直流 V2G 充电桩、1 套 7.5kW 户用储能装置，接入 7 户分布式光伏，在实现光储充四可的基础上，基于光储充用动态聚合、分层调控，实现光伏台区能量自均衡，有效提升新能源就地消纳能力。

（三）零碳村建设存在问题

在推进零碳村建设过程中，杨屯和小辛庄村现状面临着一系列显著挑战与问题。一是两村生产生活用能模式低效、高碳，新能源在整体能源结构中的占比低，难以满足零碳村建设要求；二是新兴产业发展基础薄弱，电力系统与产业发展的融合度低，亟须探索新型能源体系支撑现代产业升级和结构调整的有效手段；三是缺少有效的碳计量、碳核算手段，无法准确评估减排成效，难以制定科学合理的碳管理策略，这不仅影响了零碳村建设的精准施策，也造成了建设成效难以量化评价而缺少说服力。

二、目标思路及总体方案

（一）建设目标

以"绿能兴农、数智强网"为核心目标，以服务经济社会可持续发展为根本出发点，以技术创新促进农村地区风光沼等新型清洁能源有序开发和协同运行，打造全国首个电网一体运营、整村内部协同、配微灵活互动、系统经济可靠的零碳农村新型电力系统，有效降低农村用能综合成本和能源全链条碳排放量，提升村级区域电网对大电网的主动支撑能力，探索清洁、透明、灵活、可靠、经济、高效的新型电力系统发展路径。

（二）整体思路

坚持目标导向、系统思维，坚持服务为本、多方共赢，坚持创新引领、因地制宜，依托新型电力系统技术、数字化智能化技术、碳减排碳核算技术，建设清洁低碳、灵活可靠、成本低廉的村级区域电网，为现代农业农村清洁发展提供稳定的能源支撑。以整村级"源网荷储"协同的局域电网作为一个系统单元，作为大电网灵活可控的关键支撑。

项目建设以实现新型电力系统零碳排放为核心，围绕"源网荷储数碳产"七个层面开展，采用多源互补、源荷互济、柔性互联的系统建设模式，提升数字化建设水平，促进源网荷储多元多态协同互动，将整村建设为可调节电源，实现对上级电网的主动支撑；通过风光沼储合理配置实现整村能源供应的清洁化，通过生产生活用电设施的电气化改造实现整村能源消费的低碳化，通过新型组网技术、装备及协同调控手段提升能源系统运行的可靠性、灵活性和经济性，达到乡村能源体系全链条近零碳目标，为未来农业和乡村产业振兴发展提供清洁廉价的能源保障，把新能源发展的红利留在农村，留给农民。零碳村新型电力系统建设总体技术路线及研究框架如图 6-16 所示。

（三）总体方案

围绕零碳乡村建设目标，在杨屯村、小辛庄 2 个示范村及周边区域打造一个风光沼储

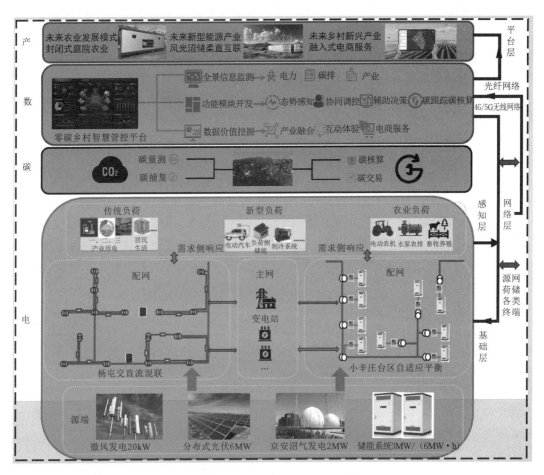

图 6-16 零碳村新型电力系统建设总体技术路线及研究框架

互济、交直柔互联的新型电力系统，基于电力信息量测系统实现碳足迹精准跟踪和碳因子实时核算，促进新型电力系统综合成本和碳排放系数双降双控，搭建电—碳—数—产一体化信息监测及智慧管控平台，探索基于清洁廉价能源供应系统的未来农业生产模式和乡村新型产业发展模式，形成一套服务农村地区经济社会可持续发展的中国式现代化新型能源体系。具体开展以下六个方面的项目建设。

1. 电源侧风光沼储协同配置

锚定零碳目标，示范村新型电力系统采用多元供电模式，参考电量负荷预测，计划利用已有沼气发电 2MW、新建屋顶分布式光伏发电 4MW、新建微风发电 20kW、配置集中和分散式储能 6MW·h。项目研究了风光沼储资源协同的优化配置方法，构建风光沼储互济的乡村综合能源系统智能决策与控制策略，首创融合畜禽养殖"产沼＋有机肥发酵"相结合的农村新能源供用能模式，发布技术标准 1 项（零碳乡村风光沼储协同建设/运行标准）。项目的实施将实现两村庄全年无间断绿色电力供应。

2. 电网侧村级柔性互联电网

结合杨屯村一、二、三产业融合均衡发展的定位、负荷较大且供电可靠性要求高等特点，打造低压 400V 柔性互联电网。计划新建低压柔性互联开关 2 台，AC/DC 模块 2 个，新建 750V DC 公共直流母线 2km。为适应农用户用典型场景，研制首套户用碳化硅逆变器，峰值效率可达到 98.5％，相比传统提升 1％，噪声可降低到 55dB。为保障柔直电网稳定运行，开展低压柔直电网高可靠性组网模式、整村交直流微网保护配置技术、稳定运行技术及分层协同调控技术研究，研制世界首套碳化硅多端口电能路由器装置。整体项目实现多态融合，柔性交流、交直流混合供电、直流微网、光储充即插即用多种应用形态的随意切换，提升微网运行稳定性、灵活性和经济性。

3. 需求侧电能替代聚合管理

通过整合和优化乡村分散的柔性资源，可有效增强电网的灵活性、促进新能源消纳、提升用户能效与服务水平。项目创新性构建面向微能网多元异质资源的 IP 化多跳父子集群多跳组网的传输模型、基于边端协同的内外双循环动态寻优调控方法，开发单元级微能网稳控与多能互动转换技术和异常自愈保供的 3S 融合光储柔直调控技术。研制首台基于 3S 融合的构网型多端口便携式光储一体机。通过需求侧电能替代聚合管理，村域能量转换效率达 94％、调控精度达 98％、分布式新能源消纳能力预计提升 30％。

4. 微网多元多态协同调控

针对村域电网电源结构、电网形态、负荷特性的深刻变化，本次微网多元多态协同调控将对态势感知、安全防御、能量平衡、协同控制四大运行体系进行系统研究。基于云边协同的自适应匹配末端智算技术、异常量化技术，实现乡村多元能源微网的全景感知与 AI 监控。提出基于算法模型库多场景多时间尺度新能源负荷预测模型，全方位多角度评估新能源及柔性负荷可调节潜力；提出基于 AI 大模型的广域云边协同技术，构建云端 AI 智算模型及样本库，以支撑本地调控算法自主优化，实现面向不同运行场景的源网荷储动态优化控制。结合动态碳因子和柔性负荷特性，建立云边融合灰度同步与反馈机制，辅助调控策略与能碳协同进化。项目将构建配微协同—微网间协同—微网内部协同三级调控架构，采用适应不同运行场景及目标的多种智能算法，实现资源优化配置、动态调控及等值聚合计算，提高能源利用效率与系统稳定性，实现村级电能 100％绿电供应。

5. 乡村全域碳排放动态核算

鉴于现阶段乡村碳排放计量与分析体系不完善，项目计划开发乡村电碳轨迹监测与全域碳排放核算方法，构建基于能流分析的用电碳排放计量模型，基于软件定义理念，根据发电侧、电网侧、用电侧不同需求，通过配置具有不同场景的碳计量功能的碳计量软件，形成不同类型的碳计量装置。在多源数据收集的基础上构建乡村碳源—碳汇协同互动分析框架，综合运用生态网络分析、标准差椭圆、推力和拉力等模型追踪碳要素流动过程，刻画碳源—碳汇时空协同互动规律。创新性提出基于 AHP 层次分析法的乡村区域植被碳汇能力评估、基于碳源—碳汇协同互动的乡村全域碳排放动态核算方法。发布技术标准 1 项（零碳乡村碳核算标准）。项目的实施将实现村级电网 100％电碳轨迹监测。

6. 乡村智慧供用能体系构建

以新型电力系统服务农村产业发展为目标，探索能源—产业融合发展的可行方案和能源系统数据价值深化应用的可行路径。提出基于低成本能源体系的未来农业发展模式、数字化产业发展模式和能源体系共享模式。通过集成物联网、大数据、人工智能等先进技术，构建乡村智慧供用能体系，为乡村融入式电商业务、体验式农业服务、互动式旅游体验等提供能源支撑。打造能源自供应的封闭式庭院农业试点、定制农业信息服务平台、能源共建共享信息服务平台等试点，在提高新能源消纳能力和能源利用效率的同时，有效降低碳排放量，促进乡村经济的绿色转型，提升乡村居民的生活质量。

三、投资成效分析

（一）技术指标

（1）全域全时段绿电供应。绿电渗透率提升至 95% 以上，实现全年无间断绿色电力供应；风光沼储综合能源系统年均发电量较传统能源系统提升 30%，确保电力自给自足。

（2）多元碳核算及科学评价。碳监测系统实现实时精准计量，碳核算误差率降低至 ±2%；科学评价体系建立，每年发布碳减排报告，预计年均碳减排量达到村庄总排放量的 40% 以上。

（3）分布式消纳率。分布式能源消纳率提升至 100%，较传统系统提高 40 个百分点；村民参与分布式发电比例达到 90%，促进能源民主化。

（4）线损指标。交直流混联、台区自平衡技术应用后，线损率降低至 3% 以下，较传统电网减少一半。

（5）可靠性、灵活性。电力系统故障恢复时间缩短至 30min 以内，可靠性提升至 99.9%；柔性输电技术使电网调度灵活性提升 50%，快速响应负荷变化。

（6）电能质量。低电压隐患彻底解决，电压合格率提升至 100%；三相不平衡率降低至 1% 以下，提升用电设备运行效率。

（7）可观可测可调可控。数字化平台实现能源系统全面监控，管理效率提升 50%；远程调控响应时间缩短至 5min 以内，提高应急响应能力。

（二）经济效益

（1）整体供用能系统成本降低。度电成本降低至 0.5 元/(kW·h)，较传统系统降低 20%；能源系统整体投资回收期缩短至 8 年以内。

（2）电网侧效益。电网供电压力减轻，两村新型电力系统建成预计节省电网升级投资约 500 万元，电网运维成本降低 15%，累计节省约 200 万元。

（3）用户侧效益。村民年均电费支出降低 20%，年节省约 1000 元/户；分布式能源参与用户年均增收 500 元/户，通过卖电和补贴获得。

（4）电源侧效益。可再生能源发电成本降低 10%，年节省约 100 万元；电源侧调度效率提升，年节省燃料成本约 30 万元。

（三）社会效益

（1）促进产业发展。新增绿色产业投资额年均增长 20%，带动就业人数增加 30%；乡村旅游收入年均增长 15%，提高村民生活水平。

（2）促进乡村振兴。村庄知名度提升，年游客量增长 50%，带动消费增长 30%；乡村振兴综合指数提升 20%，成为区域示范点。

（3）推动中国式现代化进程。绿色发展模式得到推广，成为国内外学习交流案例；提升国家在国际绿色能源领域的地位和影响力。

（四）环境效益

（1）能源系统全链近零碳排放。年均碳排放量减少至传统系统的 10%，实现近零碳排放；能源系统碳足迹降低 40%，促进生态可持续发展。

（2）整村零碳。村庄整体实现碳中和，成为零碳示范村；村民环保意识提升，绿色生活方式普及率提高至 95%。

（3）"双碳"目标实现。对国家"双碳"目标贡献显著，年减少碳排放量相当于植树造林 5 万棵；推动区域乃至全国绿色能源转型，助力"双碳"目标提前实现。